Elisabeth von Thurn und Taxis

Tagebuch einer Prinzessin

Elisabeth von Thurn und Taxis

Tagebuch einer Prinzessin

Aus dem Englischen
von Julia Walther

Marion von Schröder

Wir danken allen Rechteinhabern für die Erlaubnis zum Abdruck der Abbildungen. Trotz intensiver Bemühungen war es nicht möglich, alle Rechteinhaber zu ermitteln. Wir bitten diese, sich an den Verlag zu wenden.

Marion von Schröder ist ein Verlag
der Ullstein Buchverlage GmbH

ISBN 978-3-547-71178-3

Gesetzt aus der Sabon
Satz: LVD GmbH, Berlin
Druck und Bindearbeiten: CPI – Clausen & Bosse, Leck
Printed in Germany

Für meine Familie, deren Inspiration und Unterstützung
dieses Buch ermöglicht hat.

Liebe Elisabeth,

Als Sie mich gefragt haben, ob ich bereit wäre, ein Vorwort für Ihr *Tagebuch einer Prinzessin* zu schreiben, habe ich sofort eingewilligt. Während Ihrer Zeit als Features Editor bei *Finch's Quarterly Review* haben wir uns doch recht gut kennengelernt. Damals waren Sie für meine Literaturkolumne verantwortlich, sprich, bei der Zusammenstellung jeder neuen Ausgabe riefen Sie mich an, um sich mit mir über meine aktuelle Lektüre zu unterhalten. Dann tippten Sie alles, was ich gesagt hatte, fein säuberlich ab, und schickten mir die Abschrift zur Kontrolle und Freigabe per E-Mail. Ich war zu dieser Zeit ziemlich beschäftigt. Ich glaube, ich hatte gerade erst angefangen, meine Modekollektion neu zu entwerfen und drehte außerdem pausenlos Filme. Ich weiß noch, dass ich ständig von schlechtem Gewissen geplagt wurde, weil der Tag nie lang genug war, um alle Telefonate anzunehmen und meine E-Mails zu beantworten.

Es war sicher nicht einfach für Sie so insistieren zu müssen, oft riefen Sie fünf, sechs, sieben oder sogar acht Mal an, bis wir endlich telefonieren konnten. In dieser turbulenten Phase kam ich oft nicht einmal richtig zum Lesen und die Buchbesprechungen für *Finch's Quarterly* waren nicht gerade oberste Priorität für mich. Ich muss jedoch zugeben, dass ich stets gern Ihre Stimme gehört habe – so sanft, beruhigend und unheimlich charmant. Sie schienen mir eine Gleichgesinnte zu sein, jemand mit einer großen Portion Neugier, stets an neuen Themen oder neuen Autoren interessiert.

Im Laufe der Zeit hatte ich das Gefühl, als würden wir uns immer besser kennenlernen, obwohl wir uns bis zum heutigen Tag nie persönlich begegnet sind. Ich hatte immer gehofft, Sie einmal zu treffen, solange Sie noch für Charles arbeiteten. Ich weiß noch, wie meine Kollektion bei The Corner in Berlin, dem Laden eines gemeinsamen Freundes, präsentiert wurde. Bei der Cocktailparty damals sprach ich mit einem Freund von Ihnen über Sie. Am Ende unserer Unterhaltung fügte ich hinzu – gewissermaßen genauso erstaunt über meine Worte wie mein Gesprächspartner –, dass Sie und ich uns noch nie in Fleisch und Blut begegnet sind. Ihr Bekannter wirkte höchst überrascht. Ich glaube, ich hatte bei ihm den Eindruck erweckt, Sie und ich seien alte Freunde, und in gewisser Weise fühlt es sich genau so an.

Weil ich Sie zwar kenne, dann aber wieder auch nicht, kann ich mir nur vorstellen, dass die folgenden Kapitel Ihre Neugier und Ihr Interesse an den Menschen, der Kunst und dem Leben mit all seinen Höhepunkten und Seltsamkeiten widerspiegeln. Da ich ein wenig über Ihre Familie und deren Geschichte weiß, vermute ich, dass Ihre Kindheit und Jugend nicht gerade einfach war. Ich selbst frage, beziehungsweise sorge mich stets, ob meine Prominenz wohl eine Last für meine Kinder war oder ist. Vermutlich schon, aber ich kann es nicht mit Sicherheit sagen und ich weiß noch nicht einmal, wie sehr meine Kinder sich selbst darüber im Klaren sind.

Allerdings kann ich nicht behaupten, dass diese Art des Älterwerdens mir vertraut wäre. Ich stamme aus einer Kleinstadt in Illinois, und es gab weit und breit keine Adeligen. Ich würde sogar vermuten, dass eine Menge der Leute, mit denen ich aufgewachsen bin, nicht einmal genau wissen, was Adel eigentlich genau bedeutet. Trotzdem bin ich fest davon überzeugt, dass alle Kinder unter einem gewissen Druck stehen. Wird es uns gelingen, zu so fähigen Menschen wie unsere Eltern zu werden – obwohl wir als Kinder doch gar nicht einschätzen können, ob unsere Eltern interessant oder fähig oder ehrenwert sind –, werden wir von unseren Eltern akzeptiert und anerkannt? Können wir den Erwartungen gerecht werden?

Das Schreiben erlaubt es Ihnen ganz offensichtlich, einen Teil dieses Drucks zu kanalisieren. Auf diese Weise können Sie selbst Einfluss darauf nehmen, wer Sie sind, statt stets das Gefühl zu haben, ein mit Vorurteilen behaftetes Produkt zu sein, ein bekannter Name. Für mich ist die Arbeit ebenfalls ein solches Mittel zum Druckabbau. Ich kann mich voller Begeisterung in eine Sache stürzen und dabei fast alles ausblenden, was nicht direkt damit zu tun hat. Das kann die Auswahl eines Stoffes sein, das Auswendiglernen von Rollentexten, eine Opernarie, die Entscheidung zwischen zwei Manschettenknöpfen oder eine Buchrezension. Die Arbeit empfinde ich selten als Last, eher als Geschenk. Seit vielen Jahren schon definiere ich mich mehr oder weniger darüber. Sie macht mich zwar nicht völlig aus, aber ich glaube, sie ist der interessanteste Teil von mir.

Ich hoffe, es geht Ihnen hervorragend, liebe Elisabeth. Wenn mein Opern-Spielplan fertig ist, werde ich ihn an Sie weiterleiten. Vielleicht begegnen wir uns auf diese Weise ja tatsächlich einmal. Lassen Sie bald wieder von sich hören.

Wie immer mit den allerbesten Wünschen,

Ihr John Malkovich

Oster-Wahnsinn

Weihnachten und Ostern sind Feiertage, die wir normalerweise im Kreise der Familie verbringen. Also gemeinsam mit unserer großen, weitläufigen Verwandtschaft. Meine Mutter und meine Geschwister gehören selbstverständlich mit zum Clan, genauso wie Maya, die Schwester meiner Mutter, und ihre vier Kinder. Dann ist immer noch mindestens einer der Brüder meiner Mutter dabei, plus Frau und Kinder, außerdem meine Großmutter, die Halbschwester meiner Mutter, Anabel (die inzwischen ihre eigene Familie hat), sowie einige Kindermädchen und der eine oder andere Freund der Familie.

Meine Mutter hat eine Schwester und zwei Brüder. Anabel ist die Tochter aus der zweiten Ehe meines Großvaters. Da mein Großvater meine Großmutter leider für eine andere Frau verließ, bevor meine Eltern heirateten, hatten meine Geschwister und ich während unserer Kindheit recht wenig Kontakt zu ihm. Meine Mutter erfand sogar eine lustige Geschichte, um uns seine Abwesenheit zu erklären. Sie erzählte uns, unser Großvater würde auf dem Mond leben und nur sehr selten auf die Erde herunterkommen. Viele Jahre lang habe ich diese Geschichte geglaubt und war ziemlich schockiert, als ich ihn im Alter von elf oder zwölf Jahren dann tatsächlich kennenlernte. Eine Scheidung war damals noch ein ziemlicher Skandal, und natürlich hielten die Kinder eher zu meiner Großmutter.

Trotzdem fing meine Mutter irgendwann an, Anabel mit einzuladen. Sie war in Ostdeutschland in wesentlich normaleren und entspannteren Verhältnissen aufgewachsen und so dauerte es ein Weilchen, bis wir uns alle aneinander und an unseren jeweiligen Lebensstil gewöhnt hatten. Meine Geschwister und ich mochten Anabel jedoch vom ersten Tag an. Weil sie uns vom Alter her näher ist als meiner Mutter, kam es uns so vor, als wäre eine lange verschollene Schwester wieder aufgetaucht. Durch diese Freundschaft wuchsen wir als Familie noch enger zusammen. Meine Mutter, Großmutter und mein Bruder saßen letztlich auch bei meinem Großvater am Bett, als er nach langem Kampf gegen den Lungenkrebs friedlich zu Hause einschlief.

Eine solch buntgemischte Großfamilie ist natürlich nicht ganz unkompliziert, wenn sie sich zweimal im Jahr unter demselben Dach versammelt. Zu unseren Familienfesten gehört normalerweise viel Essen und noch mehr Streit, meistens zwischen meiner Mutter und meiner Tante – der sich schließlich in einem ausgewachsenen Krach zwischen uns allen entlädt. Interessanterweise haben sowohl meine Mutter als auch meine Tante ihre Kinder alleine großgezogen – vielleicht machen also die fehlenden Vaterfiguren unsere Familienstruktur so explosiv.

Letztes Jahr endete Ostern in einer Tragödie, noch ehe wir überhaupt angekommen waren. Bei meiner Tante ist nämlich oberstes Gebot: Erscheine ja nicht zu spät zum Osterfrühstück! Und was war passiert? Wir kamen anderthalb Stunden zu spät! Pünktlichkeit ist für meine Tante von ähnlicher Wichtigkeit wie gebürstete Haare für meine Mutter. (Die Tatsache, dass sie international als Punk-Prinzessin bekannt war, wollen wir an dieser Stelle mal unter den Tisch fallen lassen. Ich habe dieses Argument schon hundertmal angebracht, aber es zieht einfach nicht.)

Die Jahre vergehen und meine Familie wird immer exzentrischer, oder vielleicht werde ich mir mit dem Alter dessen auch nur bewusster. In geringen Dosen finde ich es inzwischen eigentlich ganz schön, wenn wir alle aufeinanderhocken. In meiner Jugend hingegen war das schwieriger. Außerhalb der Geborgenheit unseres Zuhauses fühlte ich mich so anders als alle anderen, dass es schwierig war, meiner schrägen Familiensituation etwas Komisches abzugewinnen.

Ich weiß zum Beispiel noch, wie uns meine Mutter eines Tages in einem Clownskostüm von der Schule abholte. Und das bei Teenagern! Ich war eine unsichere Dreizehnjährige, mit den typischen Ängsten, die zu diesem Alter wohl dazugehören. Ich wollte unbedingt cool sein. Als meine Mutter in viel zu weiten Hosen und roten Gummischuhen in der Größe von Baguettes aufkreuzte, habe ich mich kurzerhand hinter den Mülltonnen im Schulhof versteckt. Leider hatte sie mich schon gesehen und rief so laut meinen Namen, dass nicht nur die Kinder auf dem Hof, sondern auch alle, die in ihren Klassenzimmern saßen, auf das Spektakel aufmerksam wurden.

Was mir bei diesen großen Familientreffen immer auffällt, ist Folgendes: Einzeln gesehen, sind wir alle ziemlich vernünftige Menschen, aber auf einem Haufen scheinen sich unsere ungewöhnlichen Eigenschaften zu potenzieren. Wie in einem Theater sind einige von uns Akteure, während andere bloß zusehen. Manche von uns tauchen in beiden Rollen auf, meine Mutter jedoch steht immer im Zentrum der Bühne. Was die Sache noch theatralischer macht, ist, dass sie selbst zum Kind wird, wenn sie sich in Gesellschaft von Kindern befindet. Außerdem durchlebt sie Lieblingsphasen mit den Kindern, momentan zum Beispiel die »Carlotta-Phase«. Carlotta ist die jüngste Tochter meiner Tante. Mum verbrachte also den Großteil des Wochenendes damit, hinter Carlotta herzurennen, sie zu packen und in die Luft zu werfen. Irgendwann trug sie dabei eine Papiertüte in Form einer Ente auf dem Kopf, galoppierte damit hinter meiner Cousine her und schrie »Aaarrrhhh«.

Mein Bruder, meine Schwester und Anabel saßen in der Zwischenzeit im Garten, plauderten und rauchten genüsslich. Als meine Mutter das sah, hielt sie ihnen sofort einen leidenschaftlichen Vortrag über die Schädlichkeit des Rauchens. Dabei hat sie früher natürlich selbst geraucht. Sie erklärte, dass sie nicht die Tatsache des Rauchens an sich anstößig fände, sondern, dass sie so »unbewusst« rauchten. Was genau meine Mutter damit gemeint hat? Keine Ahnung, wir wissen es selbst nicht. Aber es ist lustig, dabei zuzusehen, wie sie innerhalb von Sekunden in so unterschiedliche Rollen schlüpfen kann – vom frechen Kind zum strengen Diktator. Nur ein Familienfest kann so etwas auslösen.

An unserem Esstisch entwickeln sich mitunter faszinierende Unterhaltungen. Dabei kann es um alles Mögliche gehen, denn wir sind sehr offen die der Themenwahl. Von Politik über Religion und Wirtschaft bis hin zu Kunst und Emotionen wird alles abgedeckt. Leider enden solche Gespräche oft im Streit. Manchmal werden auch absolut banale Themen zu Tode diskutiert. Meine Mutter und ihre Schwester können zum Beispiel mit vollem Ernst endlos den Dessert-Fauxpas des polnischen Kochs durchhecheln. Stundenlang beleuchten sie von allen Seiten, weshalb die Mangosauce eher nach Fisch und nicht nach Mango geschmeckt hat. Dann wendet sich meine Mutter urplötzlich von ihrer Schwester ab, um Carlotta zu necken oder mit viel Gebrüll meinem Bruder auf den Schoß zu springen oder einen meiner kleinen Cousins an sich zu drücken. Das führt dann wiederum dazu, dass meine Tante sich ärgert und meine Mutter anbrüllt, weil sie sich am Esstisch nicht ordentlich benimmt. Das Geschrei verängstigt meine kleine Cousine Pilar, die zu weinen anfängt und, zack, sind wir wieder mittendrin in unserem wunderbaren Wahnsinn.

Falls wir uns entscheiden, in England zu bleiben, besuchen wir in der Osternacht den Gottesdienst in der Brompton Oratory, der Kirche in South Kensington. Am nächsten Tag finden dann die bereits beschriebenen Familienfestivitäten im Haus meiner Tante auf dem Land statt. Dabei ist es fast schon obligatorisch, dass alle so viel essen, wie sie nur können.

Da wir eine solch internationale Truppe sind, gibt es Gerichte aus der ganzen Welt. Meine Großmutter mütterlicherseits kommt aus Ungarn, aber ihre Mutter war Russin. Darum bereitet sie jedes Jahr zu Ostern einen cremigen weißen Berg aus Joghurt, Sahne und Zucker zu, der sich *Pasach* oder so ähnlich nennt. Angeblich ist das eine landestypische, russische Speise. Mein Bruder wohnt in der Schweiz und schleppt deshalb eimerweise Schokolade, Schweizer Osterkuchen und *Luxemburgerli* an, die Schweizer Variante der *Macarons*. Außerdem gibt es französische *Macarons* und jede Menge hartgekochte, bunte Eier und natürlich viel zu viele Schokoladenostereier.

Mit den Eiern spielen wir »Titschen«, dabei knallt man sein Ei gegen das Ei eines anderen. Derjenige, dessen Ei ganz bleibt, gewinnt. Meine Cousine Pilar liebt dieses Spiel. Glücklicherweise isst meine Mutter gerne bis zu sieben Eier, so dass Pilar damit beschäftigt ist, mit ihr zu titschen. Natürlich muss jedes getitschte Ei auch gegessen werden, alles andere wäre furchtbare Verschwendung. Da meine Mutter viele Jahre in Rom gelebt hat, bringt sie ein riesiges *Colomba* mit, das typische italienische Osterbrot, und einen gewaltigen Parmesankäse.

Die Ostereiersuche nach dem Brunch war früher für uns alle der wichtigste Teil des Festes. Wir waren ebenso gierig nach Geschenken wie nach Essen, doch unsere Begeisterung ist über die Jahre hinweg ein wenig abgekühlt. Vermutlich hat es auch damit zu tun, dass wir schlicht weder die Zeit noch das Geld haben, mitten im Jahr für alle Geschenke zu besorgen. Außerdem spaltet sich meine Familie, wenn es um Geschenke geht, in zwei Lager. Da gibt es zum einen die Geschenkefans, alias die »Materialistenbrigade«, angeführt von meiner Mutter, dicht gefolgt von mir selbst. Und dann ist da die »Wir-brauchen-nichts-als-Liebe-Brigade«: In Sachen Geschenke steht diese Truppe eher auf »weniger ist mehr«, angeführt wird sie von meiner Tante Maya.

Zwischen diesen beiden Lagern herrschte über lange Zeit ein offener Krieg. Wir haben verzweifelt versucht, neue Regeln festzulegen, indem wir uns nur noch kleine Geschenke machten, doch es endete immer damit, dass sich irgendjemand schuldig fühlte, weil er oder sie nicht so viel ausgegeben hatte wie die anderen. Das alles scheint extrem oberflächlich und albern, aber es war viele Jahre lang ein Streitthema.

Die Eiersuche war natürlich immer ein ungeheures Spektakel. Das Verstecken, das Suchen und die ganze Veranstaltung überhaupt musste kommentiert, fotografiert und gefilmt werden. Sehr anstrengend! Heute haben wir es etwas vereinfacht. Jetzt geht es im Grunde hauptsächlich um die Kinder und wir anderen schenken uns bloß eine Kleinigkeit. Jedes Jahr wieder ein Klassiker: die Geschenke, die so gut versteckt sind, dass keiner sie findet. Zum großen Ärger meiner Tante stolpern wir dann Jahre später irgendwo im Garten über ein verschimmeltes Paar Schuhe oder so.

Ja, wir sind eine traditionelle katholische Familie, aber gleichzeitig auch ein sehr moderner, toleranter Patchwork-Clan, über die vier Generationen hinweg, die er umfasst. Es ist immer ein schönes und vor allem spaßiges Ereignis, wenn wir alle auf einem Haufen zusammen sind. Eigentlich würden wir perfekte Darsteller einer ziemlich abgefahrenen Reality-TV-Show abgeben. Osbournes, nehmt euch in Acht!

Die heimliche Prinzessin

Das »Tagebuch einer Prinzessin« war nicht meine Idee. Ich arbeitete damals als Kulturredakteurin bei einer Zeitschrift namens *Finch's Quarterly Review*, einem Londoner Magazin, das sich um Kultur, Unterhaltung und Lifestyle dreht. Vermutlich lässt es sich am besten als Zeitschrift voller witziger, lächerlich überflüssiger und stylischer Artikel beschreiben, die von Connaisseuren für andere Connaisseure verfasst werden. Die Artikel beschäftigten sich mit völlig unterschiedlichen Themen: dem perfekten Kaschmirpullover, Cresta in St. Moritz, der Zubereitung von Spaghetti Carbonara bis hin zur Frage, wie man Olivenbäume in Spanien pflanzt oder am besten Diamanten am Strand trägt – das sind, wie gesagt, nur ein paar der völlig überflüssigen, aber irgendwie trotzdem sehr unterhaltsamen Beispiele. Im Übrigen sind die Autoren ebenso bunt gemischt wie der Inhalt der Zeitschrift.
Der größte Unterschied zwischen *FQR* und anderen Lifestylemagazinen – und damit möglicherweise auch das Originellste daran – ist, dass im *FQR* kaum ein Artikel von professionellen Journalisten geschrieben wird. Die meisten freien Mitarbeiter bei der *FQR* sind entweder Berühmtheiten (von meinem Chef bevorzugt) oder zumindest recht bekannte Leute. Schauspieler, Produzenten, Prominente, Unternehmer, Umweltschützer

oder wen auch immer der Boss interessant genug findet: Chefredakteur der Zeitung und unangefochtenes Oberhaupt, Mr Nicholas Foulkes. Trotz der wirtschaftlich schwierigen Zeiten, in denen wir leben, zelebriert *FQR* die Tatsache, dass es sich in diesem Heft um den Luxus dreht, und zwar ohne sich dafür zu entschuldigen. Das fand ich alles ziemlich mutig und interessant, als ich Nick Foulkes an einem seiner Lieblingsorte, dem schicken Dunhill Club in Mayfair, das erste Mal begegnete. Von dieser ersten Begegnung an entwickelten sich die Dinge überraschend schnell und man bot mir einen Job als *features editor* an: Ich war für alles verantwortlich, was mein Chef mir auftrug, aber vor allem hatte ich dafür zu sorgen, dass die kreativen Inhalte dort landeten, wo sie hingehörten. Sowohl die Verantwortung als auch der Haufen Arbeit wirkten ziemlich abschreckend, außerdem hatte ich vorher kaum Erfahrung mit redaktioneller Arbeit. Trotzdem packte ich die Gelegenheit sofort beim Schopf. Zu diesem Zeitpunkt lebte ich in London und hatte hie und da für verschiedene Zeitschriften Artikel geschrieben. Ich hatte es eine Weile beim *Telegraph Magazine* ausgehalten, der Wochenbeilage des *Daily Telegraph*, wo ich wochenlang in der Modekammer Koffer für Fashion-Shootings einpacken und wieder auspacken durfte. Danach fühlte ich mich bereit für etwas mehr Verantwortung und eine neue Herausforderung.

Mein Start ins Berufsleben war bis dato schon ziemlich turbulent. Mein Traum war nämlich schon immer gewesen, für eine coole Zeitschrift zu arbeiten, die sich mit Kunst, Mode und überhaupt den Stilfragen des Lebens beschäftigte. Ich wollte Teil eines Teams sein und ich wollte etwas lernen. Außerdem hatte ich das Gefühl, meine Erfahrung, meine Kontakte und Interessen könnten für einen solchen Job von Nutzen sein. Also blätterte ich mein Adressbuch durch, meldete mich bei allen, die auch nur entfernt etwas mit der Verlagswelt zu tun hatten, schrieb Briefe, aber fand nichts.

Schließlich bekam ich einen Termin mit Jefferson Hack, dem Gründer und Chefredakteur von über-coolen Magazinen wie *Dazed and Confused* oder *Another*. Er ist außerdem bei jeder hippen Party in London mit dabei und hat eine Tochter mit Kate Moss. Damals wollte ich unbedingt bei *Another* arbeiten. Also unternahm ich den weiten Weg ins trendige East London zu einer Audienz beim »König der Coolness«. Als ich ihm gegenüber saß, fühlte ich mich ziemlich eingeschüchtert und unsicher. Natürlich hatte ich einige meiner Artikel mitgebracht, die in englischen und deutschen Zeitschriften erschienen waren, doch seiner Miene nach zu urteilen beeindruckte ihn das nicht sonderlich.

Nach einigen allgemeinen Fragen zu meinen Texten, traf mich Mr Hacks ernster Blick. Sein Tonfall war fast schon besorgt: »Und was unterscheidet Ihre Schreibe von dem ganzen Mist da draußen?« – »Nun …«, stotterte ich und stürzte mich in einen langen Laber-Monolog. Die Wahrheit war, ich wusste es nicht. Zwar spürte ich, dass ich etwas zu sagen hatte und dass ich einige besondere Eigenschaften mitbrachte, die sich nicht so leicht in einem Lebenslauf ausdrücken ließen, aber ich wusste noch nicht, wie ich das in Worte packen sollte. Mr Hack bot mir freundlicherweise ein Praktikum an, doch ich beschloss, lieber nach etwas anderem zu suchen.

Und dann, eines Tages, als ich gerade die britische Ausgabe von *Vanity Fair* durchblätterte, stieß ich auf ein Bild von Nick Foulkes. Ich las den Text unter dem Foto und hatte sofort das Gefühl, gefunden zu haben, wonach ich suchte. Nicks Erscheinung weckt in mir Bilder von Evelyn Waugh und Oscar Wilde – ein englischer Exzentriker im maßgeschneiderten Anzug. Ich glaube, er trug auf diesem Foto sogar eine Taschenuhr. Er wirkte elegant und schien aus einer anderen Epoche zu stammen, wobei er gleichzeitig etwas Dandyhaftes an sich hatte. Ich holte ein paar Erkundigungen ein, ehe ich ihm eine förmliche E-Mail schickte, in der ich erklärte, gerne bei ihm arbeiten zu wollen. Nur wenige Stunden später bekam ich schon eine Antwort: Er lud mich ein, ihn im bereits erwähnten Dunhill Club zu treffen. Nachdem er mich eine halbe Ewigkeit hatte warten lassen, tauchte er schließlich auf. Und war ganz genau so exzentrisch wie auf dem Bild. Seine Finger und Handgelenke waren mit Schmuck behängt und eine Wolke von Eau de Cologne umgab ihn. Sofort fing er an, mir von seinem neuen Projekt, der *Finch's Quarterly Review*, zu erzählen, und bereits nach wenigen Minuten bot er mir einen Job an. Er erklärte, das gesamte Magazin sei eine humoristische Erfindung, die sein guter Freund Charles Finch und er sich ausgedacht hätten. Finch war ein Alleskönner, PR-Mann, Agent und Berater für all jene, die etwas darstellten. Es folgten mehrere Treffen mit Charles und den Art-Direktoren der *FQR*, und plötzlich hatte ich einen Job, sogar noch mit einer richtigen Stellenbezeichnung. Ich war sofort mittendrin und schien das ganze Projekt plötzlich allein zu managen. War für Interviews zuständig, fürs Ghostwriting, die Recherche, fürs Zusammenstellen von Events, fürs Überprüfen der Fakten, die Fotosuche und alles andere, was Nick auf einmal dringend brauchte. Selbst nachts um eins beantwortete ich noch E-Mails und hatte auf diese Weise innerhalb weniger Tage den Wunsch, mehr arbeiten zu wollen, gegen einen Zustand eingetauscht, der mich völlig überforderte. Mehr als einmal musste ich an *Der Teufel trägt Prada* denken!

Die ersten paar Wochen waren ziemlich verrückt. Schließlich bekam ich Unterstützung durch eine zweite blonde junge Frau, die liebenswerte Australierin Felicity. Jetzt waren wir zumindest ein weibliches Zweierteam gegen die Machowelt von *FQR*. So in etwa ging es weiter: eine bunte, stürmische und hektische Zeit. Im Grunde hätte ich keine bessere Stelle für den Start meiner Karriere finden können. Als ich bereits einige Monate bei *FQR* arbeitete, hatte Nick einen weiteren seiner euphorischen Einfälle. Er wollte, dass ich in einem wöchentlichen Blog der Welt erzähle, was eine Prinzessin in London so treibt. Daraus entstand das »Tagebuch einer Prinzessin«. Zuerst lehnte ich die Idee strikt ab. Ich war sehr unsicher, was dieses Label »Prinzessin« anging. Für viele Menschen mag das kokett klingen – warum sollte es mir denn etwas ausmachen, als Prinzessin bekannt zu sein? Meine Selbstdiagnose lautet folgendermaßen: Ich leide unter einer chronischen Störung, dem Prinzessinnenkomplex. Der arme Nick hatte ja keine Ahnung, dass er da die Büchse der Pandora geöffnet hatte. Hier saß ich, bei meinem ersten »richtigen« Job, und man erwartete von mir, dass ich unter dem von mir am meisten gefürchteten Label schreiben sollte. Ich hatte Angst, dass man mich entlarven würde. Ich hatte Angst vor den Vorurteilen der Leute, die das Dasein als Prinzessin mit sich bringt. Ich stellte mir vor, wie die Leute denken würden, »Ach, die ist bestimmt total verwöhnt/langweilig/arrogant/behütet«. Diese Adjektive sind nur einige Beispiele – und so weit von dem entfernt, was die Leute, ginge es nach mir, denken sollten. Ich bin einfach keine typische Prinzessin.

Andererseits, was ist schon eine typische Prinzessin? Meine kleine Cousine sagte neulich zu mir, alle Prinzessinnen hätten blonde Haare. Diese Anforderung erfülle ich, also Häkchen dran. Alle Prinzessinnen wachsen in einem Schloss auf. Noch ein Häkchen. Alle Prinzessinnen tragen lange, schöne Kleider. (Ich trage kurze, schöne Kleider, also ein halber Haken.) Alle Prinzessinnen haben ein Krönchen – nein, hab ich nicht! Ich bin also völlig untypisch. Und zu guter Letzt heiraten alle Prinzessinnen einen Prinzen und leben glücklich bis in alle Ewigkeit. Nun, ich lebe glücklich, habe aber (noch?) keinen Prinzen geheiratet.

Die meisten Menschen kennen vermutlich gar nicht so viele Prinzessinnen. Zumindest in Deutschland ist der Titel Teil unseres Namens, daher fragen einen die Zollbeamten am Flughafen JFK in New York City gern: »Ma'am, sind Sie eine echte Prinzessin?« In der Vergangenheit habe ich immer so getan, als sei »Prinzessin«, wie es in meinem deutschen Pass steht, in Wirklichkeit mein erster Vorname. So mogelte ich mich durch viele Flughäfen auf der ganzen Welt, indem ich so tat, als hätte man mir bloß einen ungewöhnlichen Namen gegeben. Eines Tages passierte ich mal wieder den Zoll und bemühte mich Ruhe zu bewahren. Stundenlanges Warten und neugierige Fragen sind nach einem achtstündigen Flug nicht so leicht zu ertragen. Müde und jet-lagged, wie ich war, gab ich schließlich nach. Nachdem ich die x-te Frage wegen meines langen Namens erduldet und man ihn dazu noch laut vorgelesen hatte, wobei er mehr wie eine neuentdeckte Erbkrankheit klang, gab ich klein bei. Als der Beamte wissen wollte, was denn »Prinzes-sin genau bedeutete«, erklärte ich es ihm beiläufig. Genau das, was da steht. Prinzessin, das ist nicht mein Vorname, sondern mein Titel und heißt, dass ich eine Prinzessin bin. Ihm fiel die Kinnlade herunter und gleichzeitig auch sein ganzes Gehabe von ihm ab. Er lächelte und wurde plötzlich ganz galant. Keine neugierigen Fragen oder misstrauischen Blicke mehr – auf einmal war alles in Ordnung. »Sie wohnen also in einem Schloss?«, wollte er wissen und ich erwiderte, dass dies selbstverständlich der Fall sei. Sofort war ihm klar, weshalb ich während der letzten sechs Monate immer wieder das Land verlassen hatte: »Sie waren bestimmt einkaufen für Ihr

Schloss.« Ich lächelte und dachte bei mir, dass dies mein unkompliziertestes Zollerlebnis gewesen war. In Wirklichkeit absolvierte ich ein Praktikum in der Galerie eines Freundes und war für die Arbeit herumgereist. Ich hatte ja trotzdem nicht gelogen. Schließlich habe ich auf meinen Trips ganz ordentlich eingekauft und in gewisser Weise war das ja für mein Schloss.

So amüsant diese kurze Begegnung auch gewesen ist, verbinde ich mit meinem Namen auch zahllose unschöne Erinnerungen. Vor allem zu Schulzeiten war es nicht leicht, anders zu sein. Man betrachtete mich und meine Geschwister als Fremde. Wir sprachen anders, wir kleideten uns anders. Wir wurden nicht von unseren Eltern abgeholt, sondern von Bodyguards in gepanzerten Autos. Denn wir lebten ja nicht gerade in einer Weltstadt, in der es noch viele andere »ungewöhnliche« Kinder gegeben hätte, wie die von Berühmtheiten, Diplomaten oder Politikern. In Regensburg waren wir drei die absoluten Außenseiter. Die anderen Kinder starrten uns an. Einige Lehrer hegten ganz unverhohlene Vorurteile gegen uns und ließen entsprechende Bemerkungen fallen. Und die ganze Presseberichterstattung machte unser Leben auch nicht gerade einfacher. Rückblickend denke ich, es ist vermutlich gar nicht so schlimm gewesen. Vielleicht drückten einige der Blicke, die ich als missbilligend interpretiert hatte, in Wirklichkeit Interesse an uns, diesen unbekannten Wesen, aus. Ungefähr so, wie ich auf einer Safari Giraffen anschaue. Aber woher sollte ich das als kleines Mädchen wissen? Wir sprachen zu Hause nie über diese offensichtlichen Diskrepanzen. Unser Schloss war ein sicherer Mikrokosmos, in dem Dienstboten herumwuselten und sich um uns kümmerten. Aufwendige Partys, Castle-Hopping und extravagante Urlaube waren für uns normal. Nur gab es eben noch diese Welt außerhalb unseres kleinen Königreichs, mit Lehrern, Freunden und der Schule. Ich schätze, ich habe gelernt in beiden Welten zu leben, indem ich sie fein säuberlich voneinander trennte. Außerhalb unseres Königreichs fühlte ich mich in meiner Haut nie wohl. Zu verleugnen, wer ich war, und so zu tun, als sei ich wie alle anderen, erleichterte es ein wenig, sich als Teil der Welt da draußen zu fühlen. Ich wollte doch nur verzweifelt dazugehören und so sein wie die anderen Kinder. Man kann es wohl als Komplex bezeichnen, und so wurde ich zu einer »heimlichen« Prinzessin.

Ist das hier dann mein Coming-out? In gewisser Weise ist es die Erblast eines jeden, der berühmte Eltern hat: Wir werden geboren und in eine bereits beschriftete Schublade gesteckt. An unseren Namen hängen zahllose vorgefasste Meinungen und wir werden durch das Leben unserer Eltern stigmatisiert. Die Leute glauben uns zu kennen, obwohl sie uns noch nie getroffen haben. Ich schäme mich nicht – ganz im Gegenteil –, ich bewundere meine Eltern und viele meiner Vorfahren sehr. Es handelt sich eher um den Wunsch, als eigenständige Persönlichkeit gesehen zu werden und den von mir gewählten Weg gehen zu können. Ich möchte meine eigenen Fehler machen und hoffentlich auch ein paar gute Entscheidungen treffen.

Um also die zu werden, die ich schon immer war, musste ich alles hinter mir lassen und in die Welt hinausziehen. Ich musste das Schloss, die schönen Gewänder und die vertraute Gesellschaft all derer über Bord werfen, die unser Königreich am Laufen hielten. Ich musste mich kopfüber in die ›echte Welt‹ englischer Internate und Universitäten stürzen. Nach Madrid, Paris und New York gehen. Ich suchte, ich erforschte, ich nahm auf, ich lehnte ab. All diese Orte sind meine Spielplätze, auf denen ich mühsam versuche herauszufinden, wer ich bin und wie ich mein Leben führen will. Vor gar nicht allzu langer Zeit habe ich hier in London offenbar endlich eine Art Identität gefunden, mit der ich mich gut fühle. Ich habe den Eindruck, an einem Ort angekommen zu sein, an dem ich mich genug von meiner Herkunft lösen konnte, um sie wieder mit offenen Armen empfangen zu können. Eine Prinzessin zu sein bestimmt nicht, wer ich bin, und doch ist es ein Teil von mir. Letztendlich wurde mir klar, dass es nicht wirklich von Bedeutung war, was andere Leute von mir dachten oder welche Vorurteile sie hatten. Tatsache ist, dass ich Prinzessin bin, ob es mir nun gefällt oder nicht. Es bedeutet im Grunde gar nicht viel mehr, als dass die Zweige meines Stammbaumes in andere Richtungen zeigen als die von anderen Leuten.

Ich weiß oft nicht, was ich sagen soll, wenn mir jemand alberne Fragen danach stellt, wie es sich anfühlt adlig zu sein. Ja, wie fühlt sich das an? Keine Ahnung, ganz normal, denke ich. Für mich war es ja schon immer so. Ich kann die Tatsache, eine Prinzessin zu sein, einfach ignorieren, wenn ich will. Ähnlich wie eine Narbe kann ich sie verdecken oder mit Stolz tragen. Ich habe mich schlussendlich für Letzteres entschieden. Ich weiß, dass ich mehr bin als eine gestriegelte kleine Prinzessin, die in ihrem Schloss sitzt und sehnsüchtig nach draußen schaut, weil sie gerne mitspielen würde, aber Angst hat, sich dabei ihr Kleid schmutzig zu machen. Ich habe mein Schloss verlassen. Ich habe meine Robe schmutzig gemacht, als ich durchs Fenster und durch die Dornenranken geklettert bin. Ich habe sogar einen Teil meines Kleides abgerissen, um mich problemlos durch den hektischen Großstadtdschungel bewegen zu können, in dem ich lebe. Ich habe meine Krone gegen einen Laptop, einige gute Handtaschen und viel zu viele Schuhe eingetauscht. Im Grunde bin ich wie alle anderen jungen Frauen, die versuchen, sich in der großen weiten Welt zurechtzufinden.

Das Schreiben hat mich zum Nachdenken über meine Herkunft gebracht. Natürlich weiß ich, dass mein Leben bisher nicht völlig normal verlief und meine Kindheit und Jugend selbstverständlich auch nicht. Ich bin in einem Dorf in der Nähe von Regensburg zur Schule gegangen und habe gesehen, wie meine Freundinnen wohnen. Sie hatten Häuser mit Lattenzäunen davor und Gartenzwergen in den Beeten. Schon immer war mir klar, dass wir anders sind. Ich hatte die Gelegenheit, tolle Orte zu bereisen, zu studieren und in verschiedene Kulturen einzutauchen. Viele dieser Möglichkeiten wurden mir wegen meines Namens geschenkt, doch letztlich waren es bloß offene Türen, durch die ich selbst gehen musste. Beweisen musste ich mich dort dann ganz allein.

Heute empfinde ich das Leben, das ich führe, als großes Privileg, wie auch die Möglichkeit, mit meinen Lesern viele meiner Begegnungen zu teilen. Die folgenden Kapitel handeln von meinen Einfällen und Gedanken, meinen Abenteuern und meinen Erfahrungen. Es geht um wilde Hochzeiten, Kunstmessen, die Biennale in Venedig bis hin zu Polospielen in Argentinien und einem Ritt durchs Masai Mara in Kenia. Ich beschreibe auch die weniger glamourösen Aspekte, das ganz Gewöhnliche: Wohnungssuche, undichte Zimmerdecken und öffentliche Verkehrsmittel. In Sachen schäbige Behausungen, Familiendramen und Co. habe ich einiges erlebt. Letztlich unterscheiden sich meine Erfahrungen nicht so sehr von denen anderer Menschen, worüber ich mich freue. Meine Herkunft ist wie ein Rucksack, den ich überall hin mitnehme. Jeder von uns hat einen solchen Rucksack zu tragen. Auch meiner kann mitunter ziemlich schwer sein, doch ich habe gelernt, das als etwas Gutes zu akzeptieren. Schließlich bedeutet es schlicht, dass mir eine Menge eingepackt wurde.

Dieses Tagebuch ist mein ständiger Begleiter gewesen. Die folgenden Kapitel sind eine Art Zeugnis meines Lebens in London und eine Erzählung über ein Mädchen, das erwachsen wird und dabei immer neue Entdeckungen macht. Ich habe an einigen der tollsten Orte des Planeten geschrieben: auf einer Terrasse auf Patmos, von der aus man die gesamte Insel überblicken konnte. Auf dem Indischen Ozean oder während des Beobachtens eines Warzenschweins, das durchs Gras streifte. An den entlegensten Plätzen des Globus habe ich eine Internetverbindung gefunden. Von der nördlichen Grenze Argentiniens zu Huckepack-Wi-Fi-Verbindungen auf den Dächern von New York City. Manchmal war es stressig, alles zu dokumentieren. Manchmal war es unangenehm oder sogar beängstigend, so offen und ehrlich zu sein. Aber die meiste Zeit über war es ein Riesenspaß. Sie werden sicher verstehen, dass selbst eine Prinzessin nach so vielen Abenteuern, so viel Aufregung und so vielen Reisen etwas Erholung braucht. Ein Schloss für meine Gedanken zu finden – eine Heimat für dieses Tagebuch zwischen zwei Buchdeckeln – übertrifft alle meine Wünsche. Deshalb stelle ich mir nun selbst die Gretchen-Frage von Mr Jefferson Hack: Was unterscheidet das *Tagebuch einer Prinzessin* von all dem anderen Mist da draußen? Dieses Tagebuch enthält sehr ehrliche und persönliche Betrachtungen der bunten Flora und Fauna, die sich entlang meines Weges zieht. Ich will nicht behaupten, dass diese Beobachtungen von erheblicher Wichtigkeit wären, doch sie sind auf jeden Fall anders. Schließlich sind es die einer Prinzessin – und wie viele Tagebücher, Mr Hack, können das schon von sich behaupten?

Um mit dem weisen Oscar Wilde zu sprechen, einem der größten Schriftsteller des zwanzigsten Jahrhunderts: »Das Leben ist viel zu wichtig, um immer ernst darüber zu reden«.

Schneestürme und Hintertüren

Bisher habe ich bei *Finch's Quarterly Review* in einem Crashkurs vor allem zwei Dinge gelernt: sehr hart zu arbeiten und eine Zeitschrift zu leiten. Mein dringend nötiger Weihnachtsurlaub, den ich in Argentinien verbracht habe, scheint schon sehr, sehr weit zurückzuliegen. Die ersten paar Wochen waren völlig verrückt, als ich kurz vor Weihnachten bei *Finch's Quarterly* meinen ersten richtigen Job antrat. Ich raste von einem Interview zum nächsten, dann ins Büro des Creative Directors und wieder zurück an meinen Schreibtisch. Dazu kam noch, dass London plötzlich zum Winterwunderland mutierte. In der Metropole herrschte das totale Chaos.

Es fing alles an mit diesem Schneesturm am Sonntagabend – und was ist mir passiert? Genau, ich blieb natürlich mittendrin stecken.

Ich verließ gerade mit zwei Freunden Ronnie Scott's legendäre Jazz-Kneipe in Soho, als der Wahnsinn seinen Lauf nahm. Während wir ganz entspannt einigen harmlosen Jazz-Klängen gelauscht hatten, war London unter einer dicken, flauschigen Schneedecke verschwunden. Die nächtlichen Straßen waren voller Leute, die durch die weiße Pracht tanzten und mit ihren Zungen Schneeflocken fingen. Der Anblick war absolut unglaublich. Überall Berge von Schnee. Die schmalen Sträßchen um Chinatown herum sahen aus wie eine Mischung aus alpinem Skiort und der Kulisse für einen Weihnachtsfilm. Die Menschen bauten Schneemänner und machten wilde Schneeballschlachten. Trotzdem hing eine spürbare Stille in der Luft, als hätte der Schnee alle Geräusche geschluckt.

Ich fühlte mich leicht orientierungslos und war schon nach wenigen Minuten von dicken Schneeflocken bedeckt. Ringsherum schienen sich alle total zu freuen – die Leute lachten und tobten und es schien, als hätte ein bisschen Schnee introvertierte Großstadtmuffel in aufgeregte Kinder verwandelt. Ich muss zugeben, dass es zwar ein toller Anblick war, London so ganz in Weiß zu sehen, aber um ehrlich zu sein, verlor der Spaß bald seinen Reiz. Ich begann mir Sorgen zu machen, wie ich nach Hause kommen sollte. Vielleicht hat es mit meinen Wurzeln zu tun – in Deutschland habe ich nämlich schon weit mehr und auch schöneren Schnee gesehen –, aber in genau diesem Moment wollte ich vor allem heim ins Bett.

In London von einem Ort zum andern zu gelangen ist schon unter normalen Umständen ein Abenteuer, an diesem speziellen Sonntagabend war es fast unmöglich. Das Chaos im Nahverkehr in Großbritannien wirkt zwar auf den ersten Blick sympathisch, ist auf Dauer jedoch schwer zu ertragen. Bei der *Tube* gibt es ständig irgendwelche Probleme oder »Bauarbeiten«. Im besten Fall wartet man einfach ewig auf den Zug, Busse brauchen noch länger und der Autoverkehr ist entsetzlich, also gewöhnt man sich früher oder später zwangsläufig an den Zustand. Schon wenn es regnet, verschlimmert sich die Situation, aber wehe, es schneit! Dann kommt auf der Insel alles zum Erliegen. Die Läden bleiben geschlossen, die U-Bahn fährt nicht mehr und an den Flughäfen herrscht der Ausnahmezustand.

So etwas wie an diesem Abend habe ich jedoch noch nicht

erlebt. Es gab keine Taxis, keine *Tube*, nur sehr wenige Busse – und die schienen eher rückwärts zu rutschen, als vorwärts zu fahren. Was sollten wir also tun? Als junge Frau mit einer langen Feier-Karriere nahm ich die Sache in die Hand: Wir machten uns auf die Suche nach der nächsten *Minicab*-Zentrale. *Minicabs* sind die privaten Taxiunternehmen in England, die man nicht wie die typischen schwarzen Cabs auf der Straße anhalten darf, sondern extra rufen muss. Ich bin mir sicher, dass man in London selbst nach einem Atomangriff noch einen unverwüstlichen *Minicab*-Fahrer findet, der einen durch die Ruinen der Stadt kutschiert, aber an diesem Abend hatten selbst die zu kämpfen.

Bei der *Minicab*-Zentrale gab es keine Taxis, weil keiner der Fahrer bisher von seiner letzten Fuhre zurückgekehrt war. Angeblich brauchten sie eine Stunde für weniger als einen Kilometer. Wir warteten und warteten und ich wurde dabei immer unruhiger. Endlich kam einer der Fahrer zurück und ehe er sich versah, saßen wir in seinem Wagen. Der überwältigte Mann war von seiner letzten Fahrt noch so traumatisiert, dass er uns auf keinen Fall »den ganzen Weg bis raus nach Bayswater!« bringen wollte. Bayswater liegt, genau wie Soho, im Londoner Westen. Man muss lediglich am Regent's Park entlangfahren, was normalerweise so um die 15 Minuten dauert. Im Grunde genommen ist es nur ums Eck. Daher kam mir die Formulierung »den ganzen Weg bis raus nach Bayswater!« ein wenig übertrieben vor. Ich hatte immer noch nicht begriffen, wie wenig die Engländer auf den Winter vorbereitet sind, also auf den richtigen Winter.

Ich erinnere mich an die Winter meiner Kindheit in Deutschland. Bei Eis und Schnee durften wir nach der Schule Schlittschuhlaufen, auf dem See direkt vor unserem Haus. Wir hatten sogar zwei kleine Tore zum Eishockeyspielen. Da fällt mir plötzlich »Fischi« ein, einer unserer Privatlehrer, der eigentlich unser Tenniscoach war, aber glücklicherweise dazu noch Mathematiker, so dass er uns bei den Mathe- und Physikhausaufgaben helfen konnte. Einmal war er mit uns draußen zum Spielen und wir ärgerten ihn die ganze Zeit, zur Strafe, weil er immer so streng mit uns war. An diesem Tag brachte ich ihn dazu, sich auf den zugefrorenen See zu wagen, weil angeblich unser Puck im Eis feststeckte. Eigentlich wusste ich ganz genau, dass die Eisdecke für einen ausgewachsenen Mann zu dünn war. Der arme Fischi betrat das Eis und brach dann auch prompt nach wenigen Schritten ein. Der See war nicht tief genug, um gefährlich zu sein, aber Fischi wurde ganz schön nass und war mächtig sauer auf uns. Wir hielten das Ganze für einen Riesenspaß!

Ich wusste, wenn ich in absehbarer Zeit nach Hause kommen wollte, würde ich all meine Überredungskunst einsetzen müssen. Ich hatte keine Wahl, denn die einzige Alternative war, nach Hause zu laufen, was meinen Füßen absolut nicht gefallen hätte ... Ich bettelte also so lange, bis der Minicab-Fahrer den Motor anließ. Dann wollte ich ihm erklären, wie er fahren sollte, um das Chaos vor uns zu vermeiden. Busse rutschten rückwärts und die Autos bewegten sich so langsam vorwärts, dass man sie wirklich locker zu Fuß hätte überholen können. Unser Fahrer hatte jedoch viel zu viel Angst, seine Herde zu verlassen und eine Nebenstraße zu nehmen, so dass er lieber im Chaos gefangen blieb. Schließlich gelang es mir, ihn mit Engelszungen dazu zu überreden, umzudrehen und in eine kleinere Seitenstraße abzubiegen. Die Luft im Taxi knisterte förmlich vor Spannung. Als wir uns durch die Straße gekämpft hatten und am Piccadilly Circus herauskamen, eine von Londons verkehrsreichsten Ecken, geriet ich in Panik. Wir befanden uns immer noch ganz in der Nähe unserer Ausgangsposition, saßen aber schon eine halbe Stunde im Auto. Nun steckten wir zwischen zwei Bussen und einigen Autos mitten auf dem Piccadilly Circus fest.

Plötzlich erschien es auch mir ziemlich unwahrscheinlich, dass ich es per Auto nach Hause schaffen würde. In diesem Moment verlor auch noch unser armer indischer Taxifahrer die Geduld. Was sollte ich also tun? War meine letzte Möglichkeit ein unmoralisches Angebot? Nicht ganz. Zum Glück saß ich ja mit meinen zwei Freunden in dem Taxi. Einer von ihnen ist Rennfahrer. Als unser Chauffeur anfing zu jammern, dass er umdrehen wolle, setzte ich alles auf eine Karte: den männlichen Stolz. Das war mein letzter Trumpf. Ich schlug vor, dass mein Rennfahrer-Freund das Steuer übernehmen könnte. »Er hat viel Erfahrung«, erklärte ich dem Taxifahrer. Dieser Vorschlag tat seine Wirkung. Man konnte förmlich riechen, wie der Testosteronspiegel im Wagen anstieg. Mein Plan ging auf. Der Fahrer war plötzlich wie ausgewechselt. Er sah mir durch den Rückspiegel direkt in die Augen und meinte: »Kein Problem, Madam, ich bringe Sie nach Hause«. Auf einmal konnte ihn nichts mehr aufhalten. Der Stau löste sich wie von Zauberhand auf und wir fuhren am verschneiten Park entlang, so dass ich kurze Zeit später endlich zu Hause ins Bett fallen konnte.

Nun bin ich wieder im Büro und draußen herrscht noch immer der Ausnahmezustand. Es fahren kaum Bahnen und viele Läden haben weiterhin geschlossen. Die Großstadt ist in eine Art Winterschlaf gefallen. Nach meinem Schneesturmabenteuer habe ich mir den Sam-Mendes-Film *Zeiten des Aufruhrs* angeschaut. Sowohl Kate Winslet als auch Leonardo DiCaprio sind absolut großartig als von einer Identitätskrise gebeuteltes Paar. Der Film ist unheimlich bewegend und verstörend zugleich. Danach war ich ziemlich bedrückt und mich überkam eine fast paranoide Angst, ich könnte mich unversehens in einem ganz konventionellen Leben wiederfinden.

Das ist schon komisch, denn nichts in meiner Familie oder während meines bisherigen Lebenswegs ist auch nur annähernd konventionell abgelaufen. Als Kind hätte ich nichts einzuwenden gehabt gegen ein normales Haus mit Jägerzaun um den Vorgarten, statt eines riesigen Schlosses. Seit meinem 15. Lebensjahr bin ich alle zwei Jahre in ein anderes Land gezogen. Es war immer ein bisschen wie ein Verflixtes-zweites-Jahr-Syndrom. Ich spreche fünf Sprachen, wenn auch keine davon richtig. Aber sind Rechtschreibung und Grammatik wirklich so wesentliche Bestandteile einer Sprache?

Meine Familie lebt über den ganzen Globus verstreut, und meine Mutter zieht fast so gerne um wie ich. Ihre Spezialität ist, uns Kindern hinterherzuziehen. Als ich meinen Wohnsitz nach Paris verlegt habe, kam sie auch nach Paris. Als ich nach New York ging, kaufte sie sich dort eine Immobilie, und nun verbringt sie ihre Zeit abwechselnd in New York, Regensburg, Rom und Watamu in Kenia. Ich glaube, sie liebt es vor allem, neue Wohnungen einzurichten. Wie ein Kind, das Geschenke auspackt, genießt meine Mutter es, eine neue Stadt zu entdecken und sich an einem Ort einzurichten. Unser Zuhause in Deutschland ist der perfekte Ort, um ihren Einrichtungs- und Dekorationsdrang auszuleben. Sobald sie mit ihren eigenen Räumen fertig ist, schaut sie gerne mal bei ihren Kindern vorbei und gestaltet unsere neu. Kürzlich war sie das erste Mal in meiner Wohnung in London. Wir hatten uns seit Monaten nicht gesehen und noch ehe sie mich überhaupt gefragt hatte, wie es mir ging, hatte sie schon den Fernseher in ein anderes Zimmer getragen, die Tische und Stühle verrückt und mich streng angewiesen, mir ein neues Sofa zuzulegen.

Man könnte meinen, unser Schloss in Regensburg wäre

schwer zu füllen – nicht jedoch für meine Mutter. Sie musste sogar eine ganze Menge Kunstgegenstände verkaufen, weil es keinen Platz mehr gab, um Bilder aufzuhängen. Ein Gast bemerkte einmal spitz, der Palast sei »vollgemüllt«. Natürlich wurde er nie wieder eingeladen.

Aber um ehrlich zu sein, ist meine Mutter ziemlich gut im »Vollmüllen«. Jede ihrer Wohnungen ist in einem ganz eigenen Stil eingerichtet. Manche von ihnen sind richtig opulent, während in anderen ein minimalistisches fünfziger Jahre-Design vorherrscht. Vor allem das Schloss ist ein prima Beispiel, wo alte Wandbehänge mit verrückten Paul-McCarthy-Skulpturen kontrastieren.

Als wir noch Kinder waren, hat die Liebe meiner Mutter zu zeitgenössischer Kunst und Design unser Zuhause in einen farbenfrohen und aufregenden Ort verwandelt. Wer kann schon von sich behaupten, daheim am Eingang die berüchtigte Skulptur der Chapman Brothers stehen zu haben: ein nacktes Kind, aus dessen Gesicht ein Anus und ein Penis wachsen? Dabei war *Fuck Face* nur eines von vielen provokativen Stücken zeitgenössischer Kunst, die bei uns so herum standen. Es ging sogar so weit, dass unsere Schulfreunde nicht mehr bei uns übernachten durften, weil sie anschließend zu Hause von Alpträumen heimgesucht wurden. Bei mir im Zimmer hing ein besonders fieses Gemälde einer verwesenden Leiche. Jahre später erzählte mir eine Freundin, wie sehr sie sich immer vor den Würmern gefürchtet hatte, die durch den Schädel krochen. Es war vielleicht ein bisschen heftig, aber wie mein guter Freund, der Fotograf Juergen Teller, einst im Zusammenhang mit seinen eigenen sehr provokativen Werken zu mir sagte: »Das Leben ist eben heftig.« Vermutlich wäre es mir damals lieber gewesen, wenn meine Schulfreundinnen nicht traumatisiert nach Hause gegangen wären, aber heute bin ich für diese radikalen

Kunsterfahrungen sehr dankbar, denn sie haben mir die Augen für Werke geöffnet, vor denen ich mich sonst vielleicht gefürchtet hätte.

Solche Dinge meine ich, wenn ich sage, dass mir mein Leben immer völlig normal vorkam, es aber nie wirklich konventionell war.

Nun bin ich hier in London, arbeite für eine glamouröse Zeitschrift und wieder erlebe ich lauter verrückte Sachen. Wie zum Beispiel die berühmte Party meines neuen Chefs, Charles Finch, die er vor der jährlichen Preisverleihung der British Academy of Film and Television Arts (BAFTA) im einzigartigen Annabel's veranstaltete. Für die nicht Eingeweihten: Die BAFTA sind so etwas wie die britischen Oscars und für die Filmindustrie eine unheimlich wichtige Veranstaltung. Jeder, der in der Filmwelt einen Namen hat, nimmt an diesem speziellen Ereignis teil.

Charles Finch ist der Verleger von *Finch's Quarterly* und Sohn des legendären Schauspielers Peter Finch. Er ist berühmt für seine großartige PR, die schicken Partys und seinen Lifestyle im Allgemeinen. Charles ist ein richtiges Allround-Talent: Er hat Filme produziert, selbst geschauspielert und als Agent gearbeitet, aber zu voller Größe läuft er auf, wenn er glamouröse Partys für die Reichen und Schönen schmeißt. Ich habe nie richtig begriffen, wie er damit Geld verdient, Charles ist sowieso ein Mann voller Geheimnisse.

Fest steht jedenfalls, dass seine Pre-BAFTA-Party, die er seit mehr als zehn Jahren ausrichtet, so ziemlich der heißeste Event Londons ist. Alle berühmten Schauspieler, Produzenten und Starlets schauen da vorbei. Und wo sollte eine solche Party mit Kultstatus auch anders stattfinden als im Annabel's, *der* Londoner Institution. In den 60er-Jahren öffnete der erfolgreiche Geschäftsmann Marc Birley die exklusiven Türen dieses Underground-Clubs, und schenkte seinen Freunden damit einen Ort zum Abhängen. Er benannte den Privatclub nach seiner damaligen Frau Annabel, die später den Tycoon und Playboy Jimmy Goldsmith heiratete. Von Aristoteles Onassis über die königliche Familie bis hin zu Richard Nixon – dieser Club hatte sie alle. Leider quetscht man sich heutzutage an einem normalen Abend im Annabel's hauptsächlich an fetten alten Herren mit ihren Prostituierten im Schlepptau vorbei. Das ist echt kein erfreulicher Anblick.

Natürlich sieht die Sache ganz anders aus, wenn Charles sein Dinner gibt. Auf den Abend war ich gut vorbereitet. Schon Wochen vor dem Event waren die Mädels im Büro völlig aufgedreht, weil die Namen von etlichen Celebritys gefallen waren. Das Magazin *Finch's Quarterly* ist nämlich nur ein kleiner Teil des Finch-Imperiums. Im Grunde besteht unsere Zeitschrift aus meiner Kollegin Felicity und mir, und ab und zu bekommen wir Besuch von unserem Chefredakteur und dem Creative Director. Die übrigen Schreibtische in unserem Großraumbüro besetzen PR-Leute, das Eventmanagement und die Talent Agency. Der Vorteil, in einem Büro zusammen mit dem Rest von Charles' Firma zu arbeiten, besteht darin, dass zum Beispiel mal Cate Blanchett hereinspaziert, um Charles zum Lunch auszuführen. Der Nachteil ist, dass einen das ganze Name-Dropping schon nach kurzer Zeit ermüdet. Wenn man täglich hört, dass »Brad und Angelina nach dem Dinner vielleicht noch vorbeischauen« und dass »Sharon Stone definitiv mit dabei ist«, verliert das Ganze nach kurzer Zeit seinen Reiz.

Aber, wow, Charles kennt sie echt alle. Da ich noch nicht lange für Mr Finch arbeite, war die BAFTA-Party für mich eher ein voller Arbeitseinsatz. Nach all dem Gerede im Büro hatte ich im Vorfeld ziemlich hohe Erwartungen. Den Nachmittag verbrachte ich aber recht unglamourös damit, in jeder

der Goody Bags von Chanel, die auf die Gäste warteten, die neuste Ausgabe von *Finch's Quarterly* zu verstauen. Meine geschätzte Kollegin Felicity und ich hofften natürlich, dass auch wir ein solches Gratistäschchen mit nach Hause nehmen dürften, schließlich waren wir doch in gewisser Weise ebenfalls Gäste. Wir brauchten Stunden, bis wir mit dem Eintüten fertig waren.

Was mich entschädigte, war die Tatsache, dass wir bereits nachmittags im Annabel's ankamen und den Club über den Hintereingang durch die Küche betreten durften, wodurch wir einen Blick auf das Durcheinander der Dinnervorbereitungen erhaschen konnten. Claire, eine von Charles' Event-Managerinnen, sauste umher und nahm letzte Änderungen an der Sitzordnung vor. Blumen wurden geliefert und Essen herum geschoben. Ich hatte noch nie die ganzen Vorbereitungen erlebt, die jeder guten kommerziellen Party vorausgehen. Aus der Nähe betrachtet war das ziemlich beeindruckend. Außerdem habe ich Hintereingänge schon immer geliebt: Es hat einfach etwas unglaublich Cooles und leicht Anrüchiges an sich, wenn man wie ein Rockstar auf so eine Ich-will-nicht-gesehen-werden-Tour einen Veranstaltungsort betritt. Natürlich wurde ich an diesem Abend ohnehin nicht wirklich wahrgenommen. War ich doch kaum mehr als ein Zeitungsmädchen.

Nachdem wir die Goody Bags gefüllt hatten, düsten wir nach Hause, putzten uns heraus und fuhren wieder zum Annabel's. Es wurde von uns erwartet, dass wir den gesamten Abend mit einer Ausgabe von *FQR* durch den Club spazieren und allen erzählen sollten, wie klasse die Zeitschrift sei. Am besten sollten wir dann noch Schauspieler dazu kriegen, sich mit *FQR* in der Hand ablichten zu lassen. Wie vorhergesagt kamen einige große Stars: Penelope Cruz, Sharon Stone, Rachel Weisz, Bla bla bla – von Brangelina allerdings keine Spur. Ich finde ja die

Stimmung auf diesen Super-Celebrity-Partys immer ein bisschen öde und dieser Abend war da keine echte Ausnahme. Die Leute sind einfach viel zu sehr damit beschäftigt cool auszusehen und zu netzwerken, als dass sie sich noch amüsieren könnten. Auf den Fotos wirken solche Events im Nachhinein immer viel toller, als sie es tatsächlich waren. Mir war es auch ein bisschen peinlich, mich bei Schauspielern einzuschleimen, in der Hoffnung, sie würden für mich mit unserer Zeitschrift posieren. Bisher habe ich auf solchen Partys noch nie wirklich gearbeitet. Ich muss sagen, diese Erfahrung hat mir ziemlich die Augen geöffnet. Wie anders die Leute einen behandeln, wenn sie dich »bloß« als Angestellten wahrnehmen! Am Ende hatte ich dann aber doch Erfolg und fotografierte drei freundliche Menschen mit der Zeitschrift: den Sänger Rufus Wainwright, den legendären Roxy-Music-Frontmann Bryan Ferry und mich selbst. Wenigstens diese beiden taten mir den Gefallen.

Den Rest des Abends verbrachte ich in der Raucherlounge, wo ich fröhlich vor mich hin paffte und in mich hinein kicherte, weil unsere Gesellschaft eben doch extrem auf Konventionen achtet. Ein und derselbe Mensch kann so unterschiedlich wahrgenommen werden, je nachdem, welche Rolle er spielt. Und während ich so dasaß, fasste ich in Gedanken einen Entschluss: Ich wollte mich nie wieder zu wichtig nehmen. Das ist nämlich so was von abtörnend.

Die Odyssee der feuchten Stelle, die niemals trocknet

Ich liebe neue Projekte! Eine neue Wohnung, eine neue Stadt, ein neuer Job – alles Neue begeistert mich. Ich liebe die Aufregung davor und die anschließende Entdeckungsphase. Die buntglänzende Verpackung eines eingewickelten Geschenks, die unter eifrigen Kinderhänden so leicht nachgibt, ist eben einfach wunderbar. Alles Unbekannte weckt in mir bis heute irgendwie Begeisterung, egal, ob es um eine Idee, ein Objekt oder um eine Person geht.

Mein liebstes Geschenk als Kind war die sogenannte »Wundertüte«. Vielleicht erinnern Sie sich noch daran: Sie war in den späten achtziger Jahren und den frühen Neunzigern ziemlich en vogue. Man kaufte eine zugeklebte Glitzertüte, und erst nach dem Aufreißen sah man, was man tatsächlich erstanden hatte. Größtenteils enthielten die Tüten minderwertiges Plastikspielzeug und billigen Modeschmuck, aber das war egal. Was diese Tüten so reizvoll machte, war nicht ihr Inhalt, sondern die Spannung des Unbekannten, die sie mit sich brachte.

Mein jüngstes Projekt – in der Theorie absolut phantastisch, in der Umsetzung aber der blanke Horror – ist der Umzug in eine andere Wohnung. Ich bin ganz vernarrt in die Idee. Seit über anderthalb Jahren hause ich nämlich in einem Apartment, dessen Decke eine feuchte Stelle in Form eines schlafenden Labradors ziert. Dieses *Es* ist im Grunde nicht nur eine undichte Stelle, sondern eine lebendige Kolonie, ein Schimmelfleck, der inzwischen ein Eigenleben entwickelt hat. Bei genauerem Hinsehen scheinen mir einige der grünlichen Stellen sogar entgegenzuwachsen! Mir wird schon beim Schreiben ganz elend. In Deutschland hat man mir beigebracht, dass Schimmel ein echtes Gesundheitsrisiko darstellt und, was vielleicht noch schlimmer ist, Klamotten ruinieren kann. Das Nervige ist, dass *Es* schon vor meinem Einzug ganz gemütlich an der Zimmerdecke gelebt hat. Naiv (oder dumm) wie ich war, glaubte ich dem Makler, der behauptete, *Es* sei bloß eine feuchte Stelle, die abtrocknen müsse und dann problemlos überstrichen werden könne. »Na gut«, dachte ich damals. Nun dauert die Odyssee der undichten Stelle, die niemals trocknet, schon fast zwei Jahre an. Die Zeit, die ich mit E-Mails an und Anrufen bei meinem Vermieter verschwendet habe, zusammen mit den Besuchen ähnlich inkompetenter Maler, Klempner und Schreiner, hätte man locker darauf verwenden können, einen kompletten Neubau zu errichten. In der Zwischenzeit lebte *Es* fröhlich weiter. *Es* wurde mehrere Male überstrichen. *Es* kehrte zurück. Ich flehte meinen Vermieter an, die Ursache des Höllenlecks aufzuspüren. Doch er behandelte mich wie eine typisch hysterische Deutsche, lächelte milde – halb herablassend, halb mitleidig – und unternahm nichts.

Es wuchs weiter und veränderte sich dabei ähnlich wie das entstellte Porträt des Dorian Gray, bis mir eines Tages der Geduldsfaden riss. Endlich gab mein Vermieter zu, dass wohl genauere Nachforschungen angestellt werden müssten, da das Problem stets aufs Neue auftauchte. Ich war von Anfang an der Meinung gewesen, dass die Wurzel des Übels in der Wohnung über mir zu finden sei, doch niemand wollte mir zuhören. Wie sich herausstellte, war der Balkon der oberen Wohnung undicht, obwohl er – angeblich – bereits drei Mal repariert worden war. Seltsamerweise hatte ich es über mir aber nie Hämmern oder Bohren gehört. Als also der Schreiner vorbeikam und zum vierten Mal die feuchte Stelle anstarrte, hätte ich ihn am liebsten mit seinem Werkzeugkasten erschlagen, weil er nach zwei Jahren des ewig gleichen Problems lediglich grunzend meinte, wir müssten »nun vielleicht zu dauerhafteren Maßnahmen greifen«.

»Dauerhafter?«, stammelte ich. »Soll das heißen, dass alles, was Sie bisher getan haben, nur provisorisch war?« Ohne Witz, Sherlock, »dauerhaft« könnte bedeuten, dass das Problem womöglich hinterher gelöst ist. Ich war zu erleichtert, dass man mich endlich ernst nahm, um wirklich wütend zu sein, aber dennoch zu wütend, um wirkliche Erleichterung zu empfinden.

Das ist nur eine der neueren Anekdoten aus meinem Londoner Alltag, aus der Stadt, in der viele nur zu gerne leben würden.

Meine Küche hatte ein winziges Fenster, das auf einen mikroskopisch kleinen Innenhof hinausging. Das Fenster schloss nicht richtig. Wenn ich mir im Winter eine Tasse Tee kochen wollte, musste ich mir einen Mantel überziehen. Als ich einen Schreiner einbestellte, erklärte er mir, die Reparatur würde um die 10000 Pfund kosten, um die 12000 Euro. Ich traute meinen Ohren kaum. Und es handelte sich keinesfalls um eine zwielichtige Firma, die meinte, ein bisschen absahnen zu können, sondern um eine ziemlich renommierte. Die Begründung des Handwerkers war, er müsse an der Außenwand zum Hof hin ein Gerüst aufbauen. Sogar ich weiß, dass man kein Gerüst braucht, um ein winziges Fenster zu reparieren.

Ich habe noch eine Menge Geschichten dieser Art auf Lager, was meine Behausungen in London angeht. Im Nachhinein lacht man darüber, aber während man mittendrin steckt, sehnt man sich einfach nach einer kompetenten und ehrlichen Person, die ihre Arbeit erledigt und basta.

Obwohl ich also einerseits noch in der Flitterwochenphase des Projektes Umzug stecke, bin ich ein bisschen skeptisch ob der Problemchen, die so typisch für die Wohnsituation in Großbritannien sind. Ich frage mich, ob sich meine Wohnsituation durch einen Umzug in Zukunft wirklich verbessern wird oder lediglich der aktuelle Vermieter nicht mehr Teil der Gleichung ist. Ich werde es wohl bald herausfinden.

Heute habe ich beschlossen, nicht weiter auf diese zweifelnde Stimme zu hören. Von meinem jetzigen Standpunkt aus kann es eigentlich nur besser werden. Abgesehen von der schimmligen nassen Stelle funktioniert meine Dusche nämlich nicht richtig. Wann immer ich bei Freunden bin, beäuge ich neidisch deren Nasszelle. Ganz schwach kann ich mich noch daran erinnern, wie es ist, sich bei der täglichen Dusche nicht entweder Frostbeulen oder Verbrennungen zweiten Grades zuzuziehen. Von einer Dusche mit anständigem Wasserdruck und gleichbleibender Temperatur zu träumen erscheint mir fast schon übermütig.

Ist das Londoner Leben nicht glamourös? Na gut, wir befinden uns im England des 21. Jahrhunderts, aber solche grundlegenden Dinge können doch nicht so schwer in den Griff zu kriegen sein, oder? Ich habe einen richtigen Job und arbeite hart. Der nächste Schritt ist, eine Wohnung zu finden, in der ich wenigstens alle meine Sachen auspacken und anständig duschen kann. Hoffentlich habe ich inzwischen genug Erfahrung gesammelt, um die offensichtlichen Fallen bei Besichtigungen gleich zu erkennen und ihnen aus dem Weg zu gehen. Merke: Ein Leck ist ein Leck ist ein Leck. Vielleicht wird meine nächste Wohnung sogar eine Küche haben, die mich tatsächlich zum Kochen animiert. Nun, wir wollen nicht gleich übertreiben. Ein geräumiges Wohnzimmer, viel Stauraum in den

Schränken und ein funktionierendes Badezimmer reichen für den Anfang schon mal aus. Jetzt heißt es, Daumen drücken ...

Umziehen gehört zu den Projekten, die sich sehr gut anhören und anfühlen, wenn ich bequem auf meinem Sofa liege und davon träume. In der Praxis ist das Ganze dann aber mühsam, enttäuschend, zeitaufwendig und manchmal auch niederschmetternd. Einige Menschen haben Glück und verlieben sich in die erste Immobilie, die sie besichtigen. Mit meinen Erfahrungen deckt sich das nicht. Seit ich beschlossen habe umzuziehen, quetsche ich die Besichtigungstermine in meinen ohnehin schon zum Bersten gefüllten Terminkalender. Nach dem Schimmelhauptquartier suche ich nämlich nach dem perfekten Apartment. Und prompt wirkt die feuchte Stelle, die niemals trocknet, seit dieser Entscheidung verdächtig trocken. Typisch! Ich wusste, die Sache würde sich regeln, sobald ich mich zum Ausziehen entschließe.

Der Preis für das perfekte Apartment ist ziemlich hoch, sowohl im wörtlichen wie auch im übertragenen Sinne. Dazu gehören zahllose nervige Treffen mit Fremden, alias Immobilienmaklern, an beliebigen Straßenecken und Haustüren, ebenso wie endloses Treppensteigen, das Warten auf Hausschlüssel, die jemand vorbeibringt, um schließlich in hässlichen Wohnungen durch die Unordnung anderer Leute zu waten. Es kommt mir immer so aufdringlich vor, fremde Wohnungen zu inspizieren, und natürlich ist es auch ermüdend. Das Ärgerlichste an der Wohnungssuche ist allerdings die Zeit, die sie frisst. Im Grunde handelt es sich dabei um einen Vollzeitjob. Die verschiedenen Makler- und Besichtigungstermine zu koordinieren würde locker eine persönliche Assistentin beschäftigen. Weil ich die perfekte Immobilie nicht übersehen möchte, habe ich gleich fünf Agenturen engagiert.

Außerdem habe ich beschlossen, dass man kein Vermögen für einen professionellen Suchdienst ausgeben sollte, wenn die Makler dieselbe Arbeit schließlich umsonst machen. Vielleicht ändere ich meine Meinung diesbezüglich aber noch. Es ist schon schwierig genug, sich das Gesicht von einem oder zwei Maklern zu merken, ganz zu schweigen von ihren Namen oder den Namen ihrer Firmen. Ganz offensichtlich vereinfacht meine Verwirrung unsere Kommunikation nicht gerade. Irgendwie kann ich mich nie daran erinnern, welcher Immobilienmensch mir welche Wohnung gezeigt hat. So langsam verliere ich total den Überblick, obwohl ich doch gerade erst angefangen habe. Noch dazu sprechen die Makler eine Sprache, die mir völlig fremd ist. Ihr Jargon ist voller Tretminen: Eine Besenkammer wird als Arbeitszimmer beschrieben, eine Feuerleiter gilt als Balkon und die Aussage »die Immobilie könnte ein wenig renoviert werden« bedeutet, dass es sich um eine totale Bruchbude handelt.

Das Schlimmste für mich ist, Wohnungen zu besichtigen, die sich so gar nicht mit dem decken, wonach ich suche. Da frage ich mich immer, wie diese Makler in billigen Anzügen und typisch spitzen Schuhen in unserer Welt überleben? Wenn ich angebe, dass ich ausschließlich nach einem Apartment im ersten Stock suche, warum zeigen sie mir dann eines im dritten? Obendrauf kommt meine sowieso schon berechtigte Paranoia, was englische Rohrleitungen und Wärmedämmung angeht. Kurzum, die freudige Erwartung eines Umzugs hat sich in eine Unternehmung verwandelt, die ich garantiert so schnell nicht wieder auf mich nehmen möchte.

Nach so viel Pech bei der Suche nach einer Mietwohnung beschloss ich, stattdessen eben etwas zu kaufen. Wer weiß, vielleicht würde da das Angebot ja besser sein. Ich muss mir selbst auf die Schulter klopfen, denn das ist eine ganz schön erwachsene Entscheidung – und ziemlich beängstigend. Wo ich mich doch kaum zwei Wochen im Voraus auf ein Abendessen festlegen kann! Eine Wohnung zu kaufen fühlt sich ein bisschen so an wie heiraten. Um bei der Metapher zu bleiben, könnte man sagen, dass ich bereits mit London verlobt bin. Es stimmt schon, jetzt bin ich sehr verliebt, aber wird das auch von Dauer sein? Werde ich mich nicht irgendwann langweilen und einen Ort finden, an dem es mir besser gefällt? Dies waren nur ein paar der Fragen, die mir durch den Kopf schossen, während ich mir überlegte, ob ich wohl das Richtige tue. Andererseits hatte ich noch nie zuvor eine so ernste Beziehung: Ich lebe immerhin seit ein paar Jahren hier. Ich habe einen richtigen Job. Ich gehe jeden Tag ins Büro. Ich habe sogar eine kleine Wohnung, in die ein Teil meiner Klamotten passt. Ehe ich nach London zog, war ich eine richtige Nomadin. Da wurde mir schon mulmig beim bloßen Gedanken daran, sesshaft zu werden.

Seither hat sich eine Menge verändert. Bis vor kurzem habe ich es nämlich nie geschafft, irgendwo länger als zwei Jahre zu bleiben. Zwei Jahre erschienen mir als die perfekte Zeitspanne, um eine neue Sprache zu lernen und einen Ort kennenzulernen. Zuerst das Internat in England. Dann Paris. Madrid. New York. Erst in London habe ich mir erlaubt, richtig anzukommen. Als ich hergezogen bin, lebte ich die ersten paar Monate aus dem Koffer. Ich wohnte bei Freunden oder mietete mir auch mal kurzfristig ein Zimmer, aber ich hatte immer im Hinterkopf, dass ich bald weiterziehen würde. Es drängte mich, so schnell wie möglich nach New York zurückzukehren. Eine Wohnung war für mich eher so etwas wie ein provisorischer Aufbewahrungsort für Sachen als ein Zuhause. In New York bin ich zum Beispiel in einem halben Jahr mindestens sechs oder sieben Mal umgezogen. Meine Habseligkeiten waren über all die verschiedenen Orte verstreut, an denen ich gewohnt hatte oder mit denen ich irgendwie in Verbindung stand. Eine Tasche in Rom, ein paar Toilettenartikel und Möbelstücke in New York, einige Kleider in Paris, ein paar andere in München. Das Meiste bewahrte ich natürlich daheim in Regensburg auf und später dann hier in London. Einer der Vorteile eines Schlosses ist, dass der Stauraum nie ausgeht.

Das Sesshaftwerden war also ein langsamer Prozess für mich. Ich ließ mich in London nieder. Nach einem Jahr war ich bereit für den nächsten Schritt. In der Praxis hieß das, dass ich vorsichtig ein paar Koffer auspackte und zur Zwischenmiete bei meinem Cousin in Chelsea einzog, der zu der Zeit in New York weilte. Er ist einige Jahre jünger als ich und hat außerordentliche Schwierigkeiten, nicht ständig Handys, Reisepässe oder Schlüssel zu verlieren. Früher betrat er seine Wohnung regelmäßig, indem er auf den Balkon hinauf kletterte und durch ein Fenster stieg, weil er wieder einmal seinen Schlüsselbund verloren hatte. In einer der begehrtesten und schicksten Wohngegenden Londons kam das nicht gerade gut an.

Noch ein Jahr später festigte sich die Bindung weiter: Nachdem ich so lange bei anderen untergeschlüpft war, wollte ich mir eine eigene Wohnung suchen. Und ich war sogar bereit, einen verpflichtenden einjährigen Mietvertrag zu unterschreiben (wobei die Überredungskünste meiner Mutter eine entscheidende Rolle spielten). Nun sind zwei Jahre vergangen und ich ziehe in Erwägung, mir tatsächlich etwas zu kaufen. Wow, ich glaube, ich werde wirklich erwachsen.

Nachdem ich während der letzten Jahre in so vielen verschiedenen Wohnungen gelebt habe, weiß ich den Luxus von ausreichendem Platz für meine Besitztümer durchaus zu schätzen. Ich liebe meine Kleider und zwar ganz besonders, wenn sie frisch gewaschen und gebügelt fein säuberlich aufgereiht in einem luftigen Schrank hängen. Der Kontrast zwischen meinem Kleiderschrank in Deutschland und dem in London könnte nicht größer sein: In meine aktuelle kleine Wohnung ist alles wild hineingestopft. Genaugenommen ist mein ganzes Schlafzimmer ein einziger begehbarer Kleiderschrank. Das bedeutet entweder, dass ich zu viele Klamotten besitze, gepaart mit einer teuren Leidenschaft für Schuhe, oder dass mein Stauraum einfach lächerlich begrenzt ist. Natürlich ziehe ich letztere Erklärung vor.

Ein Zimmer zu bewohnen, das die Größe meines Kleiderschrankes zu Hause in Regensburg hat, mag helfen, einer Prinzessin die Augen zu öffnen, aber mittlerweile bin ich bereit, mir Platz zum Atmen zu gönnen. Deshalb suchte ich auch wie eine Wilde in Notting Hill, meinem liebsten Stadtteil, nach einer Immobilie. Notting Hill mag zwar nicht die aufregendste oder originellste Wahl sein, aber da ich schon genug Abenteuer und ungewöhnliche Dinge erlebt habe, freute ich mich auf eine »normale« Umgebung. Außerdem liegt auch meine jetzige Wohnung in diesem Viertel, so dass ich schon seit einer Weile hier lebe. Es gefällt mir total gut. Ich bin sozusagen ein richtiger Notting-Hill-Fan. Es ist so eine entspannte und dabei so bunte Gegend. Die Märkte, die Cafés und Läden, die Restaurants, der Hyde Park direkt um die Ecke, mein Pilates- und Yoga-Studio ... Fast alles, was ich brauche, befindet sich direkt vor meiner Haustür. Es ist nicht weit ins West End, nach Chelsea und South Kensington und der Osten Londons ist auch nicht allzu fern. Perfekt.

Diese Suche quer durch den Immobilienmarkt von Notting Hill erwies sich leider als alles andere als perfekt. Außerdem fragte ich mich, warum ich die Vorzüge der Rezession nicht zu spüren bekam. Sollten mir die Immobilien gerade nicht förmlich nachgeschmissen werden, die Preise im Keller sein und die Makler sich an die Fersen ihrer letzten Kunden heften?

Aus lauter Verzweiflung habe ich mir sogar Sienna Millers Bude angeschaut. Ich habe mir gedacht, weil Sienna Klamotten doch genauso liebt wie ich, kann sie nicht so schlecht gewohnt haben, oder? Die Fotos waren viel versprechend: ein großes marokkanisches Bad im Keller, eine Galerie über dem weitläufigen Wohnzimmer, jede Menge Stauraum. Ich dachte, ich sollte es zumindest mal versuchen – schlimmer konnte es schließlich nicht werden. Falsch gedacht. Was auf den Bildern total cool und modern wirkte, war in Wirklichkeit alt und dunkel. Vielleicht als Partybude für einen schmierigen Junggesellen geeignet, aber nicht als gemütliches Zuhause für mich.

Ich habe jetzt zwei Jahre und mehrere Anläufe gebraucht, um zu akzeptieren, dass meine Zeit des Wohnungskaufs noch nicht gekommen ist. Ich gab gewissermaßen auf, beziehungsweise legte das Projekt fürs Erste auf Eis. Ich beschloss, für die nächsten paar Jahre noch mal was zu mieten, und dieses Mal hatte ich auf Anhieb Glück. Ja, die neue Wohnung liegt nur wenige Minuten von der alten entfernt, aber sie ist viel schöner. Die Badezimmer sind neu und funktionieren einwandfrei und ich habe sogar ein Gästezimmer, das mir als Büro und Schrankzimmer dient. Die großen, hellen Fenster geben den Blick frei auf einen wunderschönen Privatgarten, für den ich sogar einen Schlüssel habe. Kurz: Ich bin insgesamt sehr glücklich hier.

Der Umzug selbst war aber natürlich der absolute Alptraum. Ich hasse es. Das Schlimmste ist nicht das Einpacken und Auspacken, denn, um ehrlich zu sein, holte ich mir dazu Hilfe, nein, das Ätzendste ist das Ummelden aller Versorger. Wenn man in England bei den Firmen anruft, die sich um die Bereitstellung von Gas, Strom, Internet, Telefon und so weiter kümmern, gelangt man auf dem direkten Weg ins Irrenhaus. Mein Groll richtet sich vor allem gegen die British Telecom, jene Firma, die eigentlich die Kommunikation erleichtern sollte, anstatt sie zu erschweren. Ich verbrachte fast einen gesamten Freitag am Telefon, wo ich mir immer wieder denselben Popsong anhören musste. Es kann doch nicht so schwer sein, mein DSL von einer Wohnung auf die andere umzustellen! Inzwischen sind Wochen vergangen und ich warte noch immer. Das ist nur ein kleines Teil im großen Umzugspuzzle.

Doch trotz aller Mühen habe ich es bald geschafft und ich bereue die Entscheidung nicht. Ich liebe mein neues, helles und luftiges Apartment. Auch ohne DSL. Irgendwann werde ich wieder umziehen müssen, aber jetzt kann ich erst mal meine Kleider und Bücher auspacken und meine Bilder aufhängen. Das Beste am Umgezogensein ist, dass ich in absehbarer Zeit nicht mehr umziehen muss. Allein das ist die Mühe schon wert.

Die Hochzeits-Luder

»Hochzeiten sind eine qualvolle Angelegenheit«, war das Einzige, was ich beim Aufwachen denken konnte. In zwanzig Minuten sollte ich eine Freundin im Süden Londons treffen, um zusammen mit ihr hinunter nach Sussex zu fahren. Bis vor kurzem hatte ich noch nicht mal eine Ahnung gehabt, was Arundel Castle eigentlich genau war. Für mich liegt alles, was sich außerhalb der U-Bahn-Zone 2 befindet, irgendwo in der Pampa und die assoziiere ich aus unerfindlichen Gründen automatisch mit Norden. Wann immer mich jemand fragte, wo die Hochzeit am Wochenende stattfinden sollte, sagte ich »Arundel«, in der Hoffnung, damit die Neugier meines Gegenübers gestillt zu haben. Auf weitere Nachfragen antwortete ich einfach mit »Ach, das ist irgendwo ganz weit im Norden«. Wie sich herausstellte, ist Sussex gar nicht so weit entfernt und liegt noch dazu im Süden. Daher war es für mich unerlässlich, bei einer englischen Freundin mitzufahren, die ein Auto, ein Navigationsgerät und zur Sicherheit auch noch eine Landkarte besitzt. Ich hoffe, sie ist außerdem mit einem besseren Orientierungssinn gesegnet als ich.

Schon die Zusammenstellung meiner Garderobe am Abend zuvor hatte sich als ein wenig kompliziert erwiesen. Ich finde nämlich Hochzeiten ganz schön schwierig, was das Styling angeht. Es liegt einfach nicht auf der Hand, was man anziehen soll. Für die Kirche braucht man etwas Elegantes, Schickes, das aber nicht zu freizügig und auch weder schwarz noch weiß sein darf. Natürlich stolziert immer irgendein weiblicher Gast in Weiß umher. Das ist einfach peinlich, denn es bedeutet entweder, dass man das ungeschriebene aber offensichtliche Gesetz nicht kennt, oder man versucht schlicht der Braut die Schau zu stehlen. Ich bin mir nicht ganz sicher, was schlimmer ist, ich tendiere zu Letzterem.

Am liebsten leihe ich mir für Hochzeiten ein altes Chanel-Kostüm von meiner Mutter. Chanel war einst der Inbegriff von Chic, Understatement und Ladylike. Ich finde, bei jemandem meines Alters bekommt diese Schlichtheit durch den leichten Retro-Touch noch etwas Freches. Nichts kleidet einen, egal zu welchem Anlass, so zuverlässig wie Chanel. Chanel lässt einen wie kein anderes Label sofort wie eine kleine Lady aussehen. Leider besitze ich selbst keine Chanel-Kostüme. Und die meiner Mutter hängen alle fein säuberlich in Leinenhüllen in einem luftigen, begehbaren Kleiderschrank in Regensburg. Eigentlich besitze ich überhaupt keine Kostüme, wenn ich es mir recht überlege. Im Alltag brauche ich zum Glück nämlich nichts dergleichen.

Im Vorfeld der Hochzeit habe ich darum Freunde bei Wunderkind, meinem Lieblingslabel, gebeten, mir ein paar Teile zu schicken, mit denen ich herumexperimentieren kann. Es ist ein absoluter Traum, eine Kiste voller Kleider geliefert zu bekommen! Wunderkind ist deshalb so toll, weil die Accessoires und das Design oft den Eindruck erwecken, als durchwühle man die Kleidertruhe einer weitgereisten Person mit eklektischem Stil. Mein Lieblingsstück ist ein Kleid, das wie eine Skulptur wirkt. Es umweht ein Hauch von Ballett Russe: Der Tüllrock ist komplett von zarten Blütenblättern aus Leinenstoff übersät.

Das Kleid ist ein absoluter Knüller, aber man braucht auch ein gewisses Selbstbewusstsein, um es zu tragen. Das ist mein Outfit für den Abend. Für die Kirche kombiniere ich einen Einteiler mit Jackett und einer weißen Bluse, was den Look ziemlich sportlich, aber auch nicht zu freizügig machte.

Nachdem diese Entscheidung gefallen war, konnte ich mich der nächsten wichtigen Frage zuwenden: Was macht eine schöne Hochzeit aus? Die wichtigste Voraussetzung, wenn man sich bei einer Hochzeit amüsieren will, ist meiner Meinung nach nicht, was man anhat (obwohl das sehr, sehr wichtig ist), sondern vielmehr die Beziehung, in der man zu Braut und Bräutigam steht. Das wussten Sie schon immer? Aber ich kann Ihnen sagen, dass dies nicht unbedingt für jeden der Fall ist. Ich zum Beispiel habe Jahre gebraucht, bis mir klarwurde, dass die schönsten Hochzeiten die von engen Freunden sind. Heutzutage ist daher meine Faustregel, mindestens eine Hälfte des Brautpaares, vorzugsweise aber beide, sehr gerne zu mögen.

Ich bin mit der Prämisse erzogen worden, bei Hochzeiten handele es sich um gesellschaftliche Anlässe, an denen man schlicht teilnehmen muss. Oft war ich zu Eheschließungen von Leuten eingeladen, die ich kaum kannte. Meist gingen wir als Familie hin, aber manchmal schickte meine Mutter meine Schwester und mich auch allein. Natürlich hoffte sie, ihre Töchter würden dort den perfekten Gatten finden, damit wir schnell unter die Haube kämen. Vermutlich glauben Eltern, sobald man mal verheiratet ist, sei alles in Ordnung und sie hätten nicht länger die Verantwortung. In Adelskreisen kommt Heiratsvermittlung dieser Art immer noch ziemlich häufig vor. In gewisser Weise ist es wohl nur natürlich, dass Eltern hoffen, ihr Nachwuchs würde sich in jemand Passenden verlieben. Ich habe das oft beobachtet, und für viele scheint es der richtige Weg zu sein.

Es gibt heutzutage allerdings kaum noch Gelegenheiten, bei denen junge Aristokraten sich näherkommen könnten – mit Ausnahme eben von Hochzeiten, Lourdes (dazu später mehr) und gewissen Bällen.

Ich war immer schon ein wenig skeptisch, ob ich den Mann meiner Träume auf einer solchen Veranstaltung treffen würde. Außerdem war ich in meinen Jugendjahren eine totale Rebellin. Einen alten Langweiler mit einem Schloss irgendwo in der deutschen Provinz zu heiraten kam für mich absolut nicht in Frage. Ich weiß noch, wie meine Mutter einmal zusammen mit einer Cousine eine Menge heiratswürdiger Junggesellen aus ganz Europa zu uns zur Jagd einlud. Meine Schwester und ich waren noch keine zwanzig und gerade erst nach Madrid gezogen. Festivals, Partys und Ibiza standen bei uns auf dem Programm – ganz sicher nicht Heirat und Familie. Nachdem alle zu Bett gegangen waren, hielten wir es für eine besonders lustige Idee, bewaffnet mit einem Eimer voll kaltem Wasser durchs Schloss zu schleichen und jeden friedlich schlafenden Prinzen, Grafen und Herzog damit zu übergießen. Die Absichten meiner Mutter waren ganz sicher nur die besten. Nur leider nicht für uns. Stattdessen verbrachten meine Schwester und ich sämtliche Hochzeiten eng aneinander klebend und wild hüpfend auf der Tanzfläche, so dass kaum ein Verehrer sich wagte, uns anzusprechen.

Nachdem ich nun ein bisschen reifer geworden bin, habe ich einfach beschlossen, nicht mehr nur aus gesellschaftlicher Verpflichtung an Hochzeiten teilzunehmen. Ich wähle von jetzt ab sorgfältig aus. Seltsamerweise scheinen eine Menge Leute, die ich kenne, kein Problem damit zu haben, zu einer Hochzeit zu gehen, bloß weil sie eine Einladung erhalten haben. So gibt es immer wieder viele Gäste auf diesen Feiern, die das Brautpaar kaum kennen, sie sind hauptsächlich der Party wegen dort –

sehen und gesehen werden ist hier die Devise. Auf jeder Hochzeit scheint eine, sagen wir es mal so, »gemietete Gästeschar« herumzuhängen. Dieselben Gestalten, die bis Mitte zwanzig auf jedem Debütantinnenball auftauchen. Als ob sie sonst nichts zu tun hätten. Man trifft sie überall. Ich nenne sie die Hochzeits-Luder. Das Leben dieser Menschen dreht sich anscheinend nur um Partys. Ihr Berufsbild, wenn sie denn überhaupt eines haben, ist meist sehr vage und unklar: Kunstberater, Handtaschendesigner oder Schauspielschüler sind nur einige Beispiele. Oft stammen diese armen Freaks von Eltern ab, die einen ähnlichen Lebensstil pflegen, nämlich den des Party-Hoppings. Die meisten von ihnen lernen sich auf internationalen Schulen in der Schweiz kennen. Für mich gehören sie zu einer Art geheimer Hochzeitsgesellschaft, die sich bei jeder Eheschließung trifft.

An einer Hochzeit nur aus gesellschaftlicher Verpflichtung teilzunehmen hat für mich keinerlei Reiz. Will ich einen endlos langen, ermüdenden Gottesdienst absitzen, in dem die Leute klatschen, als wären sie in einer Gameshow? Will ich anschließend langwierige (manchmal alles andere als appetitliche) Mittag- und Abendessen über mich ergehen lassen – mit einem entfernten Collegefreund des Bruders des Onkels der Braut als Tischnachbar? Und will ich vor allem den mit schwerer Zunge vorgebrachten, unangenehm süßlichen Reden der Trauzeugen lauschen? Die Antwort ist Ja, aber es ist ein Kampf (mehr darüber im Kapitel »Wilde Eber«).

Mein Wochenende auf Arundel Castle wiederum lief ganz anders ab. Erstens: Die Braut ist eine enge Freundin von mir, so dass ich sowohl sie als auch den Bräutigam sehr gern mag. Zweitens: Es kamen lauter alte Freunde von nah und fern, mit denen ich teils gerechnet hatte, teils auch nicht. (Natürlich waren auch ein paar Hochzeits-Luder darunter.) Und drittens: Es war eine reine Freude, die Landschaft in Südengland zu erkunden. Die mittelalterliche Burg Arundel ist atemberaubend. Während ich durch die bezaubernden Gärten und das Einhorn-Tor spaziert war, das zu einem riesigen Innenhof führt, wurde ich die ganze Zeit über das Gefühl nicht los, durch einen verwunschenen Schrank geklettert und im Königreich von Narnia herausgekommen zu sein. Und als sei das alles noch nicht genug, hatte das Brautpaar eine Reihe von Überraschungen für seine Gäste parat.

Bei Einbruch der Dunkelheit wurde die Burg ganz in Violett angestrahlt, was uns prompt in eine entrückte Märchenszenerie versetzte. Das Dinner in den mittelalterlichen Räumen beamte uns direkt ins 19. Jahrhundert an die Tafel von Queen Victoria. Anschließend ließen wir uns draußen in einem riesigen weißen Ballon von Technomusik zurück in die 90er katapultieren. Der Ballon wirkte, als sei er direkt aus dem All mitten im geheimnisvollen Ambiente der Burg gelandet. Innen und außen wurden wabernde Bilder auf seine Hüllen projiziert, Lasershows und Kunstnebel rundeten das Ganze ab. In einem weiteren Ballon befand sich die Bar samt Chill-out-Bereich, in dem ein Passfotoautomat für die betrunkenen und nicht so betrunkenen Gäste gleichermaßen jede Menge Unterhaltung bot. Was für ein Spaß! Ich verbrachte die Hälfte des Abends damit, mit Freunden zusammen in der Kabine Grimassen zu schneiden.

Was also ist das ultimative Rezept für eine gelungene Hochzeit? Ein Haufen Leute, die man gernhat, ein paar tiefe Griffe in die Geldbeutel der Eltern und – es lässt sich einfach nicht leugnen – ein wunderschönes Schloss.

Summertime

Ich muss zugeben: Ich befinde mich in einer Art Schockzustand. Seit mehreren Tagen wache ich morgens auf, und der Himmel ist blau. Meine Verwunderung ist durchaus nachvollziehbar, denn London ist für schlechtes Wetter ebenso berühmt wie für den Buckingham Palace, doch ab und zu scheint sogar hier die Sonne. Ich habe es selbst erlebt. Es ist erstaunlich: Kaum steigen die Temperaturen um ein paar Grad, reißen sich die Leute die Kleider vom Leib und spazieren in Shorts und Flip-Flops herum. Die letzten Wochen über war es ziemlich kalt und nieselig, so dass alle nach Sonne lechzten. Sonnenschein verändert die ganze Stadt. Er zieht die Bewohner regelrecht hinaus auf die Gehwege, die allgemeine Stimmung hebt sich und die Mienen der Menschen hellen sich auf. Ich bin auf jeden Fall glücklicher bei gutem Wetter. Nach dem endlosen Winter, als es zur echten Tortur wurde, sich draußen aufzuhalten, bereitet die Sonne diesem Krampf nun endlich ein Ende. Es scheint mir noch gar nicht lange her zu sein, dass ich die schneebedeckte, rutschige Oxford Street entlanggeschlittert bin, und sogar Topshop wegen der winterlichen Wetterbedingungen geschlossen hatte.

Der Nachteil am schönen Wetter ist, dass ich nur widerwillig den ganzen Tag im Büro sitze. Ich sehne mich danach, draußen zu sein. Auf einer Terrasse zu lunchen oder in einem Garten Kaffee zu trinken. Trotzdem ist ein Tag im Büro auf keinen Fall langweilig, zumindest nicht normalerweise. *Finch's Quarterly* ist einfach zu ungewöhnlich, um zu einem durchschnittlichen Arbeitgeber zu mutieren. Während rings um den Globus Zeitschriften wegen mangelnder Einnahmen eingestellt werden, denkt *Finch's Quarterly* über Expansion und neue Ideen nach. Diese bescheidene unabhängige Zeitschrift führt ihren eigenen Kleinkrieg im tiefen Winter der Printmedien. Wofür wir kämpfen? Für ein bisschen Glanz der alten Schule, so bezeichnen es die beiden Gründer Nick Foulkes und Charles Finch gerne.

Beide Männer sind echte Unikate. Charles ist der Big Boss und ein Unternehmer, wie er im Buche steht, der seine Finger in vielen Geschäften gleichzeitig hat. Abgesehen von der Zeitschrift besitzt er, wie schon erwähnt, eine PR-Firma, eine Event- und Werbe- sowie eine Talentagentur. Außerdem mischt er in der Filmindustrie mit und scheint jeden zu kennen, den es sich zu kennen lohnt. Sein Vater, der legendäre Schauspieler Peter Finch, starb tragischerweise an dem Abend, als ihm ein Oscar verliehen wurde. Vermutlich ist er zumindest teilweise der Grund für Charles' fast schon Celebrity-ähnlichen Status. Charles ist vor allem ein sehr begeisterungsfähiger Mensch und steckt voller Ideen für Projekte, die mitunter so verschieden sind, dass man kaum glauben kann, dass sie von ein und derselben Person stammen. Das macht die Arbeit für ihn sehr unterhaltsam und gleichzeitig unheimlich frustrierend.

Nick ist ganz anders. Er ist ein erfolgreicher Journalist und Redakteur, der ebenfalls immer mehrere Bälle in der Luft hält. Daher sind sein Einfluss auf und seine Präsenz in der Zeitschrift auch andauernd spürbar, obwohl er selten persönlich im Büro vorbeikommt. Wenn er das tut, führt es oft zu mehr Chaos als Klärung. Während der ersten beiden Ausgaben, an denen ich beteiligt war, hielten wir jeweils eine Redaktionssitzung ab. Alle zwei Monate trafen wir uns zu einem Brainstorming, bei dem hauptsächlich Nick und Charles kreative Ideen einwarfen. Im Vergleich zu üblichen Redaktionssitzungen handelte es sich hierbei eher um ein Zurschaustellen von Männlichkeitswahn und Verrücktheit. Andererseits, was weiß ich schon von »üblichen« Redaktionssitzungen? Ein *FQR*-Meeting läuft für gewöhnlich so ab, dass Nick Ideen herausbrüllt, die meine Kollegin Felicity eifrig notiert, obwohl wir beide wissen, dass die meisten davon niemals zustande kommen werden.

Sie müssen sich das so vorstellen: Nick im hellblauen Anzug, die Finger und Handgelenke mit Schmuck behängt, schreit mir fast schon hysterisch zu: »Elisabeth, der Papst soll etwas darüber schreiben, wie es ist, rote Schuhe zu tragen. Ruf den Papst an und überrede ihn dazu!« Plötzlich springt Charles von seinem Stuhl auf und ruft quer durchs Büro, dass mehr Abos verkauft werden müssten. Dann fängt er an, seine vielen berühmten Freunde anzurufen, die ihm versprechen müssen, ein Abonnement abzuschließen. Dann geht es wieder zurück zu den hochtrabenden Ideen. Der Name Cate Blanchett, eine von Charles' guten Freundinnen, fällt bei jeder dieser Sitzungen. »Sie wird etwas für diese Ausgabe schreiben, einen Artikel über Kaschmir oder was weiß ich.« Hat sie noch nie getan.

Und dann gibt Charles der billigsten Versuchung nach: Er probiert, mich meistbietend zu verkaufen. Dazu ruft er einen weiteren »Freund« an, den Theaterproduzenten Michael White, Erfinder der *Rocky Horror Picture Show* (zu ihm später mehr), und verspricht ihm, er käme in den Genuss eines Abendessens mit mir, wenn er mir ein Interview gebe. Dasselbe Spiel hat Charles schon mit Jack Huston, Richard Dreyfuss, Josh Hartnett und Kevin Spacey abgezogen. Jedes Interview muss dann innerhalb von wenigen Tagen über die Bühne gehen, aber die echte Schwierigkeit besteht immer wieder darin, den Text hinterher als Ghostwriter ausreichend aufzupolieren, damit mein Redakteur ihn mir nicht um die Ohren haut.

Komischerweise gelingt es mir doch immer wieder irgendwie, einige der verrückten Ideen umzusetzen. Auf Papier klingt das alles vielleicht ziemlich abgedreht, aber am Schreibtisch im Büro wird es zu meinem alltäglichen und (fast) ganz normalen Business. Meistens habe ich sogar richtig Spaß dabei. An einem gewöhnlichen Tag versuche ich, die abgefahrenen Ideen von verschiedenen Leuten unter einen Hut zu bringen und sie in eine inhaltlich stimmige Ausgabe zu verwandeln. Wenigstens darf ich mich um die kreative Seite kümmern, wohingegen meine arme australische Kollegin den ganzen Rest managen muss.

Während ich also verzweifelt versuche, eines dieser absurden Interviews in etwas Sinnvolles zu verwandeln, werde ich in Charles' Büro gerufen. Manchmal hat er tatsächlich einen Vorschlag oder eine Anweisung für mich, manchmal will er aber auch nur plaudern oder eine unsittliche Bemerkung über meinen Rock, meine Beine oder etwas in der Art machen. Als Tochter meiner Mutter bin ich in einem absolut politisch unkorrekten Umfeld aufgewachsen, daher bringt mich so etwas nicht so leicht aus der Fassung. Ich lache eher darüber und betrachte es als Teil des Spiels. Hinter seiner lauten Fassade ist Charles im Grunde völlig harmlos, beinahe ein Gentleman. Freitagnachmittags dreht er oft ganz plötzlich seinen iPod mit Reggaemusik voll auf, fängt an mitzusingen, zu tanzen und herumzubrüllen. Dann ist es für uns mit der Konzentration eindeutig vorbei.

Deswegen fände ich es zwar schön, auf einer Terrasse in der Sonne zu sitzen, kann mich aber nicht wirklich über einen monotonen Bürojob beklagen. Ganz im Gegenteil: Es ist alles ganz schön abgefahren, aber man muss es echt selbst erlebt haben, um es zu glauben.

Nach diesem ganzen Chaos brauchte ich eine Pause, darum beschloss ich, mich mit Kunst zu belohnen. Cindy Shermans Ausstellungseröffnung in der Galerie Sprüth Magers bot eine willkommene Ablenkung. Miss Sherman hatte sich für ihre riesigen Aufnahmen in verschiedene reiche amerikanische Erbinnen verwandelt. Ihre mit Selbstbräuner getönte Haut, das dicke Make-up zusammen mit den üppigen Frisuren starrten mir provozierend entgegen. Mit jedem Foto gelingt es Sherman, die Unsicherheiten der Frauen zu offenbaren. Das Make-up, mit dem sie so verzweifelt versuchen ihre Makel und alternden Gesichter zu überdecken, die wächserne Haut und die Falten verwandeln das, was sie verkörpern wollen – nämlich Macht – in eine Karikatur. Natürlich sind diese Erbinnen ebenso erfunden wie ihre gesellschaftliche Stellung und ihr Reichtum. Die Farce ist eine noch größere Farce. Irgendwie erinnern mich diese Arbeiten an die Velasquez-Gemälde der spanischen Königsfamilie. In ihre Erhabenheit mischt sich ein säuerlicher Hauch von Sarkasmus. Ich fand schon immer, dass Shermans Frauenfiguren eine Spur Traurigkeit im Blick haben. Es ist, als wollten sie uns, und sich selbst, unbedingt von ihrer erfolgreichen Existenz überzeugen.

Auch diese Ausstellung ist wieder einmal großartig. Ich liebe Cindy Shermans Arbeiten. Dank der umfangreichen Sammlung meiner Mutter bin ich zwischen vielen ihrer Schlüsselwerke aufgewachsen, denn das Schloss in Regensburg war stets auch Heimat für moderne Kunst. Jeff Koons' Popples-Skulpturen oder die Figuren anderer Künstler standen einfach so im Flur, wie unsere Spielsachen im Kinderzimmer herumlagen. Ich sah mir damals gern immer wieder die ganze Kunst im Haus an, auch wenn mir vor manchem wie bereits erwähnt gruselte. Zu Shermans Arbeiten habe ich mich schon immer hingezogen gefühlt. Vielleicht ist es die Verletzbarkeit ihrer

Figuren oder die Provokation, die Art und Weise, wie jedes Bild den Betrachter, aus dem sicheren Abstand seiner gerahmten Existenz heraus, anstarrt. Obwohl jedes Werk in Haltung und Stil anders ist, haben sie doch alle einen gemeinsamen Nenner: Sie strahlen eine gewisse Intimität aus.

Es ist merkwürdig, wenn man einem seiner Helden in echt begegnet. An jenem Abend traf ich die Künstlerin zum ersten Mal, doch nur wenige Monate später sollte ich ihr bei der Biennale in Venedig wieder über den Weg laufen. In natura sieht Sherman der Frau auf ihren Bildern überhaupt nicht ähnlich. Sie ist eine kleine, zerbrechlich wirkende, hübsche blonde Frau, die viel jünger wirkt, als sie eigentlich ist. Die Art, wie sie da so zwischen ihren riesigen Porträts steht, hat etwas schwer Fassbares an sich, als handle es sich bei den Werken um die Schöpfung eines anderen. Zwischen diesen Porträts wirkt sie als Mensch fast schon unbedeutend, als könnte sie von ihnen problemlos verschlungen werden.

Ich erzähle Cindy, dass mich ihre Arbeiten schon seit Kindertagen faszinieren, woraufhin sie schüchtern lächelt und sich bedankt. Ob wohl ihr Werk ein Kommentar zur Rolle der Frau ist oder zur Künstlichkeit von Identität? Ich weiß nur, dass hinter den maskenhaften, ständig wechselnden Gesichtern von Shermans Frauen etwas Ursprüngliches, Ehrliches steckt. Ist der Preis für große Kunst womöglich der Verlust der Identität des Künstlers?

Es geht weiter mit der After-Party, die im Bellamy, dem beliebtesten französischen Restaurant Londons, stattfindet. Zum Glück ist Juergen Teller zum Reden da. Mir schießen tausend Fragen durch den Kopf und ich habe auf einmal das Gefühl, dass die Masken, die wir alle in Gesellschaft tragen, viel offensichtlicher geworden sind.

New York City Boom Boom

Den Atlantik zu überqueren ist immer eine Herausforderung, aber in der Economy Class ist es die Hölle. Ich war erschöpft und litt unter Jetlag, doch ich freute mich trotzdem, wieder in New York zu sein. Ich kenne keine zweite Stadt mit einer so starken Anziehungskraft. Wenn ich dort bin, habe ich das Gefühl, der Rest der Welt ist bloß ein entfernter kleiner Fleck auf der Landkarte und von keinerlei Interesse für mich. Es kommt mir so vor, als könne man alles, was man wissen muss, in New York erlernen und alle Erfahrungen sammeln, die sich lohnen. Natürlich weiß ich, dass Europa das kulturelle und historische Zentrum ist, deshalb lebe ich ja auch dort. Aber New York besitzt diese einnehmende Strahlkraft, der man sich einfach nicht entziehen kann.

Wenn ich dort bin, erscheint es mir, als umfasse allein die Insel von Manhattan alles Wesentliche. Abgenutzte Klischees, dass in New York alles möglich ist, sind eben wahr. Wenn man sich nachts um drei *Dornröschen* anschauen und dabei Crème Brûlée löffeln will, bestellt man sich beides einfach nach Hause. Wenn man innerhalb von einer Stunde seine Wohnung umdekorieren lassen möchte, greift man schlicht zum Telefon. Alles ist nur einen Anruf, oder maximal zwei, entfernt. Hat man sich an unsere geradezu lahme, leicht pessimistische europäische Grundhaltung gewöhnt, ist diese Anything-goes-Haltung sehr erfrischend.

Ich liebe das bunte Gedränge auf den Straßen, die geruchsintensiven Essensstände, den billigen Schmuck und die Sonnenbrillen und all den anderen Kram, den man entlang der Bürgersteige kaufen kann. Ich liebe die Unterschiedlichkeit der Leute: ihre verschiedenen Stile, Körperformen und Hautfarben. Ich liebe das riesige Angebot und die Qualität der Restaurants. Obwohl ständig so viel passiert, sich alles weiterentwickelt und verändert, gibt es ein paar Orte, die einfach cool bleiben. Eine Thunfisch-Wasabi-Pizza in der Lobby des Mercer Hotels zu futtern ist zum Beispiel nicht nur köstlich, sondern auch ein guter Trick, um zu beobachten, wer gerade in der Stadt ist. Ich sehe dort jedes Mal Marc Jacobs – wohnt der da womöglich?

Es begeistert mich immer wieder, wie viel man in New York an einem einzigen Tag unternehmen kann. Neulich habe ich vier tolle Flohmärkte nacheinander besucht. Und mir dabei ein paar wunderschöne Vintage-Wintermäntel aus den fünfziger Jahren gegönnt. Normalerweise finde ich nicht mal einen einzigen warmen Mantel, der mir gefällt, und dann gleich drei! Außerdem entdeckte ich jede Menge viktorianischen und Art-déco-Schmuck, der viel billiger war als in London, wo alles »Antike« inzwischen zu Wucherpreisen angeboten wird. Meine Mutter, die erst vor kurzem die Freuden des Flohmarktbummelns für sich entdeckt hat, ist schon ein echter Profi. Sie kennt sie alle in- und auswendig: Chelsea, Hells Kitchen, Brooklyn. Immer auf der Suche nach der perfekten Trophäe, haben wir sie allesamt abgegrast.

Mit meiner Mutter nimmt eine solche Unternehmung allerdings ganz andere Dimensionen an, was Bequemlichkeit und Organisation betrifft. Sie buchte für uns sogar eine schwarze

Limousine, die uns elegant zwischen den Märkten hin- und herchauffierte. Schnäppchenjagd in einer Limousine – wenn das nicht der perfekte Kontrast ist.

Es ist schon lustig, meine Mutter in voller Flohmarkt-Action zu erleben. Sie ist ein sehr leidenschaftlicher Mensch, versucht aber ganz cool zu bleiben, wenn sie Preise verhandelt. An einem Schmuckstand, an dem wir einige tolle Weihnachtsgeschenke entdeckt hatten, glühte sie förmlich vor Freude. Keine Ahnung, wie auffällig unsere Begeisterung für den Schmuck war, aber ich vermute mal so ziemlich. Trotzdem handelten wir einen guten Preis aus und zogen zufrieden weiter. Als wir wieder in unserer Limo saßen, wiederholte meine Mutter mehrmals ganz aufgeregt, dass wir den Deal unseres Lebens gemacht hätten: »Also wirklich, das ist ja fast schon Diebstahl! Wir sollten zur Beichte gehen.«

Dann fuhren wir den ganzen Weg nach Norden und erreichten, zwanzig Minuten bevor es seine Türen schloss, das Metropolitan Museum, eines meiner liebsten Museen auf der ganzen Welt. Wir durchquerten also die Vermeer-Ausstellung im Laufschritt. Ich hätte gerne noch eine Ausstellung von alten chinesischen Instrumenten besucht, doch die Zeit war gegen uns, also hüpften wir wieder in unseren Wagen und düsten zum PS1, dem kleinen Ableger vom MoMA, in Long Island City, wo gerade die Ausstellung »1969« eröffnete. Es wurden lauter Werke aus diesem Jahr gezeigt, teils mit politischem Hintergrund, teils nicht, doch mein liebstes Objekt im PS1 ist immer noch die James-Turrell-Installation *Meeting*. Als Teil der Dauerausstellung ist sie natürlich immer zu sehen, doch selbst wenn man es wollte, könnte man sie nicht einfach an einem anderen Ort aufbauen. Die Beschilderung führt einen in ein kleines Zimmer im obersten Stock des Museums. Als ich den Raum zum ersten Mal betrat, fand ich es ein bisschen kühl darin. Mehrere Besucher saßen auf einer Bank, die rings an den Wänden herum führte, doch seltsamerweise konnte ich kein Kunstobjekt entdecken. Ich sah nichts außer den Besuchern, von denen einige an die Decke starrten. Schließlich folgte ich ihren Blicken. Und da war James Turrells »Kunstwerk«: der Himmel. Sprich, man hatte die Decke des Raumes einfach entfernt. So können die Besucher in Eiseskälte oder Gluthitze – je nach Jahreszeit – dort sitzen und in den Himmel schauen. Ich liebe diesen Ort und ich kann ihn jedem, der das PS1 besucht, nur empfehlen. Ich finde dieses Konzept so einfach und doch so wunderschön, und wenn ich mir die Leute anschaue, die da mit in den Nacken gelegtem Kopf nach oben starren, bin ich offensichtlich nicht die Einzige.

Das meine ich, wenn ich behaupte, dass man in New York an einem einzigen Tag alles tun kann. Und was wäre New York City ohne sein Nachtleben? Der aktuell angesagteste Club ist das Boom Boom Room. Halleluja, endlich muss man nicht mehr jeden wachen Moment im Bungalow 8 verbringen! Die New Yorker sind von Natur aus zwanghaft, das heißt, wenn ihnen etwas gefällt, kommen sie immer wieder. Das Boom Boom ist das neueste Projekt von André Balazs. Er ist ein alter Freund der Familie und einer der wenigen Hoteliers mit unfehlbarem Geschmack, dem es gelingt, alles, was er anfasst, in stylisches Gold zu verwandeln. Jedes seiner Projekte ist ein Hit. Seine Hotels sind Spielplätze für die ganz Coolen und das schon seit Jahren. Man muss sich dazu bloß das Mercer Hotel in New York oder das Raleigh in Miami anschauen. Eine Freundin meiner Mutter beschrieb mir bei einem Abendessen das Boom Boom folgendermaßen: »Stell dir die unglaublichsten Räumlichkeiten vor, die du je gesehen hast, und zwar auf Ecstasy.« Ich konnte es kaum erwarten!

Der Laden ist wirklich ziemlich klasse. Es gefiel mir sogar, dass der Name etwas leicht Schrulliges, Cartoonmäßiges versprach. Das Boom Boom befindet sich im Top Floor des Standard Hotels (das natürlich auch Balazs gehört) und es fühlt sich so an, als befände man sich auf einem riesig hohen Wolkenkratzer und schaue auf winzige Spielzeugautos und Mini-Menschen herab. Für New Yorker Verhältnisse ist man gar nicht besonders weit oben, doch der Meatpacking District wirkt trotzdem, als läge er in schwindelerregender Tiefe. Die warmen Holz- und Beigetöne ziehen einen förmlich in das Herz des Clubs hinein – das ist natürlich die Bar. Sie befindet sich im Zentrum und bildet eine riesige, seltsam aussehende Pyramide, die wie ein Bienenstock die summenden Bienen mit ihrem belebenden Honig versorgt. Die Kellnerinnen, die dem Aussehen nach tagsüber als Models arbeiten, tragen aufreizende Outfits, die kaum mehr als das Nötigste verdecken.

Ich persönlich fand allerdings schon immer, dass vor allem die starbesetzten Gästelisten das New Yorker Nachtleben so aufregend und einzigartig machen. An diesem Abend im Boom Boom sah ich zum Beispiel innerhalb von einer Stunde die Künstler Damien Hirst und John Currin und Calvin Klein. Gemütlich an einem überdimensionalen Kamin gelehnt, wird einem schnell klar, warum alle so gerne hierherkommen. Die Tische sind am Rand des Clubs entlang der großen Glasfenster platziert. Sogar für jemanden wie mich, der keine Höhenangst hat, ist es eine Herausforderung, da hinunter zu sehen. Der coolste Ort, der für mich absolut das Dekor von *Clockwork Orange* verkörpert, ist jedoch die kleine Raucherterrasse, die komplett aus Plexiglas besteht. Während man neben ein paar ebenso vom Aussterben bedrohten Dinosauriern an seinem giftigen kleinen Nikotinglimmstängel zieht, hat man das Gefühl, mitten im Nichts zu stehen. Nichts für zartbesaitete Gemüter!

Schon als Kind liebte ich New York. Ich besuchte die Stadt zum ersten Mal mit meinem Vater, als er uns auf dem Segelboot dorthin mitnahm. Mandy, unser Kindermädchen, ging eine Runde mit uns spazieren und natürlich besuchten wir alle gemeinsam das Empire State Building, den damals höchsten Wolkenkratzer der Welt. Als frisch gebackener Teenager nahm uns meine Mutter dann mit in den Urlaub nach New York. Wir wohnten im Mercer. Wie sich herausstellte, residierte Madonna auf demselben Stockwerk wie wir. Viel aufregender fanden meine Schwester und ich, dass Leonardo DiCaprio das Zimmer neben unserem gebucht hatte! Damals war keiner so heiß wie Leo. Es muss ungefähr zu der Zeit gewesen sein, als er den Jack in *Titanic* spielte.

Meine Mutter besitzt absolut kein Schamgefühl, was sowohl unglaublich peinlich als auch sehr nützlich sein kann. Durch Zufall (was im Mercer kein echter Zufall ist) lief sie einem alten Bekannten, Tony Shafrazi, dem New Yorker Kunsthändler, über den Weg. Sofort wollte sie von ihm wissen, ob er Leonardo kenne. »Natürlich kenne ich Leo«, antwortete er, »keine Sorge, der ist ein echter Schatz.« Meine Mutter wäre nicht meine Mutter, wenn sie nach dieser Aussage Ruhe gegeben hätte, also zerrte sie Tony gleich mit nach oben. Übrigens trug sie bei dieser Gelegenheit einen Morgenrock. Ich erinnere mich nicht mehr genau, was ich anhatte, weiß aber noch, dass ich mir extrem uncool vorkam – die Tatsache, dass ich mich in Gesellschaft von meiner Mutter im Morgenrock und einem beleibten älteren Herrn (sorry, Tony) befand, machte es nicht besser.

Wir klopften also an Leos Tür und nachdem Tony sein »Leo, Baby, wie schön, dich zu sehen«-Theater abgezogen hatte, schob sich meine Mutter auch schon zwischen die beiden und stellte sich mit schwerem deutschen Akzent vor: *»My name is Gloria* *and I am a princess from Germany and these are my daughters and they are princesses, too. I bet you've never seen so many German princesses, now have you?«*

Glücklicherweise reagierte Leo sehr charmant und anscheinend amüsierte ihn die bizarre Situation. Während meine Schwester und ich einerseits total aus dem Häuschen, andererseits peinlich berührt waren und jederzeit bereit, die Flucht zu ergreifen, begrüßte er meine Mutter höflich mit einem freundlichen Händedruck und Tony mit einer Umarmung. Dann sagte er uns kurz hallo, ehe er wieder hinter seiner Zimmertür verschwand.

Ich kann mich noch daran erinnern, dass ich ihm danach ab und zu im Hotel über den Weg lief. Er trug Baseballmütze und Lederjacke, was damals ziemlich cool war. Und sah immer so aus, als wüsste er ganz genau, wohin er unterwegs war, wenn er hinaus ins summende Nachtleben von New York City eilte. Leider habe ich ihn seither nie wieder getroffen, ich würde ihn gern einmal fragen, ob er sich an diese Begegnung erinnert.

Selbst damals war ich schon total beeindruckt von dieser Stadt und wünschte mir, ich wäre ein paar Jahre älter und ebenfalls in der Lage, in die Nacht hinaus zu spazieren und genau zu wissen, wohin ich wollte. Vielleicht bin ich deshalb einige Jahre später nach New York gezogen. Mit Hilfe von ein bisschen Recherche wurde der Traum des tosenden Nachtlebens dann schneller Wirklichkeit als gedacht. Im Grunde wurde das Aufspüren von Freizeitaktivitäten in New York zu meiner Hauptbeschäftigung. Das Tagesgeschäft in der Galerie kam meinen nächtlichen Studien ziemlich in die Quere, aber da die Kunstwelt ein partyfreundliches Umfeld ist, kam ich halbwegs zurecht. Außerdem hatte ich einen klasse Chef, der meine Party-Qualifikation als extrem nützlich betrachtete, so dass wir zusammen viele spaßige Abende in verrückten und auch öden Clubs verbrachten und er meinen Kater am nächsten Morgen freundlich duldete.

Jetzt aber zu meiner letzten Reise nach Big Apple. Da bin ich nämlich direkt vom Flughafen zu einer Open-Mike-Session in einem Musikschuppen namens Sugar Bar gefahren, der ziemlich weit Uptown versteckt liegt. Der schummrige Veranstaltungsort, in dem es nach Brathähnchen und süßsauren Shrimps roch, war teils Club, teils Restaurant, teils Karaoke-Bar und fiel garantiert nicht in die typische New Yorker Nachtlebenszene. Andererseits, gibt es so etwas überhaupt? Natürlich traf ich meine Mutter, die zurzeit in New York lebt, direkt vorn an der Bühne, zusammen mit ihrem alten Kumpel André Leon Talley (der Style-Guru der amerikanischen *Vogue*). Meine Mum und ich waren die einzigen Weißen im ganzen Raum. Wie sich herausstellte, war die Sugar Bar so etwas wie eine Institution für Musikliebhaber, vor allem für Jazzfans. Sie gehört den legendären Motown-Produzenten Valerie Simpson und Nick Ashford, auch bekannt als Ashford & Simpson, die Songs für Diana Ross und viele andere geschrieben haben. Obwohl bei einem Open Mike im Grunde jeder singen darf, gilt in der Sugar Bar das ungeschriebene Gesetz, dass man nur auf die Bühne geht, wenn man es wirklich kann. In diesen Kreisen bedeutet das natürlich auch gleich, dass man wie ein Superstar singen muss. Es war schon beeindruckend – und einschüchternd – zuzusehen, wie diese mutigen Menschen auf die Bühne kletterten und den gesamten Laden zum Rocken brachten. Meine Mutter wird an diesem Ort übrigens nicht nur geduldet, sondern hat sich mit der gesamten Belegschaft angefreundet. Sie verbringt eben sehr viel Zeit bei Val und Nick.

Übrigens habe ich ganz vergessen zu erwähnen, dass ich letzte Woche, bevor ich ins Flugzeug nach New York gestiegen bin, eine echte Legende interviewt habe: den Theaterzar Michael

White. Sein berühmtestes Werk ist wohl die *Rocky Horror Picture Show*, aber er hat auch viele andere Klassiker geschaffen. Inzwischen ist er über neunzig, aber immer noch ein höchst charmanter und faszinierender Mann, der so viele Generationen und Zeiten erlebt hat – von den fünfziger Jahren über die Swinging Sixties bis hin zu den Siebzigern und Achtzigern. Auch heute noch ist er international dafür bekannt, dass er seinerzeit die glamourösesten Partys geschmissen hat. Er war mit den coolsten Stars befreundet und ging mit den allerheißesten Mädels aus. Egal, ob in London, New York oder Los Angeles – er war eine der einflussreichsten Persönlichkeiten des zeitgenössischen Theaters. Während des Interviews beim Lunch lud er mich in sein Haus auf Long Island in den Hamptons ein, das er sich jeden Sommer mit Jack Nicholson teilt. Die Einladung versetzt mich heute fast genauso in Aufregung wie damals die Zimmernachbarschaft mit Leo. Im Grunde ist es noch viel aufregender – Jack ist schließlich der Größte! Aber ich weiß nicht, ob ich mich das wirklich trauen werde …

Love, Peace und Rollstühle

Jedes Jahr mache ich ein paar Tage Pause von meinem normalen Leben. Ich schleudere meine Stiefel und High Heels in die Ecke, lasse meine Kleidchen und Handtaschen zurück. Ich nehme nicht mal meinen kleinen Laptop mit, wenn ich nach Südfrankreich fahre. Und damit meine ich nicht Saint-Tropez oder Cap d'Antibes und auch ganz sicherlich nicht Cannes. Nein, der Ort, den ich immer wieder ansteuere, ist alles andere als hip, das Essen grausig und die Hotelzimmer sind schäbig. In vielerlei Hinsicht ist in Lourdes alles auf den Kopf gestellt: ein Ort, an dem die Kranken wichtig sind, die Behinderten verwöhnt werden und ein Rollstuhl so wertvoll ist wie ein All-Access-Pass bei einem Rockkonzert. An keinem anderen Ort habe ich bisher auf dieselbe Weise wahre Liebe und Frieden erlebt, es ist das echte Woodstock. Auf gewisse Art ist Lourdes eine Utopie.

Lourdes ist eine kleine Stadt in den Pyrenäen, wo der Sage nach Mitte des 19. Jahrhunderts die Jungfrau Maria einem einfachen Bauernmädchen namens Bernadette Soubirous erschienen war, als dieses gerade Feuerholz sammelte. Die »wunderschöne Frau« erschien Bernadette sogar mehrmals. Eine ihrer Botschaften an das Mädchen war, ein Loch in den steinigen Boden zu graben. Bernadette gehorchte und auf einmal verwandelte sich die ursprünglich lehmige Pfütze in einen Gebirgsbach. Die »unbefleckte Empfängnis«, wie die Erscheinung sich nannte, hieß Bernadette ein andermal im geweihten Wasser zu baden, wobei all ihre Sorgen und Erkrankungen auf die Jungfrau übergingen. Nachdem die zuerst sehr skeptische Kirche die Erscheinungen anerkannt hatte, wurde das gesamte Land um den Bach herum in ein heiliges Gebiet des Gebets und der Gottesverehrung verwandelt.

Die Grotte selbst bildet das Zentrum, aber es gibt ringsherum etliche Kapellen, Kirchen und Statuen. Heutzutage pilgern Millionen von Menschen nach Lourdes, um zu beten, zu bitten, sich zu bedanken oder einfach aus Neugier. Die geweihten Bäder sind dabei für die meisten Pilger die Hauptattraktion. Viele von ihnen sind schwer krank und hoffen auf ein Wunder. Ich selbst fahre nun schon seit einigen Jahren immer wieder nach Lourdes. Unter der Flagge der Malteser, einem Ritterorden, der bis ins 11. Jahrhundert zurück reicht, begleite ich jedes Jahr eine Woche lang eine Gruppe kranker, älterer Menschen auf ihrer Pilgerreise. Viele der Kranken kommen mit, weil sie aus der Pilgerfahrt Kraft schöpfen, andere, weil sie es einfach mal erleben wollen und Gesellschaft um sich sowie den Ausflug genießen.

Manche von ihnen setzen große Hoffnungen in eine Heilung. Es hat tatsächlich schon einige offiziell anerkannte Wunder in Lourdes gegeben, und dutzende Geschichten von rätselhaften Heilungen kursieren. Für mich sind es nicht unbedingt diese Geschichten, die Lourdes so außergewöhnlich machen. Vor meinem ersten Besuch hatte ich sogar viele Vorurteile gegenüber der ganze Pilgersache. Meiner Meinung nach handelte es sich in Wirklichkeit um eine Ausrede für den deutschen Adel, sich zu treffen, neue Leute kennenzulernen und hoffentlich anschließend zu heiraten. Ich war überzeugt, dass die ganze

Organisation unprofessionell und das Erlebnis an sich ziemlich öde wäre. Lauter Gutmenschen mit langen, geflochtenen Zöpfen, die sich über ihre letzte Hochzeit, ihren Tanzkurs oder ihr Rosenkranzwochenende auf Schloss Soundso unterhielten, waren nicht wirklich nach meinem Geschmack. Ich hasse diese Art von Aristokraten-Kränzchen wie die Pest. Doch trotz meiner Vorurteile stellte sich die Malteser-Pilgerfahrt als inspirierend und erfüllend heraus. Natürlich gibt es auch das oben Beschriebene und stammen viele der Helfer aus Adelskreisen, doch man kann in Lourdes noch so viel mehr erleben. An einer Pilgerreise teilzunehmen und umgeben zu sein von lauter Hoffen und Glauben – seitens der Kranken ebenso wie der Freiwilligen – ist eine unglaubliche Bereicherung.

Lourdes ist eine Erfahrung, die sich nur sehr schwer beschreiben lässt. Als ich zum ersten Mal hinfuhr, war ich noch keine zwanzig. Ich nahm damals am Kinderzug der deutschen Malteser teil, der speziell auf behinderte Kinder ausgerichtet ist. Die Reise startet in Ulm, wo man in einen gemieteten Zug steigt, der einen in sechsundzwanzig Stunden nach Lourdes bringt. Die Kinder haben alle möglichen Krankheiten, viele sind sowohl körperlich als auch geistig stark behindert. Diese Zugfahrt ist eine ganz schöne Herausforderung, weil man die meisten Kinder erst kurz zuvor kennengelernt hat. Jedem »Helfer« wird ein Kind zugeteilt. Waschen, Anziehen, Füttern und Spielen, sowie Hilfe bei der medizinischen Versorgung gehören zu den Aufgaben. Natürlich sind auch ein Arzt sowie einige erfahrene Krankenschwestern dabei, aber im Grunde obliegt es der Verantwortung der Helfer, dass es ihren Schützlingen gut geht und sie glücklich sind.

In meinem ersten Jahr wurde mir ein Mädchen zugeteilt, das blind und stumm war. Mir war nicht klar, wie viel sie überhaupt verstand. Sie musste von morgens bis abends pausenlos umsorgt werden. Ab und zu erlitt sie schwere epileptische Anfälle, was nicht nur ein furchtbares Erlebnis für den Betroffenen ist, sondern für alle Anwesenden. Kurz gesagt, diese Pilgerfahrt war die größte Herausforderung, die ich je habe meistern müssen. Ich gebe zu, dass ich danach ein wenig traumatisiert war. Wann immer ich dachte, es könnte nicht mehr anstrengender werden, begann ein neuer Marathon: Wir packten die uns anvertrauten Kranken in schwere blaue Rollstühle und schoben sie quer über das heilige Gelände die Wege rauf und runter und in Kirchen rein und wieder raus.

Der Tag begann morgens um fünf und dauerte bis spät in die Nacht hinein. Mit so vielen schweren Behinderungen konfrontiert zu sein – vor allem bei Kindern – hat mich wirklich sehr erschüttert. Gleichzeitig entwickelten wir durch die Teilnahme an Prozessionen, Gebeten, gemeinsamem Singen und Gottesdiensten – so schwierig das Ganze auch war – eine enge Beziehung sowohl zu den anderen Betreuern als auch zu den Kindern. Bald verstörten mich selbst die merkwürdigsten Verhaltensweisen nicht mehr und ich sah die Behinderten nur noch als das, was sie wirklich waren: als Kinder. Als ich am Ende meiner ersten Woche gerade versuchte, meinen unglücklichen Schützling, mit dem ich kaum hatte kommunizieren können, anzuziehen, lächelte sie mich plötzlich an und drückte meine Hand. Es war, als wollte sie mich wissen lassen, dass ich doch keine so schlechte Betreuerin gewesen war. Vor Freude war ich völlig aus dem Häuschen.

Warum ich dann im nächsten Jahr wieder hinfuhr und im darauffolgenden, bis zum heutigen Tag? Der Grund sind genau diese kurzen Momente des Glücks und die unglaubliche Energie, die ich aus der Erfahrung selbst ziehe. Die Kraft, die ich aus der Fahrt nach Lourdes schöpfe, nimmt von Jahr zu Jahr zu. Dies ist wirklich die einzige Zeit des Jahres, in der ich all meine Energie und Kraft in etwas stecke, das nichts mit mir selbst zu tun hat: unsere Teilnehmer oder auch *les malades* genannt. Das klingt jetzt, als wäre ich den Rest des Jahres über schrecklich egoistisch, aber sind wir das nicht meistens alle? Auf der Arbeit ist es stressig und aufreibend und die Großstadt verschlingt uns. Hand aufs Herz, wer hat da wirklich viel Energie übrig, um sie anderen zu schenken? Das Verblüffende an Lourdes ist die Erkenntnis, wie viel mehr es einem gibt, sich um andere zu kümmern als um sich selbst. Es ist, als würde man sofort eine Belohnung erhalten, obwohl man doch gar nicht auf eine aus war. Es mag vielleicht verrückt klingen, aber im Vergleich zum Wellnessurlaub im Bikini, gibt es mir so viel mehr, in Krankenschwesteruniform mit schwarzem Umhang und weißem Kreuz schwere Rollstühle durch die Gegend zu manövrieren. Ich bin in Lourdes zwar oft müde, dafür aber selten schlecht gelaunt, und kommt das mal vor, bin ich überrascht, wie schnell diese schlechte Laune wieder verfliegt.

In den vergangenen Jahren bin ich mit dem englischen Orden von London aus mit dem Flugzeug nach Lourdes gereist. Ich begleite heute statt Kindern vor allem ältere Menschen. Das ist eine völlig andere Erfahrung. Einerseits ist es weniger anstrengend, sich um Erwachsene zu kümmern, weil diese zwischendurch gerne ihre Ruhe haben und keine Rund-um-die-Uhr-Betreuung brauchen. Dadurch bleibt mir etwas Zeit für meine persönliche Pilgerfahrt. Statt Beschäftigung durch Spiele stehen hier andererseits intensive Gespräche im Vordergrund. Einmal kümmerte ich mich um eine wunderbare Portugiesin, die ihr ganzes Leben in London als Kinderfrau bei einer englischen Familie gearbeitet hatte. Emilia wusste einfach über alles Bescheid, angefangen damit, wie man Fisch grillt bis hin zu den Adressen der besten Reinigungen Londons. Ich hätte mich am liebsten die ganze Woche nur mit ihr unterhalten. Es war einfach toll, mit ihr zu reden und dabei von ihr zu lernen. Sie trug total verrückte Klamotten, ein Mix aus bunten Farben und Materialien, was die morgendliche Hilfe beim Anziehen zu einem Riesenspaß machte. Die Zeit mit dieser Frau veränderte meine Sicht auf Lourdes, die anderen Helfer und sogar auf London.

Den Kranken und Alten in Lourdes zu helfen ist allerdings nur die eine Seite. Es gehört ebenso dazu, Gott zu ehren, die Grotte zu besuchen, an den zahllosen Prozessionen und Gottesdiensten teilzunehmen und natürlich auch im heiligen Wasser zu baden. Diese Art von gemeinsamer Spiritualität lässt einen nicht unberührt. Unsere Schützlinge strahlen eine Menge Hoffnung, Mut und Kraft aus. Jedes Jahr begegne ich ein paar ganz besonderen Menschen. Menschen, die trotz ihres schweren Schicksals unendlich viel Freude, Humor und Dankbarkeit ausstrahlen und dadurch die Probleme meines Lebens verblassen lassen. Die Zeit mit Johnny, einem älteren, sehr kultivierten Gentleman aus Edinburgh, zum Beispiel ist unglaublich kurzweilig und unterhaltsam, obwohl er nach mehreren Schlaganfällen fast nichts mehr sieht und unter verschiedenen Behinderungen leidet. Mich mit ihm zu unterhalten, während ich ihm beim Mittagessen helfe, bereichert mein Leben mehr als so manche glamouröse Dinnerveranstaltung.

Vor allem eines habe ich durch meine jährlichen Pilgerreisen gelernt: Anweisungen zu befolgen. Jeder Helfer wird einem Team mit Teamleiter zugeteilt. Was der Teamleiter sagt, gilt und wird auch nicht in Frage gestellt. Lourdes ist die einzige Zeit im Jahr, in der ich mich wirklich bemühe, mich an Regeln zu halten. Ich versuche, »Ja« zu sagen, wenn man mich um etwas bittet, auch wenn jede Faser meines Körpers schreit »Neeein! Mach's doch selber!«. Es ist eine große Herausforderung, mich bedingungslos unterzuordnen, und das gelingt mir auch nicht immer. In Lourdes wird man diesbezüglich auf eine harte Probe gestellt. Es gibt hier viele Dinge, die einem schnell auf die Nerven gehen können. Andere Helfer können einen aufregen, der Teamleiter einen schroffen Ton anschlagen, oder noch schlimmer, die Gruppenverantwortlichen, die den Teamleitern zur Hand gehen, kommandieren einen ordentlich herum. Trotzdem bin ich jedes Mal wieder mit dabei. Sein Ego einfach mal zurückzustellen kann auch sehr erfüllend sein – sogar für mich selbst. Dann schlucke ich meinen Stolz hinunter und akzeptiere, dass ich nur ein kleines Rädchen in einer großen Organisation bin.

Lourdes ist einfach unvergleichlich. Man muss sich nicht sonderlich anstrengen, um die Existenz Gottes dort wahrhaftig zu spüren. Die Pilgerfahrt ist für mich daher jedes Jahr die zweifellos heilsamste und positivste Erfahrung überhaupt in meinem sonst so bunten und schrägen Leben.

Die Biennale in Venedig oder: Wie viel Kunst kann ich in wenige Tage packen?

Ich ziehe mich vom typischen Kunst-Party-Marathon der Biennale in Venedig zurück ins Hotel Bauers, weil ich dringend Siesta halten und einen Teller Büffelmozzarella essen muss. Während der Biennale ist Venedig noch atemberaubender als sonst und selbst das Wort »intensiv« wird dieser Erfahrung nicht ganz gerecht. Es gibt so viel zu sehen und so wenig Zeit dafür. Man braucht eine Menge Durchhaltevermögen und Geduld, um zu überleben. Geduld, für all die oberflächlichen Plaudereien und Begrüßungen, Geduld um überhaupt erst in viele der Pavillons hineinzukommen, bei denen selbst die VIPs Schlange stehen müssen. Geduld, um die Hitze und das ständige Rein-in-die-Gondel-raus-aus-der-Gondel zu überstehen. Kurz, wer nicht gerade Lance Armstrongs Kondition besitzt, hat zu kämpfen. Ein gewisses Durchhaltevermögen braucht man auch für die astronomisch hohen Preise. Alles kostet ein Vermögen. Das wurde mir wieder einmal bewusst, als ich unbedarft in einen Laden hineinspazierte und ein goldenes Schlangenarmband anprobierte, das ich genauso gut auf dem Markt in der Portobello Road in London hätte kaufen können. Das Preisschild? 65 000! Wow. Ich wusste ja schon vorher, dass ich einen teuren Geschmack habe, aber das übertraf nun wirklich alle meine Erwartungen!

Am Tag meiner Ankunft steuerte ich direkt den Guggenheim-Empfang an, auf dem der tolle Wim Delvoye seine neue Skulptur präsentierte, ein unglaublich fein ziselierter, mittelalterlich wirkender Stahlturm, der sorgfältig per Laser ausgefräst worden ist und nun den Kanal überblickt. Für die eigentliche Vernissage waren wir zu spät dran – wir, das heißt meine Freundin Elena, eine italienische Kunsthändlerin, und ich –, aber wir trafen den Künstler selbst noch an, der eine kleine Privatführung für uns machte und uns im Souvenirshop sogar eine Auswahl seiner verrückten »Spielsachen für Erwachsene« demonstrierte. Zu diesen Spielwaren gehören kleine Bausätze seiner Kunstwerke zum Selbstzusammenbasteln, wie zum Beispiel eine Miniaturform seiner *Cloaca*-Maschine oder Klopapierrollen, die mit Bildern von ihm bedruckt sind. Delvoye ist echt größenwahnsinnig, unheimlich charismatisch und davon überzeugt, dass er der Tollste ist. Er ist außerdem eine lebende Kunstfabrik, denn alles, was er anfasst, wird zu seinem Werk und sein Werk ist beeindruckend.

Von dort aus machten wir uns auf den Weg zu den Giardini, den Gärten, in denen die Pavillons der teilnehmenden Länder stehen. In jedem Pavillon stellt ein ausgewählter Künstler eines seiner Werke vor. So bekam ich einen ersten schnellen Eindruck der 53. Biennale. Zwar hatte ich zu diesem Zeitpunkt schon unglaubliche Schmerzen in den Füßen, denn ich war seit sieben Uhr morgens auf den Beinen, doch meine Bewunderung für den Internationalen Pavillon des Kurators Daniel Birnbaum war größer als meine Müdigkeit. Dieser Ausstellungsraum zeigte nämlich eine Gruppenausstellung statt nur einen einzigen Künstler. Die Zusammenstellung der Werke gefiel mir ausgesprochen gut und ich entdeckte einige neue Künstler, unter ihnen zum Beispiel den Deutschen Hans-Peter Feldmann. Sein *Schattenspiel*, harmlose Spielzeugfiguren, die auf sich drehenden Scheiben montiert sind und deren Schatten an eine Leinwand projiziert werden, gehörte zu meinen Lieblingsstücken. Auf den ersten Blick wirkten sie lediglich wie ein Sammelsurium von Spielsachen, die sich auf einem kleinen Karussell drehten und von einem Scheinwerfer angestrahlt wurden, doch bei näherer Betrachtung entwickelten die Schatten an der Wand ein wildes Eigenleben, ein einziges Sodom und Gomorrha.

Ein nicht enden wollender Spaziergang mit einem Bekannten, einem sizilianischen Kurator (der mir weder von der Seite wich noch meinen Arm losließ), am Kanal entlang, raubte mir das letzte bisschen Energie. So verbrachte ich den Abend dann bei einem entspannten Dinner mit meiner Mutter und einer Freundin, ehe wir uns zu einem Drink auf die Terrasse des Bauers begaben. Zum Glück ist das Bauers während der Biennale zweifellos *das* Hotel. Es ist nur eines von vielen schicken Etablissements in Venedig, aber seine Terrasse liegt direkt am Kanal und macht es daher zur beliebten Absteige für die gesamte Kunstszene. Immer mehr bekannte Gesichter tauchten auf, um den warmen Abend sowie die wunderschöne Aussicht auf den Kanal mit den vorbeiziehenden Gondeln und den Palästen ringsherum zu genießen. Venedig ist absolut bezaubernd. Ich muss ganz plötzlich an einen der Slogans auf der Gratistasche denken, die man mir am Eingang zu den Giardini in die Hand gedrückt hatte: »In Venedig kann man sich selbst in einen Laternenpfahl verlieben.« Ich habe meinen Laternenpfahl zwar noch nicht gefunden, aber der sizilianische Kurator scheint mich als den seinen auserkoren zu haben. Was mir am meisten Freude bereitet ist, so viele meiner Freunde aus der ganzen Welt an diesem hinreißenden Schauplatz vereint zu sehen. Dazu braucht es schon die Biennale.

Der nächste Tag toppte den ersten an Härte. Mehr Kunst in

den Giardini, größere Hitze, ein kurzer Rundgang durch die neuere Ausstellung im Arsinale, und dann bereitete ich mich auf den heftigsten Marathon überhaupt vor: auf die Partys des Abends. Selten habe ich so viele verlockende Einladungen bekommen. Ich verlor schon fast den Überblick. Noch dazu regnete es plötzlich dermaßen stark, dass die Sirenen losheulten, während ich gerade meinen dringend benötigten Powernap hielt. Meine Freundin Elena musste auf dem Markusplatz barfuß durch knöchelhohes Wasser waten, während kichernde japanische Touristen Fotos von ihr schossen.

Egal, ob mit oder ohne sintflutartige Regenfälle, Venedig wird während der Biennale zu einer ganz anderen Welt. Man bewegt sich nur auf Booten statt per Auto durch die Stadt, und das Betrachten von Kunst wird zur Hauptbeschäftigung. Mitunter ist die Definition »Kunst« allerdings ziemlich weit gefasst, wie zum Beispiel bei der im Pool vor dem dänischen Pavillon schwimmenden »Leiche«. Auch *Fucking Rats* von Tim Nobel und Sue Webster ist eines der Werke, die man am Rand des Festivals begutachten kann. Dabei handelt es sich um ein am Boden liegendes, faszinierendes Gebilde aus Draht und Plastik. Der Schatten, den es an die Wand wirft, zeigt jedoch zwei Ratten beim Geschlechtsverkehr. Hier sind die Grenzen zwischen Genie und Wahnsinn wirklich fließend. Während der Biennale könnte man einen Nervenzusammenbruch erleiden, sich die Haare ausreißen und plötzlich auf den Händen gehen – die Leute würden einen lediglich interessiert und mit ernster Miene betrachten: »Was für eine anregende Performance«, würden sie sagen. Im Grunde ist einfach alles möglich.

Um auf der Biennale Spaß zu haben und die wirklich interessanten Stücke zu sehen, muss man die richtigen Leute kennen: die Künstler, die angesagten Galeristen und Kunsthändler und die Sammler. Das mag überall der Fall sein, aber in Venedig wird so viel geboten, dass man sorgfältig auswählen muss, um durchzukommen.

Weil meine Mutter seit eh und je eine Sammlerin ist, gingen bei uns zu Hause die Künstler ein und aus. An Keith Haring erinnere ich mich noch besonders gut und gern. Ich muss damals fünf oder sechs gewesen sein und weiß noch, dass ich ihn wirklich mochte und für einen der wenigen »echt coolen« Erwachsenen hielt. Im Allgemeinen waren coole Erwachsene diejenigen, die sich entweder kleideten wie wir Kinder oder gerne mit uns spielten. Er tat beides. Er trug riesige, schwere Reebok-Pump-Turnschuhe, die in den Achtzigern total in waren. Während all die anderen Erwachsenen vor dem Abendessen im Salon saßen, ging Keith mit uns ins Kinderzimmer und fing an, eine der Türen zu bemalen. Er bedeckte sie mit seinen kleinen Figuren, die inzwischen so berühmt sind, und all den anderen Cartoon-Gestalten, die heute so unverwechselbar zu seinem Stil gehören. Er ließ auch uns die Tür bemalen und dachte sich nebenher kleine Geschichten zu unseren Malereien aus. Als er ging, war die komplette Tür mit Farbe bedeckt. Die Zeichnungen sind heute noch dort. Ich glaube, meine Mutter hat sich ziemlich geärgert, als sie die vollgekritzelte Tür sah, doch da das meiste davon von Keith stammte, konnte sie nicht wirklich böse sein.

Von klein auf einer solchen Vielfalt an Eindrücken ausgesetzt zu sein, interessante Leute zu treffen, sowohl anspruchsvolle als auch unterhaltsame Kunst zu sehen, viel zu reisen und fremde Kulturen zu erleben, ist eines der größten Geschenke, die meine Eltern mir gemacht haben. Ich bin ihnen für diese aufgeschlossene Erziehung sehr dankbar, denn sie hat dazu geführt, dass ich inzwischen selbst ein ganz ähnliches Leben führe. Der frühe Kontakt mit der Kunst ist teilweise verantwortlich für meine heutigen Interessen und kreativen Bedürfnisse. Viele meiner Freunde arbeiten in der Kunstszene. Der Kunst – und Kunstmessen im Besonderen – gelingt es, eine Art Urlaubsillusion zu erschaffen: unglaubliche Werke, eine umwerfende Kulisse, Freunde und bekannte Gesichter und jede Menge Unterhaltung. Fast wie ein Tag im Büro ...

Wo wir schon von Vergnügen reden: Die Partys während der Biennale sind natürlich fast so wichtig wie die Biennale selbst. Ein paar davon werden immer ganz heiß gehandelt. Jeder will eingeladen sein. Meiner Erfahrung nach sind das oft die langweiligsten, aber man muss trotzdem hingehen. Warum sie langweilig sind? Weil es bei den meisten solcher Veranstaltungen nur um eines geht: sehen und gesehen werden, und nicht darum, sich wirklich zu amüsieren. Man fühlt sich total unter Druck, auch ja auf der richtigen Party zu sein, und das ist immer die, auf die man als Nächstes geht. Dadurch entsteht ein ziemlich hektischer Ablauf. Ich kann mich diesem Stress oft nicht entziehen, weil ich alles sehen möchte. Vorletztes Jahr habe ich die meiste Zeit auf einem Boot verbracht, mit dem ich von einem Event zum nächsten jagte. Dieses Jahr habe ich aus meinen Fehlern gelernt: Es geht darum, sorgfältig auszuwählen. Außerdem landen sowieso alle früher oder später auf der Terrasse des Bauers.

Natürlich gibt es immer eine Menge »Zweite-Wahl-Events«, die oft viel mehr Spaß machen als die künstlich hoch gepushten. Die Rave-Party des nordischen Pavillons am Lido war so eine. Dieses Jahr wurden die zwei angesagtesten Partys von François Pinault, dem französischen Modezaren, Besitzer der Gucci-Firmengruppe und ernsthafter Kunstsammler, geschmissen. Sein erster Coup war die Eröffnung seines mit Spannung erwarteten, beeindruckenden Museums an der Punta della Dogana. Sowohl die Show als auch die Location waren spektakulär. Das

Gebäude ragt in den Kanal hinein und zeigt viele tolle Werke der Chapman Brothers, Cindy Shermans und vieler, vieler anderer. Die Anwesenden waren allesamt recht hochkarätig, sprich, wichtige Sammler und Händler sowie ein paar besonders hippe Hipster zu Dekorationszwecken. Man musste dort gewesen sein, aber bald starb ich mitten in der Champagner trinkenden Menge fast vor Langeweile.

Als Nächstes stand die Vogue-Uomo/Gucci-Party im Palazzo Gritti auf der Liste, die zweite Hauptveranstaltung des Abends. Ganz unter uns: Die war auch nicht aufregender als die anderen Glitzer-Events. Das Aufregendste daran war noch, mit dem Boot an einem schwankenden Steg anzulegen und von der völlig überforderten Verantwortlichen für die Gästeliste abgewiesen zu werden, weil sie leider weder lesen noch schreiben konnte. Natürlich wurde die junge Frau mit der Lese-Rechtschreibschwäche sofort von einem wichtig aussehenden Vorgesetzten zurechtgewiesen, der uns herein winkte. Auch hier faszinierten mich der Palast und die Kunstwerke, die das sonst nicht gerade überwältigende Ambiente wettmachten. Es war proppevoll und die Luft so stickig, dass ich kaum atmen konnte. Ich begrüßte rasch einige meiner Freunde und tanzte auf meiner Lieblingsinstallation des Abends: einem Carsten-Höller-Dancefloor. Die fluoreszierenden Lichter wechselten die ganze Nacht über von leuchtendem Orange zu Pink, Blau und Grün. Was für ein Werk! Ich versuchte meine Mutter zu überreden, es für Regensburg zu erstehen, aber sie war nicht ganz so überzeugt wie ich. Schade. Ich nahm mir also vor, irgendwann selbst einen Carsten-Höller-Dancefloor zu kaufen. Man darf schließlich noch träumen.

Ich habe an dem Abend noch etwas entdeckt, das ich gerne hätte. Einen ernst dreinschauenden, breitschultrigen Bodyguard, so einen wie den, der Naomi Campbell – die natürlich auch auf der Vogue-Party war – nicht von der Seite wich. Ihr großer neuer Bodyguard trug den gesamten Abend über ihre Balenciaga Clutch, gab ihr bei Bedarf Feuer und schob ansonsten die Leute aus dem Weg, wenn Naomi ihren Standort wechselte. Sie ist ja jetzt ehrenhalber Russin, seit sie mit ihrem Brecher von Oligarchen zusammen ist, darum die neue Leibgarde. Als Kinder hatten wir auch Bodyguards, die ich nicht ausstehen konnte. Heute hätte ich so einen starken Mann, der auf mich aufpasst und meine Taschen trägt, aber doch ganz gern. Wer braucht dann noch einen Freund?

Andererseits muss ich dann doch schmunzeln beim Anblick von Naomi, die mit so einem Riesen an ihrer Seite durch die Gegend stolziert – ein Fels in der Brandung, der den ganzen Abend ihr Täschchen hält wie etwas extrem Kostbares und Zerbrechliches. Andererseits, warum nicht? So ist wenigstens die lästige Frage geklärt, wen man zu einer »Plus-Eins«-Einladung mitbringt.

Trotz Bodyguard gelang es mir jedoch, mich durchzudrängeln und Naomi zu begrüßen. Ich mag sie nämlich sehr gern und wir kennen uns schon eine ganze Weile. Vor ein paar Jahren lernten meine Schwester und ich sie recht gut kennen, als sie noch mit Flavio Briatore zusammen war und Weihnachten auf seinem Anwesen in Kenia verbrachte. Wir sind ja immer an Weihnachten in unserem Haus in Kenia. Und meine Schwester und ich hatten so viel Spaß auf ihrer Silvesterparty, dass wir daraufhin den Rest der Ferien statt mit unserer Mutter dort verbrachten. Naomi brachte uns Taschen voll Make-up von ihren Shows mit und meinte, wir dürften alles behalten, sie lieh uns ihre wunderschönen Kleider und war einfach total herzlich. Ich hatte seit längerem nichts mehr von ihr gehört und freute mich doppelt, sie mit ihrem neuen, russischen Partner so glücklich zu sehen.

Zum Thema Russki fällt mir die Geburtstagsparty meiner Freundin Dasha auf dem Schiff ihres Freundes Roman Abramovich ein. Das war vermutlich die beste Veranstaltung überhaupt während der Biennale, weil sie geschlossen und ziemlich klein war (um die hundert Leute), so dass man tatsächlich Luft zum Atmen, Tanzen und Bewegen hatte. Ich war mit vielen Freunden dort, der Vollmond prangte am Himmel und sie spielten Classic Rock und achtziger Jahre-Pop. Es kamen immer mehr und mehr Leute. Die Kellner spazierten mit Zigaretten und krassen Feuerzeugen herum, so dass Kettenrauchen vorprogrammiert war. Man musste sich noch nicht einmal von der Stelle bewegen, um an Getränke oder Essen ranzukommen – es wurde einem einfach alles serviert. Nur tanzen musste man selbst, was ich dann auch ausgiebig tat. Die meisten brauchten ein paar Bellinis, bis sie sich meiner Freundin Elena und mir anschlossen. Ich lasse mich nie lange zum Tanzen bitten, schon gar nicht unter diesen Bedingungen: gute Musik, Vollmond, nackte Füße und kühles Schiffsdeck ist auch nicht schlecht. Wir entwickelten an diesem Abend sogar eine neue Fitnessübung: »Hüpfen-auf-rutschigen-Sonnenliegenpolstern«. Perfekt für straffe Oberschenkel.

Natürlich war auch Naomis Bodyguard mit dabei. Inzwischen gehörte er zu den bekanntesten Gesichtern der Stadt, weil er einfach überall auftauchte. An diesem Abend wirkte er seltsamerweise noch wachsamer als tags zuvor bei der Vogue-Party. Nervös stand er bei Naomi und verfolgte jede ihrer Bewegungen. Selbst als sie tanzte, ließ er sie keine Sekunde aus den Augen. Ich bin mir nicht sicher, vor was er sie beschützen musste, da das Boot meiner Freunde vermutlich besser bewacht wurde als Alcatraz (am Eingang überprüften sie sogar die Ausweise der Gäste). Außerdem kann man auf einem Boot auch nicht wirklich verlorengehen, obwohl das hier ein sehr großes Exemplar war. Vermutlich steht ein Bodyguard in Russland einfach für viel mehr als nur Schutz. Er scheint ein wichtiges Statussymbol zu sein, ähnlich wie eine Balenciaga Tasche aus der Frühjahr/Sommer-Kollektion, bevor sie in den Läden liegt.

Auf dem Flug zurück nach London war ich angenehm erschöpft. Manchmal denke ich, ich habe den besten Job der Welt, aber manchmal möchte ich mich auch durch den nächsten Notausgang aus dem Staub machen. Vielleicht ist das Leben einfach so. Wenigstens kann ich immer Recherche für meine Arbeit als beste Ausrede für all meine Vergnügungen angeben.

Die sinnlose Jagd nach Normalität

Okay, natürlich jammere ich hier ständig auf hohem Niveau, aber die Kombination von Arbeit und Freizeitstress ist wirklich eine tödliche Mischung. Keine Ahnung, wie andere Menschen das hinkriegen. Die müssen über eine unglaubliche Menge Energie verfügen, oder gehen die nach der Arbeit einfach nach Hause, lassen sich aufs Sofa fallen, schauen fern und machen nur sehr selten einen drauf? Die meisten meiner Freunde überleben die anhaltenden Party-Marathons nur deshalb, weil sie schlicht nicht arbeiten. Sie nutzen die Tage, um sich von den Nächten zu erholen. Was genau ist also das normale Maß? Bedeutet Erwachsenwerden, dass man automatisch ein ruhigeres, normales Leben führt? Und was ist überhaupt normal? Normal oder nicht normal, das ist hier die Frage.

Seien wir doch mal ehrlich, das Beste und gleichzeitig Schlimmste an der Schreiberei ist, dass man es jederzeit tun kann. Es vergeht kein einziger Tag, an dem sich nicht Stoff für einen neuen Text findet, und wenn es dabei um eine seltsame Begegnung im Supermarkt, eine faszinierende Frau mit Löwenmähne beim Yoga oder die interessant aussehenden Leute geht, die an meinem Fenster vorbeispazieren. Außerdem gibt es da noch meine zahllosen Erinnerungen, Gestalten aus meiner Kindheit, die mir noch im Gedächtnis sind, oder Menschen, denen ich auf meinen Reisen begegnet bin. Eine andere Variante wiederum ist das therapeutische Schreiben, bei dem ich versuche den Kopf frei zu bekommen, indem ich über das schreibe, was in mir vorgeht oder mich beschäftigt.

All das kann jederzeit und überall passieren. Selbstverständlich bedeutet es nicht, dass aus jedem dieser Gedanken und jeder einzelnen Idee ein guter Text entsteht. Leider! Und ich habe auch nicht immer Muße zum Schreiben. Manchmal brauche ich meine kreative Energie für eine spezielle Kolumne, oder als Ghostwriter für einen Artikel in der Zeitschrift, und manchmal habe ich auch schlicht und einfach keine Lust. Trotzdem scheint mein Gehirn pausenlos unter Strom zu stehen, wodurch es mir schwerfällt, mich zu entspannen. Auch das ist wieder gleichzeitig Segen und Fluch – immer diese Gegensätze im Leben.

Ich bin also gerade von meinem turbulenten Venedig-Aufenthalt zurück, sitze im Büro und denke über Normalität nach. Noch so ein Gegensatz. Ich glaube, mein Leben war nie so normal wie heute. Ich arbeite in einem Büro. Ich fahre fast jeden Morgen mit der U-Bahn zur Arbeit. Egal, welche Verlockungen mir begegnen – Einladungen, Vernissagen, Reisen und viele andere aufregende Dinge, mit denen ich problemlos den Großteil meines Tages füllen könnte –, ich ziehe es vor, bei der *FQR* zu arbeiten und stattdessen wie alle meine Kollegen am Schreibtisch zu sitzen. Gestern zum Beispiel habe ich die bezaubernde Einladung ausgeschlagen, den Tag lang in Wimbledon Tennis zu schauen und dort verköstigt und umsorgt zu werden, weil ich das Gefühl hatte, ich sollte lieber im Büro mit der Arbeit vorankommen. Das soll keine Klage sein, sondern zeigt einfach, dass ich die Normalität der Extravaganz oft vorziehe.

Dann wiederum befinde ich mich plötzlich in einem ganz ungewöhnlichen Umfeld, wie zum Beispiel neulich in Venedig, während der Fashion Week in Paris, bei einer spektakulären

Hochzeit oder einem anderen tollen Event. Solche Ereignisse stehen dann im vollen Gegensatz zu meinen täglichen U-Bahn-Fahrten und der Büroroutine. Mein Leben war schon immer von starken Kontrasten geprägt: Bischöfe und Drag Queens, Schlösser und winzige, modrige Apartments, strenge Schulen und verrückte Partys – von klein auf war ich dem scheinbar Unvereinbaren ausgesetzt. Als wir noch Kinder waren, gab meine Mutter bei uns im Schloss viele Feiern. Dazu erschienen alle möglichen exzentrischen Persönlichkeiten aus Kunstszene, Modewelt und Showbiz, aber auch aus der »gehobenen« Gesellschaftsschicht. Einmal traten zwei so außergewöhnlich bizarre männliche Gestalten auf, dass meine Geschwister und ich sie ungläubig anstarren mussten. Als Kinder durften wir nämlich vor dem Schlafengehen in unseren Morgenmänteln und Hausschuhen zwischen den Gästen herumspazieren – wir liebten das!

Einer der Männer hatte sehr lange blonde Haare und trug eine Ritterrüstung. Außerdem versuchte er gerade, einige unserer antiken Speere aus dem Korridor zu stehlen. Mutig, wie wir waren, rannten wir zu ihm hin und erklärten ihm, dass er verschwinden solle. Da tauchte sein Freund »Billy Boy« auf. Wir fanden ihn ganz abscheulich: Er trug einen engen schwarzen Catsuit mit einem seltsamen Lederschurz und offenbarte uns Naseweisen, er sei weder Mann noch Frau, sondern eine Maschine. Die beiden Freaks verunsicherten und empörten uns sehr. Kinder können da sehr intolerant sein. Als wir uns später bei unserer Mutter beschwerten, erklärte sie uns, dass Billy Boy in Wirklichkeit der Vater der Barbie-Puppe sei und eine der größten Sammlungen der Welt besäße. Damit wurde er schlagartig zu meinem Helden. Maschine hin oder her, Barbies Vater hatte bei mir gute Karten. Am nächsten Tag erzählte ich allerdings meinen Freundinnen in der Schule nichts von meiner Begegnung mit Mr Barbie, denn ich wusste nur zu gut, dass da draußen eine andere Realität herrschte. Und so aufregend ich meine eigene auch fand, so verzweifelt wollte ich doch auch in die andere passen.

In der Schule behandelte man uns anders, unsere Mitschüler musterten uns verstohlen aus den Augenwinkeln. Ich kam mir wie eine echte Außenseiterin vor und obwohl ich Freundinnen hatte, hasste ich die Schule. Im Grunde fühlte ich mich als Heranwachsende am allerwenigsten normal. Ich kam mir unangenehm anders vor. Ja, wir sind in einem Schloss aufgewachsen, das angeblich größer als der Buckingham Palace ist (ich hab's nicht nachgemessen). Dort war ich umgeben von traditionellen, alten Kunstwerken, Wandbehängen und Porzellan, die sich mit abgefahrenen Stücken moderner Kunst mischten. Die Kindermädchen, die anderen Bediensteten, die Urlaube, die Umzüge – und dann im Kontrast dazu das Leben der Gleichaltrigen. Wir waren anders. Wir sprachen anders, wir kleideten uns anders und wir zogen von einem Haus ins nächste, je nach Jahreszeit. Die Sommer verbrachten wir am See, die Winter beim Skifahren, den Herbst im Wald auf der Jagdhütte und den Frühling in der Stadt. An jedem dieser Orte besuchten wir eine andere Schule. Da war es ja nicht weiter verwunderlich, dass man uns wie Außerirdische behandelte. Obwohl mir das alles normal vorkam, wusste ich doch sehr genau, dass es nicht wirklich normal war. Wir sprachen nie über diese Unterschiede und so ignorierte ich einfach meine zwiegespaltenen Gefühle darüber, wer ich war und was Normalität eigentlich bedeutete. Ich habe lange gebraucht, um mich mit den Vor- und Nachteilen zu arrangieren, die mein Leben mit sich bringt. Mit den Vorzügen und der Bürde eines bekannten Nachnamens.

Heute frage ich mich, wie gegensätzlich all das wirklich war.

Schließlich ist Normalität lediglich eine Frage der Perspektive. In London komme ich mir zwischen den zahllosen Menschen, die quer um den Erdball gereist sind und sich auf so mancher Party herumgetrieben haben, tatsächlich normal vor. Was aber kann ich daraus schließen? Ich schätze mal, dass sogar aus all diesen Extremen eine Art Gleichgewicht entstehen kann, wenn man sie mit einer Prise Humor und einer Portion Selbstironie betrachtet. Wie auch immer, ich habe schon vor langer Zeit mit mir ausgemacht, dass es nicht wirklich wichtig ist. Ich muss schließlich nirgendwo reinpassen. Ich meine, wer kann schon beurteilen, was normal ist und was nicht? Letzten Endes sitzen wir auf dieser Reise, die sich Leben nennt, doch alle im selben Boot und sind uns viel ähnlicher, als wir oft denken.

Nie wieder Neverland

Als Kind war ich mir ganz sicher, die Welt bestünde aus zwei Lagern: den Erwachsenen und den Kindern. Im Erwachsenenlager gab es lauter strenge Regeln, was man zu tun und zu lassen hatte. Hätte ich diese Welt mit Buntstiften zeichnen sollen, ich hätte unaufdringliche, nichtssagende Farben gewählt, wie Grautöne und Erdfarben. Ganz im Gegenteil dazu war die Welt der Kinder aufregend, spaßig und frei von Vorschriften. Als Kinder drehten sich unsere Tage nur ums Spielen. Mit Spielsachen, an der frischen Luft, und falls das noch nicht reichte, dachten sich meine Geschwister und ich eigene Welten aus, in die wir dann abtauchten. Eines dieser Phantasiespiele, die wir erfanden, nannte sich »Miguel«. Das war ich: Miguel, ein kleiner Junge, der zusammen mit seiner Mutter (meiner Schwester) vor dem gewalttätigen Vater (meinem Bruder) davongelaufen war. Wir beide wohnten in einem riesigen Wohnwagen, voll verschiedener Tiere und Spielzeug. Darin reisten wir um die Welt und mussten Abenteuer bestehen.

Ich habe keine Ahnung, wie wir auf solche Dinge kamen, aber es gab noch eine Menge anderer Geschichten dieser Art. Erwachsene kamen mir wie Eindringlinge vor, die unseren Spaß unterbrachen, weil sie uns zum Mittagessen, Ins-Bett-Gehen oder Zähneputzen anhielten. Sie verstanden nicht, was es bedeutete, in einer Welt zu leben, in der es von rosafarbenen Wolken, Zwergen und magischen Körben, die einen in das Wunderland von Alice brachten, nur so wimmelte.

Manche Erwachsene allerdings waren anders. Sie waren zwar aus unserem Lager herausgewachsen, standen aber irgendwie immer noch mit ihm in Verbindung. Es gelang ihnen, von ihrer Welt in unsere überzuwechseln. Michael Jackson war so ein Erwachsener.

Unsere Freundschaft mit Michael verdanken wir Regina, die zu der Zeit die persönliche Assistentin meiner Mutter war. Regina war ein riesiger Michael-Jackson-Fan, und mit »riesig« meine ich wirklich riesig. Für uns war Regina viel mehr als nur die Assistentin unserer Mutter. Sie war uns Freundin, Beraterin, Reisebegleiterin, Therapeutin und gute Fee. Regina war auch diejenige, die die ganze Sache ins Rollen brachte, mit der Zeit hatte sie sich in Michael Jacksons Gefolge nämlich langsam nach oben gearbeitet. Ich war zu jung, um mich daran erinnern zu können, wie genau sich alles abgespielt hatte, und es war mir im Grunde auch egal. Eines Tages saßen meine Mutter und Regina jedenfalls mit breitem Grinsen beim Mittagessen und verkündeten uns, sie hätten Michael Jackson getroffen. Wir seien alle zum nächsten Konzert eingeladen. Es war zu aufregend, um wahr zu sein. Nach dem Konzert gab es ein kurzes Meet-and-Greet, das wiederum zu einer After-Party führte, einigen Besuchen bei uns zu Hause, noch mehr Konzerteinladungen, einem gemeinsamen Ausflug nach Disneyland und schließlich – das große Finale – einer Einladung nach Neverland.

Bei unserem ersten Michael-Jackson-Konzert 1992 in München schmolz gleich das Eis. Maria, Albert und ich waren völlig aus dem Häuschen. Ich war erst zehn Jahre alt und bisher vor der Welt der Paparazzi und Glitterati ziemlich abgeschirmt und behütet worden. Unsere erste Begegnung mit Michael Jackson war kurz und förmlich – ungefähr so, wie man sich das Treffen mit einem Superstar vorstellt. Nach dem Konzert führte man uns durch kalte, hell erleuchtete Flure, an zahllosen großen weißen Türen vorbei, die alle verschlossen waren. Ab und zu passierten wir kräftige, breitschultrige Männer, die mitten im Flur standen und dafür sorgten, dass kein Unbefugter Zutritt bekam. Dann blieben wir vor einer der vielen anonymen weißen Türen stehen, bis wir an der Reihe waren, den »King of Pop« zu treffen. Wir waren wirklich sehr aufgeregt und konnten unser Glück kaum fassen, außerdem wirkte das ganze Drumherum ein bisschen einschüchternd und aufgesetzt. Michael war dann sehr freundlich und unterhielt sich mit jedem von uns, aber irgendwie ging die Zeit sehr schnell rum. Ich sollte allerdings bald erfahren, dass die Welt, die Michael sich erschaffen hatte, ganz anders war als dieser steife, unbeholfene erste Handschlag. Das Beste, was wir aus diesem ersten Treffen mitnahmen, war eine Einladung zur After-Party.

Michaels Party überstieg meine kindliche Vorstellung vom Feiern bei weitem. Es fühlte sich nicht wie eine Party für Erwachsene an, sondern vielmehr wie eine Party für die glücklichste Zehnjährige der Welt. Da gab es Luftballons, Popcorn, Schokoladenbrunnen, Karussells und sogar Autoskooter und vor allem: Michael. Der Mann faszinierte mich schon damals. Natürlich mochte ich seine Musik und er war berühmt – was sogar ein Kind beeindruckt –, aber er war noch so viel mehr. So war er zum Beispiel der erste Erwachsene, dem ich begegnete, der sich wirklich für nichts anderes als Spielen zu interessieren schien. Seine Welt aus Luftballons, Schokolade und Autoskootern war unser Paradies, und obwohl er ein erwachsener Mann war, schien Michael das genauso zu sehen. Das allein machte MJ für mich schon zu einem Helden.

Allerdings war der arme Michael pausenlos von Erwachsenen umringt, die wie die Geier versuchten, ein Stück von ihm abzubekommen. Mein neunjähriger Bruder ließ sich davon nicht im Geringsten beeindrucken. Er spazierte mit der für Kinder so typischen Lässigkeit einfach auf den King zu und fragte ihn mit Engelsstimme: »Michael Jackson, fährst du bitte mit mir Autoskooter?« Michael gefiel Alberts direkte Art so sehr, dass er ihn einfach an die Hand nahm und die nächsten Stunden praktisch nur noch mit ihm von einem Fahrgeschäft zum nächsten wanderte und dabei eine Menge Snacks in sich hineinfutterte. (Das gefiel den »richtigen« Erwachsenen, die sich im Hintergrund herumdrückten, natürlich überhaupt nicht.)

Danach war das Eis endgültig gebrochen, und was als förmliche Begegnung zwischen Michael Jackson, zwei Prinzessinnen und einem Prinzen begann, verwandelte sich in eine echte Freundschaft. Von da an war er für uns nicht mehr Michael Jackson, sondern nur noch Michael oder MJ. Er besuchte uns ein paar Mal in Deutschland und wir gingen zu seinen Konzerten, und fuhren einmal sogar zusammen nach Disneyland. Es war aufregend, ihn aus nächster Nähe zu erleben und das Gefühl zu haben, wirklich Teil des engsten Kreises zu sein. Wenn wir mit Michael zusammen waren, bedeutete das Spielwarenläden, Spielplätze und jede Menge Spaß.

Wenn mich jemand fragt, was mir spontan zu Michael als Person einfällt, dann ist das seine extreme Höflichkeit und sein Respekt für andere. Als Kinder einer strengen Mutter waren uns die Wörtchen »bitte« und »danke« in Fleisch und Blut übergegangen. Wann immer wir uns bei Michael für etwas bedankten, erwiderte er »No, thank *you*«, was wir sehr lustig fanden. Er war außerdem unglaublich großzügig, teilte gern seine Spielsachen, seine Süßigkeiten und seine Erfahrungen, was er uns vor allem beim Besuch auf seiner Neverland-Ranch spüren ließ.

An dem Tag, als er uns das erste Mal zu Hause besuchte, konnte ich es kaum erwarten, aus der Schule zu kommen. Wir nahmen unsere Mahlzeiten immer im Esszimmer ein, das mit Porzellan und Silberkram vollgestopft war. Das Mittagessen wurde uns stets serviert und obwohl wir daran gewöhnt waren, kam es uns schon ein wenig steif vor. Nur an unseren Geburtstagen durften wir selbst das Menü und den Kuchen bestimmen, was natürlich viel kinderfreundlicher war. Der Tag, an dem Michael kam, war sogar besser als jeder Geburtstag. Überall lagen Süßigkeiten verstreut: Zwischen den Blumen und dem Porzellan auf dem Tisch stapelten sich saure Weingummis, Schokolade und Marshmellows. Zu unserem großen Missfallen zwang unsere Mutter uns Mädchen in Dirndl und meinen Bruder in Lederhosen. Sie meinte, das würde den Amerikanern sicher gefallen. Michael kam mit kleinem Gefolge, ich kann mich nur nicht mehr daran erinnern, wer genau das war. Was ich aber noch ganz genau weiß, ist, dass meine Mutter mit der traditionellen Tracht den richtigen Riecher gehabt hatte. Michael war total begeistert. Er strahlte: »Ihr seht genauso aus wie die Trapp-Familie«, rief er. Zufällig war nämlich *The Sound of Music* sein Lieblingsfilm. Er interessierte sich sehr für unsere Familiengeschichte und wir veranstalteten für ihn eine Führung durchs Schloss, die ihm sehr zu gefallen schien. Er war total gesprächig und entspannt und stellte immer mehr Fragen. Außerdem war er unheimlich witzig, denn ich weiß noch, dass ich viel lachte.

Unser gemeinsamer Besuch in Disneyland Paris war nicht ganz dasselbe. Obwohl wir auch da viel Zeit miteinander verbrachten, wurde Michael oft abgelenkt. Ähnlich wie der ganze Trubel bei jedem Konzert, gab es auch hier Hunderte tobender

Fans, wo immer er auch auftauchte, sowie jede Menge Presseleute. Das wirkte sich natürlich auf Michaels Verhalten aus: Er lächelte und war höflich wie immer, doch ich konnte sehen, dass er sich innerlich mehr und mehr zurückzog.

Unsere Reise nach Neverland war definitiv das Highlight unserer Freundschaft. Michael besaß alles, was ein Kinderherz nur begehren kann: Es gab dort einen riesigen Jahrmarkt mit allen möglichen Fahrgeschäften, doch man musste weder bezahlen noch Schlange stehen. Es gab Stände mit Schokolade, Zuckerwatte und Eiscreme, an denen wir uns einfach bedienen durften, ohne vorher um Erlaubnis fragen zu müssen! Natürlich reisten wir mit Regina dorthin. Ich weiß noch, dass die Limousine, die uns am Flughafen abholte, mit Süßigkeiten und Limonade ausgestattet war. Sie hatte auch einen Fernseher, aber wir waren viel zu aufgeregt, um einen Film zu schauen. In Neverland verbrachten wir viel Zeit mit Michael – außer beim Frühstück, zu dem er nie erschien. Wir unternahmen Quad-Touren durchs Umland. Wir spielten mit Bubbles, dem Schimpansen, und anderen Tieren im Zoo. Wenn Michael nicht da war, amüsierten wir uns ohne ihn, schließlich stand uns die ganze Ranch zur Verfügung. Es gab ein Kino mit einem riesigen Bett darin, wo wir uns *The Sound of Music* ansahen und uns mit Popcorn vollstopften. Nach dem Film führte Michael uns in einen Raum voller Spiegel, der sich langsam mit Nebel füllte. Als sich der Nebel lichtete, war Michael plötzlich wie vom Erdboden verschluckt, um dann einige Momente später aus heiterem Himmel wieder aufzutauchen. Auf mich wirkte dieser Trick wie echte Zauberei. Michael genoss unser Staunen und unsere Leichtgläubigkeit und wiederholte die Vorführung immer wieder.

Ich weiß noch, dass wir ewig zusammen auf der Schiffschaukel saßen, während *Black or White* aus riesigen Lautsprechern schallte. Im Gegensatz zu den meisten Erwachsenen bekam Michael vom Spielen nie genug. Er blieb gerne so lange auf der Schaukel, wie wir Spaß daran hatten. Was mir auch noch besonders in Erinnerung geblieben ist: sein weitläufiger Wasserspielpark, in dem wir uns stundenlang zusammen vergnügten. Die Anlage war komplett aus Holz gebaut und besaß eine ganze Reihe von Extras: Zum Beispiel gab es Rutschen und Seile, an denen man sich entlanghangeln sowie zwei hohe Türme, auf die man klettern und seine Gegner von dort aus angreifen konnte. Michael war ein großer Fan von Wasserbombenschlachten. Dann wirkte er selbst noch wie ein Kind. Es machte ihm auch überhaupt nichts aus, wenn seine Haare nass wurden oder sein Make-up verschmierte, solange er nur Spaß hatte.

Leider verloren wir uns über die Jahre aus den Augen und, wie das so oft passiert, erlosch die Freundschaft nach und nach. Ich denke gern zurück an den großen Jungen, den Freund und den Superstar. Es hat mich völlig fertiggemacht zu hören, wie sein Leben immer weiter in die Brüche ging. Als ich von seinem Tod erfuhr, war ich einerseits total schockiert, andererseits war es völlig irreal. Erst nach Wochen überkam mich eine große Traurigkeit, einen so besonderen Menschen für immer verloren zu haben. Je mehr ich an ihn denke, umso mehr schöne Erinnerungen an MJ tauchen wieder auf.

Ich hoffe, dass die Welt ihn als einen der größten Musiker unserer Zeit in Erinnerung behält. So traurig es auch ist, war es wohl sein Schicksal, jung zu sterben. Schließlich wollte er ohnehin nie erwachsen werden.

Ich habe manchmal das Gefühl, dass unsere Gesellschaft die Menschen, und vor allem Berühmtheiten, unbedingt in eine Schublade stecken und klein halten will. Dann lassen sie sich jederzeit hervorholen und genießen wie ein Stück Pizza, das nur gut schmeckt, wenn es heiß und frisch aus dem Ofen kommt. Nach einer Weile verwandelt sich die leckere Pizza aber in ein fettiges Stück Gummi, das man in den Mülleimer wirft. Michael Jackson ließ sich nicht auf diese Weise einkerkern, doch sein Kampf um Privatsphäre mutierte letztlich zu einem noch viel bedrohlicheren Gefängnis. Für mich wird er immer der echte Peter Pan bleiben, außergewöhnlich, undurchschaubar und aus einer anderen Welt.

Verrückte Festivitäten

Verstehen Sie mich nicht falsch, ich liebe meine Familie wirklich sehr, aber wenn wir uns alle unter einem Dach befinden, kann das ganz schön anstrengend sein. Es scheint einfach zu viele Alphatiere (männliche und weibliche!) bei uns zu geben, die um die Pole-Position im Mittelpunkt des Geschehens konkurrieren, sozusagen zu viele »große Persönlichkeiten«. Die Vormachtstellung der Matriarchin darf auf keinen Fall in Frage gestellt werden, und es gibt einige andere Grundregeln, die immer und auf jeden Fall eingehalten werden sollten. Ungebürstete Haare sind eine Todsünde (ja, selbst mit achtundzwanzig wird noch von mir erwartet, dass ich aussehe, als ginge ich gleich zur Firmung). Kaugummikauen kommt fast schon einer Beleidigung gleich, wenn es nach meiner Mutter geht. Lustigerweise kaut sie selbst auch gerne heimlich Kaugummi. Manchmal klaut sie sich ein ganzes Päckchen aus meiner Tasche und stopft sich den gesamten Inhalt auf einmal in den Mund. Offiziell wird Kaugummikauen jedoch schlimmer geahndet als das Quälen harmloser Kätzchen.

Die Familienmischung ist nur dann wirklich gefährlich explosiv, wenn jemand Zündstoff nachliefert, und in vielen Fällen bin dieser Jemand ich. Man sollte doch meinen, ich hätte inzwischen gelernt, die Fallstricke bei Diskussionen mit meiner Mutter zu umgehen. Aber nein. Außerdem hasse ich gebürstete Haare – die machen einfach keinen guten Look, was ich immer wieder vergeblich versuche, ihr zu erklären.

Der Anlass für die aktuelle Familienzusammenkunft ist die Eröffnung der Schlossfestspiele, die jeden Sommer im Innenhof unseres Anwesens stattfinden. Obwohl Spielplan und Organisation in den Händen einer externen Firma liegen, kümmert sich meine Mutter um die PR, und das sehr erfolgreich. Ihre temperamentvolle Art zieht überall auf der Welt Aufmerksamkeit auf sich, so dass es ihr überhaupt nicht schwerfällt, gehörig die Werbetrommel zu rühren. Im Grunde ist es schon eher ungewöhnlich, nach Hause zu kommen und kein Kamerateam, keinen Journalisten oder zumindest einen Biographen anzutreffen, die ihr auf Schritt und Tritt folgen. Natürlich fanden wir es als Kinder ziemlich nervig, wenn wir plötzlich während des Mittagessens gefilmt wurden, aber heute bewundere ich die Energie und Antriebskraft meiner Mutter. Sie hat mehr oder weniger allein für den internationalen Ruf von Regensburg gesorgt, und ihr ist es zu verdanken, dass das Schloss so viele Besucher anzieht. Dafür muss man sie einfach lieben. Sie vor der Kamera zu beobachten ist ziemlich lustig. Sie benimmt sich eigentlich ganz genau so wie sonst auch: unvorhersehbar und sehr ehrlich. Es kann durchaus sein, dass sie eines von uns Kindern am Arm packt, an sich drückt und dabei laut kreischt. Oder sie macht einen auf General und weist uns öffentlich zurecht. Vor kurzem berichtete eine Zeitung über eine dieser »Benimmregelverletzungen« meiner Mutter und verpasste ihr daraufhin den Spitznamen »Prinzessin Gaga«. Was für ein passender Vergleich!

Der Eröffnungsabend des Festivals ist eine Art Mini-Version der Filmfestspiele in Cannes, was die blutrünstige Pressemeute angeht. Der Hauptunterschied liegt darin, dass unser Festival natürlich weniger hochkarätige Stars anzieht, wodurch die Kameras meistens auf uns gerichtet sind. Das kommt mir immer absurd vor. Ich meine, worauf sind die Leute aus? Sie stellen sich vor uns auf und drängen sich gegenseitig zur Seite, um unsere Aufmerksamkeit und damit die beste Aufnahme zu erhaschen. Sie verhalten sich wie Büffel kurz vor einem Angriff und brüllen »Hierher, hierher, nach links!«, »Nein, schauen Sie hierher, nach rechts!« Du meine Güte, Jungs, könnt ihr euch bitte mal entscheiden? Kein Wunder, dass so viele Celebritys verrücktspielen. Die erleben diese Art von Hysterie jeden Tag.

Dieses Jahr wurde zur Eröffnung *Aida* gezeigt, Verdis bombastische Oper, die in Ägypten spielt. Laut Wetterbericht sollte es einen Jahrhundertsturm inklusive sintflutartigen Regenfällen geben. Natürlich ist das keine optimale Voraussetzung für die Premierenfeier eines Open-Air-Festivals. Wir hatten allerdings Glück: Es war zwar kalt und windig, aber die meiste Zeit trocken. Als die Oper sich dem Ende neigte, und die Geschichte auf ihren Höhepunkt zusteuerte, wurde der Wind plötzlich stärker und uns trafen ein paar vereinzelte Regentropfen. Das Wetter passte perfekt zur Spannung auf der Bühne. Aida war in die Arme ihres Liebhabers gesunken und der Sturm drückte die beiden nur noch enger aneinander. Dann öffnete sich der Himmel und ein regelrechter Wasserfall stürzte herab. Die Zuschauer hatten sich bereits vorsorglich in Regencapes gehüllt, aber selbst diese konnten das Nass vom Himmel nicht abhalten. Als wir schließlich aufgaben und ins Schloss rannten, taten mir Aida und Amonasro ein wenig leid, wie sie uns so davoneilen sahen. Die erste Reihe blieb verlassen zurück. Ich war durchnässt, mir war kalt und ich hatte zu allem Überfluss einen Mordshunger. Darum war ich eigentlich recht froh, dass wir direkt das Zelt im Park ansteuerten, wo Essen und Getränke bereitstanden. Manchmal ist ein bisschen Regen eben doch gar nicht so schlecht.

London Calling

In letzter Zeit ging es in den Finchtowers ein bisschen hektisch zu. Wir sind nämlich dabei, die nächste Ausgabe von *FQR* fertigzustellen. Das Thema: »Zurück aufs Land«, sprich, wir sammeln jede Menge kerniger und derber Aussagen einer ganzen Bandbreite an Celebritys. Sogar mir wurde ein Plätzchen eingeräumt – wie aufregend! In gewohnter *FQR*-Manier wird auch diese fünfte Ausgabe ein bunter Mix der Geschmäcker aus der Welt von Adel, Mode und Film, nicht zu vergessen unsere üblichen Verdächtigen John Malkovich, Kevin Spacey und viele andere. Das Interessante an der Arbeit für ein Magazin wie *Finch's Quarterly* ist dessen kreative Unabhängigkeit. Während andere Publikationen daran gebunden sind, die neusten Trends in Film, Mode und Nachrichten nachzubeten, ist unsere kleine Zeitschrift »nur« den Launen und Vorlieben des Chefredakteurs Nick und des Verlegers Charles unterworfen.

Für eine junge Journalistin wie mich ist vor allem die Arbeit als Ghostwriterin extrem spannend. Viele der Autoren haben nämlich nicht die Zeit, ihre Texte selbst zu schreiben, also interviewe ich sie stattdessen und verwandle ihre Antworten anschließend in hoffentlich stimmige Beiträge. Nick erwartet dabei von mir, dass ich selbst auf Basis einer langweiligen Unterhaltung einen interessanten Artikel produziere.

Eine meiner Lieblingsaufgaben ist dabei die Arbeit an der Kolumne unseres Literaturredakteurs John Malkovich. Deshalb habe ich ihn gebeten, mein Vorwort zu schreiben. Der Mann ist ein echter Schatz. Es ist jedes Mal aufs Neue ein Vergnügen, ihn zu befragen, vor allem, da sich unsere Gespräche um Literatur und seinen aktuellen Lesestoff drehen. Ich habe übrigens das Gefühl, dass sich durch die zahlreichen Telefonate und E-Mails eine Art Beziehung zwischen uns aufgebaut hat. Ich schätze ihn wirklich sehr. Wie bereits erwähnt sind John und ich uns noch nie persönlich begegnet. Die Krux der modernen Technik: Man hat den Eindruck, jemanden zu kennen, obwohl man ihm noch nie die Hand geschüttelt hat. Dennoch gibt es keinen Besseren für mein Vorwort als John. Ich weiß, wie unendlich viel er immer um die Ohren hat, aber netterweise hat er sich dafür Zeit genommen. Während meiner Zeit bei *FQR* habe ich festgestellt, dass er einer der geduldigsten und höflichsten Menschen ist, die mir je begegnet sind. Und diese Eigenschaften sind für einen, der schon für den Oscar nominiert wurde und zahlreiche Auszeichnungen erhalten hat, leider nicht die Regel.

Nur um Ihnen ein Beispiel zu geben: Einmal stellte ich nach einem sehr langen Telefoninterview und einigen darauffolgenden Anrufen zu meinem Entsetzen fest, dass unsere gesamte Unterhaltung von meinem kleinen Diktaphon nicht aufgezeichnet worden war. Ich war fix und fertig. Meinem Chef Nick konnte ich es nicht erzählen – er wäre aus dem Stand ausgerastet. Ich musste dieses Interview irgendwie noch einmal bekommen. Die Vorstellung, John erneut zu belästigen, war mir unendlich peinlich, nachdem ich schon so viel von seiner Zeit in Anspruch genommen hatte. Letzten Endes wählte ich dann aber doch völlig zerknirscht seine Nummer, mir blieb ja doch nichts anderes übrig. Mit piepsiger Stimme erzählte ich ihm, was passiert war, und erwartete, dass er mich entnervt abwimmeln würde. Doch er unterbrach mich ganz freundlich: »Keine Sorge, Elisabeth, machen wir's einfach noch mal.« Ich konnte seine Geduld kaum fassen. Ich habe inzwischen eine Menge Interviews geführt – aber so etwas ist mir nie wieder passiert.

Mein Tag im Büro ist so anstrengend, dass ich eine Pause brauche, also spaziere ich die Portobello Road hinunter. Um auf andere Gedanken zu kommen, besuche ich einen Bekannten in seiner Boutique. Duro Olowus Geschäft liegt im tiefsten Ladbroke Grove und obwohl diese Gegend natürlich als trendig gilt, erwartet man dort nicht unbedingt einen Ort voller Luxus und Herrlichkeiten. Zwischen Hähnchenbratereien und marokkanischen Cafés, Märkten und ein paar Crack-Schuppen kann man den kleinen Laden bei einem Spaziergang in der Gegend leicht übersehen. Beim Eintreten findet man sich jedoch ganz unvermittelt und unerwartet in einer Stiloase wieder. Duro Olowu ist ein Name, den jeder kennt, der Mode liebt. Seine hinreißenden, fließenden Kleider und strukturierten Jacken sind aus exquisiten, farbenfrohen Materialien geschneidert und mit Ethnomustern bedruckt. Er mischt dabei Vintage-Couture-Stoffe mit üppigen, handbedruckten Teilen. Seine Textilien haben etwas sehr Urtypisches an sich. Duro wurde in Nigeria geboren und verfügt über ein beeindruckendes Wissen um die historische Entwicklung von Mode. Um seine schillernden Maßarbeiten zu kreieren, mixt er all die Einflüsse, die er auf seinen Reisen rund um die Welt kennengelernt hat. Stellen Sie sich eine Zulu-Amazone vor, die auf eine Lacroix-Göttin trifft! Und seine Mode ist noch dazu sehr gut tragbar. Neben seinen eigenen Entwürfen verkauft er hinreißenden Vintage-Schmuck, den er auf seinen vielen Reisen gesammelt hat. Schon die Ladendekoration haut einen um: irre

Lampenschirme aus den siebziger Jahren, ein beeindruckender Biedermeier-Stuhl und ein Teppich von Cardin.

Ich könnte Ihnen stundenlang dieses Juwel von einem Geschäft zwischen all der Schäbigkeit und Hektik von Ladbroke Grove beschreiben, aber am besten schauen Sie bei Ihrem nächsten Insel-Besuch einfach selbst vorbei. Mittlerweile ist Duro allerdings in eine wesentlich elegantere Boutique in Mayfair gezogen, was wirklich schade ist, weil ich den leicht abgewetzten Flair von Ladbroke Grove liebe. Aber für ihn ist es natürlich sinnvoll, in einer schickeren Gegend zu sein. Duro und ich haben uns vor ein paar Monaten kennengelernt, als er das Styling für das Fotoshooting übernahm, das Juergen Teller und ich veranstalteten. Wir hatten so viel Spaß dabei, zusammen einen bunten Mix aus alten Couture-Stücken, aktuellen Designern und Duros ausgefallenem Schmuck und Accessoires zu kreieren! Es erinnerte mich eher an die Verkleidungsspiele aus Kindertagen als an die üblichen Modeaufnahmen.

Am selben Abend sah ich Rachel Weisz als Blanche DuBois in *Endstation Sehnsucht* auf der Bühne. Sie überzeugte absolut in der Rolle der verwöhnten, manipulativen Südstaatenschönheit, die Vivian Leigh in der Filmversion so ironisch interpretiert hat. Bisher hatte ich nur den Film gesehen, der gleichzeitig auch mein liebster Marlon-Brando-Streifen ist. Kann man in einem weißen Rippshirt heißer aussehen als Stanley Kowalski? Obwohl ich diese optischen Reize natürlich vermisste, hat es sich gelohnt, das Stück in seiner ursprünglichen Form, nämlich als Bühnenstück, zu erleben. Genau das liebe ich an London: Man kann an einem einzigen Nachmittag ein Juwel wie Duros Laden entdecken, Weltklasse-Theater erleben und eine perfekt exzentrische Zeitschrift wie *FQR* zusammenstellen.

Summertime Blues

Es fällt mir grundsätzlich nicht leicht, nach dem Urlaub in den Alltagstrott zurückzufinden. Noch schwieriger wird es, wenn man von einem Afrika-Aufenthalt zurückkehrt – aus Kenia, um genau zu sein. Obwohl es mit Abstand mein kürzester Sommer überhaupt gewesen ist, fühlte es sich viel mehr nach Urlaub an als in den vergangenen Jahren. Wenn man nur zwei Wochen hat, muss man die nämlich wirklich ausnutzen. Das ist das Beste an einem geregelten Job mit begrenzter Freizeit.

Für mich ist Afrika ein Ort, zu dem ich mich unheimlich hingezogen fühle. Es drängt mich, immer wieder dorthin zurückkehren und neue Schätze zu entdecken. Bisher habe ich hauptsächlich Ost- und Südafrika bereist, und es gibt jede Menge Orte, die ich noch erkunden will. In Afrika scheint eine unterschwellige Energie zu fließen, eine Spannung zu herrschen, die auf dem ganzen Kontinent spürbar ist. Dieses Mystische zieht mich einfach immer wieder dorthin. Ich will nicht sagen, dass ich unbedingt dort hingehöre, aber in Afrika fühle ich mich irgendwie geerdet. Ich habe das Gefühl, angekommen zu sein.

In meinem *gap year* bin ich viel durch Asien gereist und war von einigen Ländern besonders beeindruckt, darunter Burma, Kambodscha und Indien. Statt wie viele direkt nach dem Schulabschluss auf Reisen zu gehen, habe ich bis nach dem

College gewartet. Ich war damals mit meinem Cousin Alex unterwegs, der in dem Jahr mit der Schule fertig geworden war. Unsere gemeinsamen Monate waren wirklich faszinierend. Im Vergleich zu Afrika verspüre ich jedoch keinen so großen Drang, in diese Länder zurückzukehren. Als ich eine E-Mail von einer Freundin bekam, die gerade nach Nairobi gezogen war, war mir sofort klar, dass ich all meine anderen Pläne absagen und stattdessen einige Zeit auf dem Schwarzen Kontinent verbringen musste. Das war eine ziemliche Hals-über-Kopf-Entscheidung. Plötzlich wusste ich, wie die perfekte Abwechslung zu meinem verregneten Arbeitssommer in London aussehen würde. Ganz spontan beschloss ich, Europa hinter mir zu lassen, und obwohl noch nette Einladungen nach Ibiza, Panarea und in unser Haus am See (wo sich der Rest meiner Familie tummelte) offen waren, verspürte ich einfach das intensive Bedürfnis, nach Afrika zu reisen.

Warum Kenia eine so starke Anziehungskraft auf mich ausübt? Zum einen sind es natürlich die Menschen mit ihrem Lächeln und ihrem Humor. Mir ist selten ein Volk begegnet, mit dem es sich so lachen lässt. Ich liebe Kenias trockene, staubige Luft und die rote, sandige Erde, die so hartnäckig an der Haut klebt. Ich liebe es, dem langsamen, rhythmischen Gang der Frauen zuzusehen, die mit schweren Feuerholzbündeln beladen die schmalen Straßen entlangschreiten. Oder die Männer, die am Wegrand kauern, als seien sie tief in Meditation versunken. Ich liebe die Tatsache, dass Zeit dort nichts bedeutet – so nervenaufreibend das auch sein kann, wenn man darauf wartet, zum Flughafen gebracht zu werden. Und doch hat Kenias Zeitlosigkeit etwas Erfrischendes. Macht es denn wirklich einen so großen Unterschied, ob man irgendwo um 2 oder um 4 Uhr ankommt?

Afrika ist für einen Reisenden ein Ort extremer Kontraste

und endloser Möglichkeiten. Mein ursprünglicher Plan war, nach Nairobi zu fliegen, meine Freundin zu besuchen und Kenias Hauptstadt als Ausgangspunkt für weitere Abenteuer zu nehmen. Ich hatte mir eigentlich überlegt, einen kurzen Abstecher nach Ruanda zu machen, um auf den Spuren der berühmten Silberrücken-Gorillas zu wandeln, doch da ich mich leider so ungern im Voraus festlege, gab es kurzfristig keine Genehmigungen mehr. Selber schuld.

Also musste ich wieder mal auf eine Last-Minute-Planung zurückgreifen. Dank meiner umfangreichen Erfahrung, hab ich ja immer einen Plan B (und manchmal sogar C oder D) in der Schublade. Zum Glück waren all meine Optionen gleichermaßen viel versprechend, so dass sich meine Enttäuschung in Grenzen hielt. Ich entschied mich für eine Ranch namens Sosian, nahe dem Mount Kenya, die sich auf einem weitläufigen, sandigen Gelände befindet. Die Gegend hier erinnerte mich ein wenig an Argentinien – die Landschaft ringsherum ist ganz anders als das dichtbewachsene Kenia, das ich kenne. Das Reservat, in dem die Ranch liegt, ist voller wilder Tiere – Löwen, gestreifte Hyänen, Wildhunde, Elefanten –, so ziemlich jedes, das man auf einer Safari sehen will. Es war einfach klasse! Statt einer Jeep-Tour habe ich mich für den Pferderücken entschieden, was viel unterhaltsamer ist, weil man einfach ein Stück über die Ebene galoppieren kann, wenn es einem zu langweilig wird. Auf einem Ausritt sahen wir sogar einen Löwen, was laut Charlotte, der netten englischen Begleiterin, zu Pferd höchst selten vorkommt. Außerdem nahm ich an ein paar Wander-Safaris teil, die Steve, der Riese aus Simbabwe, anführte. Er und seine bezaubernde schottische Frau leiten das Camp. Steve kennt so ziemlich alles, was es über den Busch zu wissen gibt, angefangen bei der richtigen Spurensuche bis hin zum Nachahmen von Tiergeräuschen – im Grunde ein richtiger Doktor Dolittle. Wie ich so die Faszination von Kenias Norden genoss und Wasserfälle hinunter sprang, verflog das Bedauern, es nicht in die Arme der Gorillas geschafft zu haben.

Kenia ist fast schon so etwas wie eine zweite Heimat für mich, da meine Mutter dort ein Haus am Meer besitzt, wo wir die meisten Weihnachtsfeste verbringen. Nach dem Buschaufenthalt machte ich mich deshalb auf den Weg an die Küste, um meine Bräune zu perfektionieren (sprich, mir einen kräftigen Sonnenbrand zu holen), mich beim Kitesurfen zu vergnügen und viel zu lesen und zu schlafen. Ich war den ganzen Tag über nur barfuß unterwegs, mit Salzwasser auf der Haut und mit von Feuchtigkeit und Wind zerzausten Haaren. Außer ein paar Bikinis, Sarongs, Shorts und T-Shirts brauchte ich nichts. Oh, und natürlich aß ich jede Menge köstliches Obst. Eigentlich habe ich sozusagen dreimal am Tag gefrühstückt. Was will man mehr? Ich kam mir vor wie Pippi Langstrumpf: Allein in einem großen Haus, keine Erwachsenen in Sicht, niemand, der mir sagte, was ich tun und lassen, wann ich mir die Schuhe anziehen oder die Haare bürsten soll. Das ist etwas ganz anderes als der perfekt organisierte Haushalt, wenn meine Mutter da ist. Ordentliche warme Mahlzeiten wurden durch Picknicks ersetzt, das Essen nicht auf Porzellantellern serviert, sondern direkt aus dem Kühlschrank in Tupperdosen auf den Tisch gestellt – eine Todsünde, wenn die Chefin in der Nähe ist. Ich hatte Gesellschaft von zwei englischen Freundinnen und unser unkonventionelles Dasein in einem absolut luxuriösen Umfeld war genau, was wir brauchten. Der Abschied fiel mir schwer. Aber gleichzeitig wusste ich ja, dass ich in ein paar Monaten zu Weihnachten zurückkommen würde, wenn auch unter dem strengen Regiment meiner Mutter. Da würde es dann weit weniger Chaos geben, dafür gewaschene Füße und gekämmtes Haar. Doch ab und zu eine Scheibe gegrillter Thunfisch macht das dann auch wieder wett.

Das September-Gefühl

Im September kehren die Menschen nach und nach aus dem Sommerurlaub zurück und in London herrscht eine seltsam unstete Energie. Das Wetter wechselt zwischen wolkenlos und bedeckt, so dass man abwechselnd T-Shirts mit Römersandalen und am nächsten Tag warme Jacke plus Schal trägt. Es lässt sich kaum voraussagen und so bin ich konstant falsch gekleidet. An einem schwülen Tag trage ich dicke Strumpfhosen und lange Ärmel, und dann wieder ein dünnes Kleidchen, wenn es eiskalt ist. Liegt es an mir oder ist es schlicht unmöglich, sich zwischen den Jahreszeiten richtig anzuziehen? Laut einem Bekannten, dem jungen New Yorker Modedesigner Wes Gordon, ist jahreszeitenabhängige Kleidung ohnehin »total out«. Es geht bloß noch um den Schichtenlook. Trotzdem scheine ich mich bei der Anzahl der Schichten andauernd zu verzählen.

Das Wetter ist nicht der einzige Grund für dieses leicht unbehagliche September-Gefühl. Wegen der vielen Menschen ist es immer schwer, sich in London vorwärts zu bewegen, doch zum Ende des Sommers scheint es noch mehr Leute in die Stadt zu ziehen. Man braucht eine Menge Geduld und Ellbogen, um irgendwo hinzukommen, was beides ziemlich ermüdend ist. Mit Ersterem habe ich ohnehin so meine Probleme. Warum bloß bewegen sich Menschen in vollen Räumen immer ganz besonders langsam? Wenn sie aus dem Zug steigen und den Bahnsteig entlanggehen, scheinen sie irgendwie in Zeitlupe zu verfallen. Das macht mich wahninnig!

Und wie konnte es bitte passieren, dass ich gerade mal drei Wochen aus dem Sommerurlaub zurück bin und sich mein Terminkalender schon wieder so voll anfühlt? Neben der Arbeit häufen sich die Partys, Hochzeiten, Abendessen, Vernissagen, Meetings, Boxunterricht, Yoga und Pilates im September. Ich weiß gar nicht mehr, wo mir der Kopf steht. Was ist bloß los im September? Alles scheint gleichzeitig zu passieren. Natürlich bin ich mir bewusst, dass die genannten Dinge eher Luxusprobleme als wirklich essentiell bedrohlich sind, aber haben wir nicht alle mit Freizeitstress zu kämpfen?

Das ist diese Art von Stress, die sich vermeiden ließe, wenn uns die Gesellschaft nicht den Eindruck vermitteln würde, dass wir wie Göttinnen auszusehen hätten, so erfolgreich wie Bill Gates und so beliebt wie Superstars sein müssten. Mir ist schon klar, dass dieser Druck durch meine Erwartungen an mich selbst entsteht. Genau wie alle anderen lebe ich die meiste Zeit wie ein Hamster in seinem Laufrad. Die Sorge, etwas zu verpassen, ist der Kern des Ganzen: die Party eines Freundes, eine Hochzeit, ein Kurztrip oder eine Ausstellungseröffnung – wer weiß, was da alles geboten wird?! »Ich muss einfach dabei sein!«, suggeriert mir die Stimme im Hinterkopf. Vielleicht würden mich aber viel weniger vermissen, als ich mir das gern eingestehe? Hm. Da ist was dran, aber leider bin ich es, die das Bedürfnis verspürt, überall gleichzeitig sein zu müssen – ganz besonders, wenn sich der Sommer dem Ende neigt.

Am Wochenende war ich also zur Hochzeit eines Freundes eingeladen, diesmal zum Glück hier in London. An dieser Hochzeit musste ich unbedingt teilnehmen, weil der Bräutigam und ich uns schon ewig kennen. Als wir noch Kinder waren, kamen uns Freddie, der Bräutigam, und seine Schwester Ella jedes Jahr in unserem Sommerhaus besuchen. Während dieser Monate herrschte dort immer wunderbares Chaos mit vielen Kindern aus aller Welt unter einem Dach. Jeden Sommer lud meine Mutter nämlich unsere ganze Familie sowie entfernte Cousins und Cousinen und die Kinder von Freunden in unser Haus am See oder unsere Sommerresidenz im Schwäbischen ein. Das war immer ein großer Spaß. Es gab Schatzsuchen, Tennisturniere, Reitturniere und jede Menge nächtliche Pyjama-Partys, heimlich natürlich.

Der Sport stand natürlich an erster Stelle. Meine Mutter ist nämlich der Ansicht, dass sportliche Aktivität Kinder sehr effektiv vor Schwierigkeiten in der Pubertät bewahren kann. Es gab also Tennis, Reiten, Wasserski – alles, was körperlichen Einsatz erforderte und nur irgendwie machbar war, stand auf dem Programm. Natürlich waren wir Kinder hellauf begeistert! Mit einigen von ihnen sind wir heute noch eng befreundet. Nach einem so anstrengenden Tag saßen selbst die widerspenstigsten und unverwüstlichsten Zwölfjährigen tatsächlich still am Abendbrottisch.

In einem Jahr kamen meine Geschwister und ich aus einem Survival-Camp in Schottland zurück, in dem wir Spaß am Abseilen gefunden hatten. Ab da seilten wir uns täglich vom Turm der schwäbischen Burg ab. Ich bin mir nicht sicher, wie hoch dieser Turm wirklich ist, aber da es sich um eine richtige Burg handelt, vermutlich schon ziemlich. In meiner Erinnerung jedenfalls ist er riesig. Am aufregendsten war der erste Vorsprung. Man musste sich nämlich die ersten paar Meter frei nach hinten fallen lassen – was einige Sekunden dauerte, uns aber wie Stunden vorkam –, bis man endlich mit den Beinen die Turmwand berührte. Danach stieß man sich eigentlich nur noch rückwärts nach unten ab. Wer es über den oberen

Vorsprung schaffte, gehörte zu den coolen Kids. Ich kenne sonst keine Eltern, die solche Aktionen nicht nur erlaubt, sondern sogar noch gefördert hätten. Darum kamen die anderen Kinder im Sommer auch so gern zu uns.

Freddie kenne ich aus genau dieser Zeit und daher wollte ich seine Hochzeit auf gar keinen Fall verpassen. Da er zur britischen Königsfamilie gehört, durfte er sich im Hampton Court Palace trauen lassen, dessen Kapelle – wie ich aus dem Hochzeitsbüchlein erfuhr – die wichtigste Tudor-Stil-Decke des gesamten Landes ziert. Es ist wirklich ein atemberaubender Anblick. Nach dem Gottesdienst schlich ich mich zurück in die Kirche und bewunderte in absoluter Stille die Decke, während sich oben Hunderte von Leuten in den herrlichen holzvertäfelten Räumen drängten. Die Opulenz und ihre leuchtenden Farben waren so ganz anders als die barocke und gotische Architektur, die ich kenne. Darum ist allein die Kapelle auf jeden Fall einen Besuch wert. Noch spannender fand ich allerdings, dass in ihr seit der letzten Heirat Heinrichs des Achten mit Katharine Parr niemand mehr getraut worden war. Das Eheversprechen, das Freddie und Sophie sich gaben, war dasselbe, das Heinrich der Achte und die junge Katherine sich vor vielen hundert Jahren gegeben hatten.

Auf die Hochzeit folgte ein ganz entspannter Empfang samt Party in Annabel Goldsmiths wunderschönem Garten. Annabel ist eine Freundin von Freddies Familie und in der Londoner Szene eine absolute Legende. Während der Swinging Sixties gehörte sie zu der Glamourösen Gang und heiratete den megahippen Gastronom und Club-Besitzer Mark Birley. Eines von Birleys berühmtesten Projekten war die Eröffnung des bereits erwähnten Annabel's, des Clubs, der noch heute von seinem Ruf früherer Glanzzeiten lebt. Annabel wurde später die Geliebte und schließlich Ehefrau des Milliardär-Magnaten und

Playboys Jimmy Goldsmith, mit dem sie unter anderem die Tochter Jemima Khan hat.

Normalerweise sind Hochzeitsdinners lang und anstrengend – zu viele Reden und Förmlichkeiten. Annabel hatte jedoch eine sehr lockere Veranstaltung für Freddie und Sophie geplant, die auch wesentlich besser zu ihnen passte. In dem bezaubernden Garten befand sich ein schlichtes, aber schickes Zelt, das mit bequemen kleinen Sofas und Tischen ausgestattet war, wo sich die Gäste nach Belieben niederlassen und unterhalten konnten, während jede Menge Kellnerinnen mit Tabletts voller Essen und köstlichen Drinks herumwuselten. Mini-Burger, Schinken-Käse-Toasties sowie Lachs- und Steinpilz-Ravioli wurden in großen Mengen durch den Raum getragen. Es war wirklich erfrischend, diese unkomplizierten und einfachen Gerichte serviert zu bekommen, die die Gäste ganz offensichtlich viel mehr genossen als die üblichen üppigen Vier-Gänge-Menüs. Statt der traditionellen Rede machte der Trauzeuge zusammen mit seiner Band Rockmusik. Das musikalische Highlight steuerte ein weiterer Freund des Paares bei, Brian Adams. Das Brautpaar tanzte zu seinen alten Balladen Stehblues – total süß –, als wären sie auf ihrem Abschlussball. Ich wurde selbst intensiv an meine Jugendjahre erinnert, als wir auf dem Bett sitzend Brian Adams' melancholischen Melodien gelauscht hatten. Danach wurde die Musik zum Glück wieder etwas lebhafter. Bei dieser Hochzeit musste man nicht ewig auf Braut und Bräutigam warten und so ließen wir anderen es auch richtig krachen. Die Musik riss uns mit, so dass schon um halb elf alle total verschwitzt und zerzaust waren. Bei den meisten Hochzeiten konzentriere ich mich zu diesem Zeitpunkt darauf, nicht vor Langeweile vom Stuhl zu fallen.

Den Monat September überlebt man also vor allem mit guter Organisation. Wenn ich etwas gelernt habe, dann, dass sich richtig geplanter Freizeitstress durchaus lohnen kann. Bei Sophies und Freddies Hochzeit hatte ich wirklich unheimlich viel Spaß. Es war eine erfrischend entspannte und unprätentiöse Feier ihrer Liebe und Ehe, auf der sich das Brautpaar am allerbesten amüsierte – und genau so sollte es schließlich auch sein.

Der See

Ich bin für ein paar Tage nach Hause geflogen, um meine Mutter zu besuchen, die sich in unserem Sommerhaus von einer Schulter-OP erholt. Das gelbe Schönbrunner Miniatur-Barockschlösschen liegt am Ufer des wunderschönen Starnberger Sees und ist einer meiner absoluten Lieblingsorte. Am Horizont schmiegen sich die Alpen wie freundliche Riesen schützend um den See. Die hellgrüne Färbung des Wassers fasziniert mich immer wieder, und seine belebende Frische macht das Hineinspringen jedes Mal zu einer kleinen Herausforderung. Sosehr ich das Meer auch liebe, der See mit seiner unberechenbaren Beschaffenheit übt einfach eine geheimnisvolle Anziehungskraft auf mich aus. Manchmal ist seine Oberfläche trüb und aufgewühlt, manchmal fast durchsichtig und ganz ruhig. Wuchernde Pflanzen schlängeln sich aus der Tiefe nach oben und kitzeln einen beim Schwimmen an den Füßen. Als Kinder hatten wir ziemliche Angst vor den Wasserpflanzen, weil wir uns vorstellten, sie könnten sich um unsere Knöchel wickeln und uns auf den Boden des Sees hinab ziehen.

Die perfekte Ruhe aber, die der See ausstrahlt, verzückt mich am meisten. Wie kann es so still sein? Beim Frühstück sitzen wir auf der Terrasse, von der aus man den See überblicken kann, und dann kommt einem das Wasser oft ganz unwirklich vor, wie ein Gemälde, so flach ist es. Manchmal, ganz früh am Morgen, hört man kein einziges Geräusch.

Wir verbrachten immer nur ein paar Wochen im Jahr in diesem Haus, wenn überhaupt. Das Garatshausener Schloss war eine der Sommerresidenzen, in die meine Mutter alljährlich die vielen Kinder zum Sommerlager einlud, wovon ich im letzten Kapitel schwärmte. Heutzutage bin ich nur noch selten hier, obwohl ich mich eher zu Hause fühle als in Regensburg, wo ich aufgewachsen bin. Dieses Jahr habe ich es gerade mal geschafft, ein verlängertes Wochenende in Garatshausen zu verbringen, und selbst die wenigen Tage waren enorm wohltuend. Ich pflege hier meine sehr geschätzten Rituale. Jeden Morgen erwache ich in einem riesigen rosafarbenen Bett mit bauschiger Daunendecke, unter einem rosaweißen Spitzenvorhang. Das Bett passt problemlos als Requisite in die *Marie Antoinette*-Kulisse und so lange ich mich erinnern kann, habe ich mit meiner Schwester gemeinsam darin geschlafen. Dafür gibt es zwei Gründe: Erstens haben meine Schwester und ich uns schon immer gerne das Zimmer geteilt, wo wir in Ruhe reden und es uns gemütlich machen konnten. Das mache ich auch heute noch mit sehr guten Freundinnen, so dass wir wie früher im Internat im Dunkeln tratschen können, bis wir einschlafen. Allerdings haben meine Schwester und ich ziemlich unterschiedliche Tagesrhythmen und sind zwei ganz verschiedene Charaktere, so dass es inzwischen mit dem Zimmerteilen nicht mehr ganz so einfach ist. Ich lese gerne abends im Bett und stehe früh auf. Sie ist eine richtige Langschläferin und bleibt am liebsten länger mit geschlossenen Vorhängen liegen. Solche Dinge eben. Das Lustige ist, dass meine Mutter immer noch möchte – und das ist der zweite Grund –, dass wir uns das Zimmer teilen, dann hätten die Angestellten schließlich einen Raum weniger zu putzen, ein Bett weniger frisch zu beziehen. Auf eine Art ist ihre sparsame Einstellung ja liebenswert und hat uns immerhin dazu erzogen, mit Geld umgehen zu können. Aber manchmal kann es auch ganz schön nerven.

Doch zurück zu meinen Ritualen. Das Zimmer ist also von einem sanften, pastellfarbenen Licht erfüllt, das jeden Morgen durch die farblich zum Bett passenden, rosafarbenen Vorhänge fällt. Ich liebe es, die großen Fenster zu öffnen und die neblige, kühle Morgenluft hereinzulassen, während ich auf den See hinaus blicke. Diese Morgenstunden, wenn der See noch von Nebel bedeckt ist und so still daliegt wie ein Spiegel, haben etwas unglaublich Romantisches an sich.

Am Ende des Gartens befindet sich eine Anlegestelle, die wir das Bootshaus nennen. Dort verbringen wir den lieben langen Tag in der Sonne und tummeln uns im kühlen Wasser. Aber unsere Lieblingsbeschäftigung am See ist Wasserskifahren, und zwar, seitdem ich fünf Jahre alt bin. Als wir noch Kinder waren, zog meine Mutter uns und unsere Freunde auf Wasserskiern, Wasserwürsten und allem erdenklichen ziehbaren Wasserspielzeug mit dem Boot hinter sich her. Es machte ihr ebenso viel Spaß, unseren Freunden das Wasserskifahren beizubringen wie uns. Das war natürlich sehr selbstlos und nett von ihr, aber um ehrlich zu sein, musste man auch ziemlich hart im Nehmen sein, um nicht zitternd im Wasser zu liegen und sich vor meiner Mutter zu fürchten. Ich glaube, meiner Mutter hätte es wirklich Spaß gemacht, Lehrerin zu sein, doch leider fehlt ihr dazu die nötige Geduld. Es gab zwei Varianten von privatem Sportunterricht bei ihr: Entweder man war begabt und lernte schnell – dann hatte man Glück, denn meine Mutter liebt sportliche und geschickte Menschen. Wenn einem Sport allerdings nicht so lag, war es ziemlich schwierig, bei ihr zu landen und mit intaktem Selbstwertgefühl aus dem Wasser herauszukommen. Ein positiver Nebeneffekt davon ist, dass wir als ihre drei Kinder in den meisten Sportarten ziemlich gut sind und recht zäh, wenn es darum geht, unter Druck Leistung zu bringen.

Mein Wochenendaufenthalt war dieses Mal also kurz, aber erholsam. Das Wetter war warm und sonnig, ein schöner früher Herbst eben. Es war belebend, aus der Stadt rauszukommen und stattdessen von Bayerns grünen Hügeln und leuchtend gelben Feldern umgeben zu sein. Sooft ich mich auch darüber beklage, dass Deutschland ein wenig provinziell und kleingeistig ist, die bayerische Landschaft erinnert mich daran, dass ihr Schöpfer durchaus etwas von üppiger Schönheit versteht. Ich brachte ein paar Freunde aus London mit und wir hatten eine Menge Spaß, auch wenn meine arme Mutter wegen ihrer frisch operierten Schulter nicht so mithalten konnte wie sonst.

Nachdem ich wieder in London gelandet war, machte ich mich gleich auf den Weg zu einer Art Mode-und-Kunst-Party. Pringle, das schottische Kaschmir-Label, hatte zu einem opulenten Abend in der Saatchi Gallery geladen. Der Fotograf Ryan McGinley präsentierte dort seine neuste Installation, ein Film mit der Schauspielerin Tilda Swinton. Auf mich wirkte das Ganze allerdings wie ein Werbefilm, der sich als künstlerisches Video tarnte. Hm. Für meinen Geschmack ein bisschen zu viel Tilda, wie sie da durch die schottischen Highlands schritt. Danach stellte Pringle in einer typischen Catwalkshow seine Frühjahrs/Sommer-Kollektion vor. Während des Dinners saß ich Tilda gegenüber. Sie kam mir ausgesprochen bodenständig und sympathisch vor, obwohl ich nicht wirklich Gelegenheit hatte, viele Worte mit ihr zu wechseln. Dafür war das Gespräch mit meinem Nachbarn, dem charmanten Hans-Ulrich Obrist, dem Über-Kurator der Serpentine Gallery, umso angeregter. Es ist immer wieder erfrischend, bei solchen Veranstaltungen auf intelligente und kultivierte Menschen zu treffen, vor allem wenn sie dann noch Sinn für Humor haben und jede Menge Energie versprühen. Mir kommt es oft so vor, als hätten sich die Leute bei Events dieser Art reichlich wenig zu sagen und verbrächten den Abend bloß damit, sich anzustarren.

Hans-Ulrich und ich führten eine amüsante Unterhaltung. Zuerst debattierten wir über BlackBerry versus iPhone, und er gab eine kleine Anekdote zum Besten. Angeblich hätte David Hockney ein Faible dafür, täglich Zeichnungen auf seinem iPhone anzufertigen, um sie anschließend an all seine iPhone-Freunde zu schicken. Als Hockney herausfand, dass Obrist ein BlackBerry-Nutzer ist, soll ihn das völlig überrascht haben. Laut des Malers stünden nämlich nur Präsidenten und Buchhalter auf BlackBerrys. Darauf erwiderte Hans-Ulrich nach kurzem Überlegen, iPhones seien so kompliziert und empfindlich, dass sie nur von bildenden Künstlern richtig bedient werden könnten. Genau meine Meinung. Sind wir doch mal ehrlich, selbst fürs Verfassen einer SMS braucht man auf einem iPhone einen Bachelor in Kunstwissenschaft. Auf dem BlackBerry hingegen kann man fröhlich vor sich hin tippen und, wenn man wollte, einen ganzen Roman schreiben. Ich zumindest habe auf meinem Telefon schon so manche Kolumne geschrieben. Unser Fazit: BlackBerrys sind etwas für Präsidenten, Buchhalter, Literaten und uns.

Ja, auch ich stehe auf die Marke BlackBerry, und das schon seit Jahren. Falls irgendwelche hohen Marketing-Tiere von BB das hier lesen: Zeigen Sie sich Hans-Ulrich und mir gegenüber ruhig mal erkenntlich. Oh, ihr armen, armen technikspielereibesessenen iPhone-Menschen!

Blonde Locken und viel zu viele Klamotten: die Pariser Fashion Week

Das nennt man Prioritätensetzen: Ich habe beschlossen, meinen Laptop, der kaum ein Kilo wiegt, zu Hause zu lassen, um ein weiteres Paar Schuhe einpacken zu können. So viel Macht hat die Mode, aber was soll ich dagegen machen? Die Tugend der Vernunft wird eindeutig überbewertet! Bei Eleganz geht es schließlich immer ums Überflüssige.

Jetzt bin ich seit Freitag in Paris und habe versucht, so wenig Fashion-Week-Events wie nur möglich zu besuchen. Trotzdem habe ich, wie mir mit Blick auf meinen Kleiderhaufen scheint, jede Menge unternommen. Ich hatte ja bereits erwähnt, dass ich mir damals, bei meinem Umzug nach Paris, nichts Aufregenderes vorstellen konnte, als in verrückten Outfits glamourösen Shows hinterherzujagen und mich von japanischen Mode-Junkies fotografieren zu lassen, die auf jeden abfahren, der eine Eintrittskarte besitzt. Heutzutage ist mir das alles ein bisschen zu viel. Die Shows finden immer mitten am Tag statt und man wartet ewig, bis es endlich losgeht. Dann das ganze Gedöns mit Fotografen und Celebritys, hier plaudern, da plaudern – echt ermüdend! Wie bei den meisten Dingen gilt jedoch auch hier: In Maßen macht es Spaß. Mein neues Motto für die Fashion Week gleicht meinem Hochzeitenmotto: Ich gehe nur zu einer Show, wenn ich entweder eine persönliche Beziehung zum Designer habe oder mir die Klamotten wirklich gut gefallen.

Mein erster Stopp in Paris war das legendäre China-Restaurant Dave. Es heißt, dieses Restaurant sei eines von Yves Saint Laurents Lieblingslokalen gewesen. Ich fand das Ambiente gemütlich dunkel, obwohl das Essen von fragwürdiger Qualität ist. Das war jedoch nicht wirklich schlimm, denn das Essen war an jenem Abend sowieso zweitrangig. Wir feierten nämlich die neue Ausgabe von *Self Service*, einer französisch-amerikanischen Modebibel. Juergen Teller hatte praktisch die gesamte Ausgabe zusammengestellt und fotografiert, und die zentrale Story darin war unser Shooting in Regensburg. Prompt prangte ich als Coverbild auf der Ausgabe. Typisch Juergen, nicht eines der hoch gestylten und aufgemotzten Bilder auszuwählen, sondern ein Foto, das er im Vorbeigehen geschossen hatte: ich im Morgenmantel mit Zigarette zwischen zwei Shoots.

Juergen und ich freundeten uns an, als ich ihn für eine meiner Kolumnen interviewte. Direkt nach dem Gespräch fragte er mich, ob er mich irgendwann mal fotografieren dürfe. Natürlich war ich sehr geschmeichelt! Ich liebe seine Arbeiten. Aus der ursprünglichen Idee wurde rasch eine aufwendige Produktion in Form eines visuellen Dialogs zwischen alten Couture-Stücken meiner Mutter und aktuellen Kollektionen. Das ganze Shooting fand bei uns zu Hause in Regensburg statt. Die Idee hinter der Geschichte war, zu zeigen, wie sehr die klassische Mode der Achtziger moderne Designer beeinflusst. Wir hatten während des Projektes unheimlich viel Spaß, wobei ich mich besonders gern an den Tag erinnere, als ich die ganze Truppe mit zu unserem Haus im Wald nahm. Die frische Luft, die rustikale Atmosphäre – ich weiß auch nicht genau, was es war, aber irgendetwas löste einen noch verrückteren Kreativitätsschub bei Juergen, Dick (Make-up-Artist), Christian (Hairstylist) und Duro (Stylist) aus. Sie bemalten wild unsere Gesichter mit Farbe und Glitzerkram, und meine Haare, die schon so viel toupiert und gestylt worden waren, dass sie eher einem riesigen Vogelnest glichen, wurden weiter aufgebauscht. Diese Aktion glich eher einem kindlichen Verkleidungsspiel als einem professionellen Fotoshooting.

In der »Hütte«, wie wir unser Landhaus nennen, hielt ich mich als Kind am liebsten auf. Ursprünglich war sie bloß für die Jagdsaison gedacht. Als mein Vater noch lebte, verbrachten wir also immer den ganzen Herbst dort oben und er ging jeden Tag auf die Jagd. Erst viel später ließ meine Mutter einen Stall samt Reitplatz bauen, so dass wir unsere Ponys mitbringen und reiten konnten. Leider kommt heute kaum noch einer von uns hierher, so dass es sich ein bisschen verlassen und verwaist anfühlt, obwohl ein netter Wildhüter sich gut um das Anwesen kümmert. Wir halten dort oben noch ein paar Mini-Ponys, und Juergen hat sie mit in die Aufnahmen einbezogen.

Wenn ich bei dem ganzen *Self-Service*-Shooting etwas gelernt habe, dann, dass Modeln unglaublich anstrengend ist. Glauben Sie bloß nicht auch nur eine Sekunde lang, dass man da nur blöd vor der Kamera herumstehen muss. Ich hatte ja keine Ahnung! Zwar hatte ich vorher schon das eine oder andere Mal gemodelt, aber nie in dieser Größenordnung. Die stundenlangen Haar- und Make-up-Sessions, die Anproben, das Warten, das Umziehen, die Aufnahmen ... Das schlaucht einen ganz schön, auch wenn die Arbeit mit Juergen zügig läuft und spaßig ist. Noch seltsamer als das eigentliche Shooting war es dann jedoch, auf dem Cover einer meiner Lieblings-Modezeitschriften zu landen!

Nach dem *Self-Service*-Dinner machten wir uns auf den Weg zu einer weiteren Magazin-Party. Jetzt ging es auf Olivier Zahms wilde *Purple*-Feier. Olivier ist bekannt für seine *Purple*-Tagebücher, für die er berühmte und gutaussehende Freunde beim Partymachen ablichtet, und meistens ist auch er selbst mit im Bild. Das *Purple Magazine* ist noch so eine Fashion-Bibel, die es seit Jahren gibt und die großen Einfluss hat. Die Party fand im neuen und gerade sehr angesagten Pariser Nachtclub Le Montana statt. Der Club besteht aus einem ziemlich kleinen Raum, der hauptsächlich eine Bar enthält, und einer winzigen Tanzfläche ein Stockwerk tiefer. Beide Räume sind so voller hipper, junger Menschen, dass man kaum atmen kann. An jenem speziellen Abend war gar nicht daran zu denken. Momentan gehen einfach alle ins Montana. Und wenn Mr Zahm ruft, stehen die Modesoldaten stramm. Ich blieb eine halbe Stunde, ehe ich an die frische Luft musste, weil ich es nicht länger ertrug, angerempelt und eingequetscht zu werden. Ich fürchte fast, ich werde alt!

Den Großteil des nächsten Tages verbrachte ich im Salon meines Bekannten, des Frisörs David Mallett. Seinem Rat vertraue ich mehr als dem meiner Freunde, in seinem wunderbar charmanten Salon mit den ausgestopften Leoparden fühle ich mich wie zu Hause. Aus der Mitte des angrenzenden Raumes starrt mich reglos ein präparierter Vogel Strauß an. Von draußen würde man nie vermuten, welche Zauberstube sich hinter dem Aushängeschild »Frisör« verbirgt. Der Salon wirkt eher wie das exotische Apartment eines um die Welt gereisten Sammlers. Statt der üblichen Klatschzeitschriften stapeln sich hier Bücher über Fotografie und Kunst. Ich kann mit absoluter Überzeugung sagen, dass es sich bei David um einen der besten Hairstylisten handelt, der mir je begegnet ist. Abgesehen davon, dass er bei vielen coolen Shootings und Kampagnen fürs Styling zuständig ist, besitzt er eine außergewöhnliche Sensibilität und ein gutes Auge dafür, was einem steht. Er kann eine typische langhaarige Comme-il-faut-Pariserin genauso perfekt stylen, wie einen verrückten Kurzhaarschnitt kreieren. Vor ein paar Jahren zum Beispiel verwandelte er meine Schwester ganz einfach in ein Powerpuff Girl, indem er ihre Haare leuchtend Orange färbte und einen Meter Extensions einarbeitete.

Niemandem sonst hätte ich erlaubt, meine endlos lange Rapunzel-Mähne abzuschneiden und sie in einen verrückten Barbie-blonden, Nastassja-Kinski-mäßigen, Paris-Texas-Bob zu verwandeln.

Bevor David anfing, erklärte er seinem Coloristen Giorgio (der meiner Meinung nach der beste Colorist der Welt ist und ich übertreibe nie): »Ich will, dass ihre Haare so richtig kaputt und dreckig aussehen – wie eine schlecht nachgemachte Catherine Deneuve, so ein siebziger Jahre-Blond.« Normalerweise würden mich solche Worte kurz vor einer krassen Veränderung meiner Selbst in Panik versetzen. Ich wusste auch, dass es radikal anders werden würde, aber ich vertraute David und Giorgio vollkommen. Giorgios Blondiertechnik ist eine Wissenschaft für sich. Noch nie habe ich jemanden so mühelos eine Balayage machen sehen, außerdem investiert keiner so viel Zeit und Mühe wie er. Es fühlt sich fast so an, als würde Giorgio mit meinen Haaren ein Porträt auf meinem Kopf malen.

Vor ein paar Monaten bin ich mal in London zum Frisör gegangen, weil ich dachte, es dürfte ja nicht sooo schwer sein, den Giorgio-Look irgendwo anders zu bekommen. Ich erkundigte mich bei der Coloristin, ob sie mit Balayage vertraut sei – einer Methode, bei der man die Farbe freihändig, also ohne Folie, auf die Strähnchen aufträgt, um die harten Übergänge zu vermeiden, die die konventionelle Färbemethode gern hinterlässt. Die englische Coloristin versicherte mir, sie wisse genau, was ich meine, und machte sich an die Arbeit. Ich war zugegebenermaßen höchst verblüfft, mit welcher Geschwin-

Ein frühes Familienportrait, das auch als Weihnachtskarte verschickt wurde. Meine Mutter im tollen Givenchy-Kleid (das wir auch schon ein paar Mal tragen durften), Baby Albert auf ihrem Schoss, daneben ich und meine Schwester Maria. Hinter uns thront mein Vater.
© Foto Zink, Regensburg

Gerade erst fünf Jahre alt und schon hatte ich das Wasserskifahren auf dem Starnberger See gelernt. Am Mittelmeer wurde fleißig weitergeübt. © privat

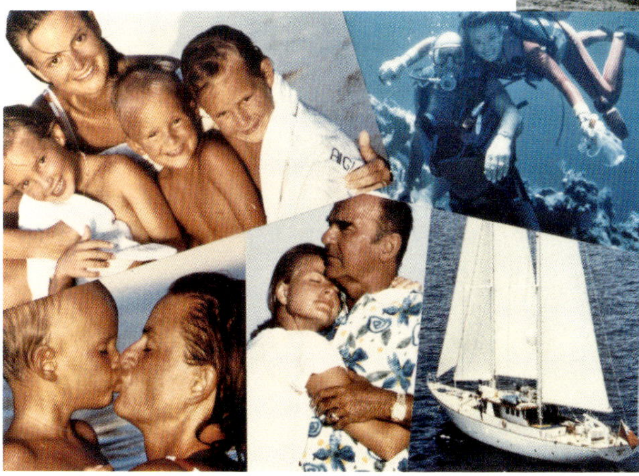

Die Spezialität meiner Mutter: Fotokollagen. Unser Frühstückszimmer in Regensburg war damit tapeziert. Rechts unten ist unser Boot Aiglon. © privat

Der große Umzug in meine zweite Londoner Mietwohnung. Viel zum Ein- und Auspacken, aber die Mühe hat sich gelohnt. © privat

Eine meiner vielen Rollen als Redakteurin bei *Finch's Quarterly Review*: auf der BAFTA Party meines Bosses möglichst viele Promis mit unserem Magazin zu fotografieren. Hier Rufus Wainwright und Brian Ferry. Strike! © privat

Out and About: eine Londoner Mode-Party im Soho House neben mir der hippe New Yorker Designer Thakoon © privat

Vor der Kathedrale im Heiligenbezirk in Lourdes mit einer Freundin, der Künstlerin Giada D
© privat

Hübsch diese Röschen, aber leider aus Plastik
© Giada D

Mittagessen im Krankenhaus mit meinem Freund und Lieblingspatienten Johnny
© Sandra Hofman

Ordnung muss sein. In Lourdes versuche ich jeden Auftrag ohne Widerworte anzunehmen. Eine harte Prüfung © Sandra Hofman

Ein Riesenhighlight: wir drei Geschwister bei unserem ersten Treffen mit Michael Jackson. Daraus sollte eine echte Freundschaft erwachsen. © privat

Schloss St. Emmeram, unser Kindheitszuhause © Peter Braun74

Noch eine geschniegelte Weihnachtskarte. Kater Maharadja und unser Hund Ciccio sind natürlich auch dabei. © Clemens Mayer

Weihnachtsmarkt im Schlosshof in Regensburg. Vor allem für unsere ausländischen Gäste ein märchenhaftes Erlebnis © Clemens Mayer

Wer hat gesagt Modeln sei einfach? Verschnaufpause während des Shoots mit Juergen Teller in Regensburg für die Französische Modebibel *Self Service*. Wer hätte gedacht, dass Juergen diesen Moment als Cover wählen wird?
© Juergen Teller für *Self Service*

Während der Schwarzwildjagd bei uns in Regensburg: alle versammeln sich nach dem Mittagessen vor dem Gasthaus Hammermühle zur Verteilung auf die Hochstände. Prinzessin Vanessa zu Wittgenstein Berleburg, meine liebe Freundin, die tragisch verstobene Gräfin Celia von Bismarck und der wilde Italiener Graf Giovan-Matteo di Lucifero © privat
Rechts: Juergen Teller, der lieber mit mir durch den Wald stapfte und den Treibern zur Seite stand als am Hochsitz zu warten. © Giada D

Girlie Roadtrip durch Salta im nördlichsten Argentinien: hier mit meiner Schwester Maria © privat

Kein toller Hut, sondern ein echter Giraffenkopf © privat

Zu ihrem 50. schenkten Maria und ich meiner Mutter eine zehntägige Reitsafari durch Kenias Masai Mara. Acht Stunden zu Pferde, Flussüberquerungen zwischen Nilpferden, Elefantenattacken und sich anpirschende Löwen – nix für schwache Nerven © privat

Beim Kiten vor unserem Haus an der kenianischen Küste © privat

Und noch ein Familienbild – in unserem Haus in Kenia © Clemens Mayer

Unterwegs in Berlin mit meinen Freundinnen: links die Kunsthändlerin Victoire de Pourtalès, rechts die Künstlerin Olympia Scarry © privat

Die Original-Poulettes an Olympias Geburtstag während der Pariser Fashion Week: Ich, Tatiana Santo Domingo, Olympia Scarry, Alexia Niedzielski und die frisch vermählte Joséphine de la Baume © privat

Cirque Surrealist – das Thema des 30'ers meiner Schwester in London. Das Geburtstagskind im legendären Teddykleid und mein Bruder als fliegende Sau © privat

Halloween in NYC ist ein großes Spektakel. Mein Schwester, Olympia Scarry in einer extravaganten Burka und ich als »leopard on acid« bei Allison Sarofim, die berühmt ist für die beste Halloween-Party der Stadt. © privat

digkeit sie das Peroxid auftrug. Schon freute ich mich, endlich eine schnellere, billigere und vor allem nähere Alternative zu Giorgio gefunden zu haben. Während des Föhnens packte mich jedoch das blanke Entsetzen: Ich sah aus wie ein Zebra! Sie hatte meine langen Haare in eine gestreifte Katastrophe verwandelt. Kein guter Look.

Klischee hin oder her, mein Hairstyling hat einen ganz wesentlichen Einfluss darauf, wie ich mich fühle. Bis vor einigen Jahren trug ich das Haar relativ kurz. Ich habe bestimmt schon an die hundert verschiedenen Schnitte, Styles und vor allem Farben ausprobiert. Als Teenager trug ich zeitweise mal Feuerrot. Und als ich dann mit dem Rucksack in Indien unterwegs war, ließ ich meine Haare einfach wachsen. Irgendwann hatte ich diese endlos lange, blonde Mähne, an der ich unheimlich hing. Ich mag ein bisschen hippiemäßig ausgesehen haben, aber mit meinen goldenen Locken fühlte ich mich irgendwie mädchenhaft und geborgen – derselbe Effekt, den eine kuschelige Kaschmirdecke an kalten Abenden hat. In meinem Kopf nistete sich die Überzeugung ein, dass ich die Haare bis zu meiner eigenen Hochzeit lang lassen würde. Keine Ahnung, warum. Jetzt bin ich total happy mit meinem frechen Kurzhaarschnitt und immer noch glücklich unverheiratet. Ich brauchte einfach Veränderung. Das Beste an meiner neuen Frisur ist, dass sie umso besser aussieht, je ungestylter sie ist. (Nun ja, außer in den Augen meiner Mutter, die sich leider überhaupt nicht mit meinem neuen Look anfreunden kann.)

Nach meiner radikalen Verwandlung traf ich mich mit ein paar Freundinnen, und gemeinsam machten wir uns auf den Weg zu den Büroräumen von *Self Service*. Der Redakteur, Ezra Petronio, hatte uns gebeten, für ein Polaroid für die nächste Ausgabe vorbeizukommen. Ezra ist ein großer Fan von Polaroidfotos – ich schätze mal, eine Art Verneigung gegenüber dem Stil von Andy Warhol. Es war lustig, mich in meinem neuen Look gleich ablichten zu lassen, und das gemeinsam mit meinen Freundinnen Tatiana (Santo Domingo), Margherita (Missoni) und Eugenie (Niarchos). Im Büro, in dem laute Musik lief, tummelten sich jede Menge schicke Mädels, Promis und Modeprinzessinnen wie Anna Dello Russo in einem abgefahrenen kurzen Paillettenkleid von Balmain. Anschließend gingen wir alle zusammen abendessen und danach noch ins Baron (der frühere In- Club von Paris). Ich weiß schon gar nicht mehr, wessen Party dort stieg, aber Lindsay Lohan, frisch ernannte Designerin bei Ungaro, düste zwischen all den anderen Kiddies hin und her. Ach, beinahe hätte ich's vergessen: Nachmittags war ich ja auch noch bei der Givenchy-Show, die mir total gut gefallen hat. Ich liebe Riccardo Tisci! Lustigerweise fotografierte Andreas Gursky die Show, und zwar von oben. Wie aufregend, ich könnte womöglich in einem Gursky auftauchen!

Es gab noch viel mehr Partys. Wie schon gesagt, die Fashion Week ist einfach verrückt. Dieses Mal fand auch eine Feier zu Ehren von Mario Testino statt, der sein neues Buch voll muskulöser, nackter Jungs vorstellte, die sich in Rio de Janeiro in Pose geworfen hatten. Davor legte ich eine dringend benötigte Modepause ein, die ich mit einer Dosis Kunst füllte: Galerist Thaddaeus Ropac eröffnete die Ausstellung von Francesco Clemente und Terence Koh. Ich atmete richtig auf, mich einmal über mehr als Schuhe und Partys unterhalten zu können, und beim Dinner im kleinen Kreis bei Thaddaeus zu Hause waren sogar einige bedeutende Persönlichkeiten der New Yorker Kunstszene der achtziger Jahre anwesend. Zum Beispiel Julian Schnabel in seinem unverkennbaren Pyjama und natürlich waren auch Francesco und Terence da. Terences Familie ist übrigens mit Abstand die modischste, die ich je gesehen habe. Die Kanadier asiatischen Ursprungs waren allesamt in Comme Des Garçons und Margiela gekleidet – sogar seine Eltern trugen Avantgarde-Teile. Aber jetzt rede ich ja schon wieder über Mode! Ich bewundere Francesco Clementes Arbeiten ebenso sehr, wie ich ihn mag. Vor Jahren malte er einmal ein Porträt von mir und meinen Geschwistern, als wir als Teenager mit unserer Mutter zu Besuch in New York waren. Heute hängt es in einem der Gästezimmer in Regensburg und ist mir von all den Arbeiten von uns, die meine Mutter im Lauf der Jahre in Auftrag gegeben hat, eine der liebsten. Francesco konnte kaum fassen, dass ich in der Zwischenzeit erwachsen geworden war. Tja, was will man machen?! Ich erzählte ihm, wie sehr ich sein Gemälde mochte, verschwieg aber meinen lustigen Fauxpas, der damit in Zusammenhang stand. Damals nämlich, als er die Arbeit beendet hatte, meinte ich fröhlich zu meiner Mutter, dass mich die Zeichnung an die Karikaturen erinnerte, die Straßenkünstler entlang des Hafens in Saint-Tropez malen. Meine Mutter war entsetzt von meiner Unbedarftheit, musste sich aber gleichzeitig gehörig das Lachen verkneifen. Rasch signalisierte sie mir, den Mund zu halten, und ich sah ein, dass das vielleicht nicht gerade der adäquateste Kommentar zum Werk eines Künstlers war. Um die Situation zu retten, fügte ich schnell hinzu: »Aber ich mag ja Karikaturen.« Na ja, Kinder halt.

Zurück ins Land der Mode. Marios Party war eine Veranstaltung mit allem Drum und Dran in einer legendären Schwulen-Transvestiten-Bar im 9. Arrondissement. Die Temperatur erreichte ihren Siedepunkt, als die gesamte Fashion-Meute, sprich die Roitfelds, die Models und die Gästeschar, auf die Tanzfläche strömten. Und wieder war Lindsay Lohan mittendrin. Auch Mr Gursky war da. Ich erkundigte mich nach seinem Projekt bei Givenchy und erfuhr, dass er auch Aufnahmen bei einigen der anderen Shows gemacht hatte. Aber pssst! Als schließlich Kate Moss auftauchte, versetzte das natürlich alle in größte Aufregung. Der Königin gebührt schließlich ein hohes Maß an Aufmerksamkeit, wenn sie ihren Bienenstock betritt. Als dann auch noch eine ganze Sambaschule ihr Bongo-Bongo-Shake-Your-Booty-Ding abzog, nutzte ich die Gelegenheit und verschwand.

Am Dienstagabend war ich wieder bei Thaddaeus in der Galerie. Es wurde eine Performance gezeigt, angeführt von Terence Koh ganz in Weiß, bei der er seine gesamte Familie, verkleidet in bizarren Kostümen, auftreten ließ. Terences Performances sind immer ziemlich spektakulär und verrückt. Vor ein paar Jahren erlebte ich mal eine Performance in Verbindung mit einem Dinner ganz in Schwarz in seiner Galerie, Peres Projects, in Berlin. Damals hieß das Motto, wie gesagt, »Ganz-in-Schwarz« und bis zum letzten Defilee hatte auch alles, was wir an jenem Abend *aßen*, die Farbe Schwarz. Als Nachtisch wurde dann auf einem schwarzen Teller ein Berg schneeweißes Pulver gereicht. Verrückt. An diesem Abend lief aber natürlich alles wesentlich zivilisierter ab. Als Teil seiner Performance plapperte und jammerte Terence in einer Phantasiesprache ins Mikro.

Oben in der Galerie waren Francesco Clementes neue Aquarelle und Pastellzeichnungen ausgestellt. Jede Zeichnung war Teil eines Puzzles, das durch den Raum verstreut hing. Zusammen sollten sie eine skurril und surreal wirkende Geschichte ergeben. Francesco erzählte mir, dass er hoffte, das Puzzle, und damit die Teile seiner Geschichte, würde sich über die ganze Welt verteilen. Was für eine romantische Idee!

Danach gingen wir alle zusammen zum Abendessen und Feiern ins Maxim's, wo ich den Platz gegenüber von Terence und neben dem charmanten Rick Owens zugewiesen bekam. Wer hätte gedacht, dass der Designer von solch strengen, meist schwarzen Teilen dermaßen unterhaltsam sein kann! In seiner ebenfalls komplett schwarzen Garderobe wirkte er zwar anfangs ein wenig einschüchternd, aber er war wirklich sehr nett. Wir verbrachten den Abend damit, gemeinsam den Architekten Peter Marino zu beäugen, der einige Tische weiter in seiner üblichen YMCA-Lederuniform saß. Was für ein Outfit! Haben Sie gewusst, dass er verheiratet ist und Kinder hat? Laut Rick trug er vor seinem verrückten Coming-out ganz konventionelle Ralph-Lauren-Anzüge. Zu meiner anderen Seite saß ein guter Freund, der Künstler Louis-Marie de Castelbajac, ein sehr untypischer Pariser – sprich, humorvoll und freundlich. Damals war er noch mit der schönen Dita von Teese zusammen, die neben ihm saß. Man hätte die beiden nicht unbedingt zusammen vermutet, weil sie total unterschiedlich sind, aber wie sie so nebeneinander saßen und Händchen hielten, gaben sie ein beeindruckendes Paar ab. Ich fand Dita »in echt« übrigens sehr attraktiv und reizend und kann verstehen, warum ihr milchig weißer Teint und einladend üppiges Dekolleté die Männer verrückt machen. Außerdem hat sie die Figur einer echten Frau, statt die eines Zahnstochers, was auf der Fashion Week wirklich ungewöhnlich und erfrischend ist.

Als ich am nächsten Morgen aufwachte, freute ich mich auf die Rückkehr nach London. Ich hatte genug Spaß und Aufregung gehabt. Zumindest für die nächsten ein oder zwei Tage …

Pizzatastisch

Charles bat mich, ein *Finch's-Quarterly*-Dinner auszurichten. Das Briefing, das ich diesbezüglich von ihm bekam, ging so ungefähr in die Richtung von »Lass uns ein spaßiges Dinner veranstalten, zu dem du alle deine Freunde aus der Kunstszene und die anderen jungen, hübschen Dinger einlädst, mit denen du so deine Zeit verbringst«. Irgendwie nahm ich an, dass auf diese tolle Idee rasch eine noch bessere folgen würde, wie auf so viele andere zuvor, und die alte damit in Vergessenheit geraten würde. Nichtsdestotrotz klang es nach einem guten Plan, gewissermaßen einen Startschuss für die Frieze Art Fair zu geben und der ganzen Kunstwelt zu zeigen, wie klasse *FQR* ist. Als man mich zu einem Meeting von Charles und Nick Jones (dem Über-Gastronom und Gründer der Soho House Group) hinzu bat wusste ich, dass Charles es tatsächlich ernst meinte. Er wollte wirklich, dass wir eine Spaßparty feierten. Mehr Infos brauchte ich nicht, um eine glamouröse und exzentrische Gästeliste für einen Pizzaabend in Nicks neuer Dependance in Shoreditch zusammenzustellen. Es klang lässig und entspannt und Nick schien der perfekte Co-Host zu sein. Er würde die Location und das Essen zur Verfügung stellen, wenn ich für die Leute sorgte. Zum Glück teilte Charles mir eine unglaublich effiziente Assistentin namens Katie zu, die sich meines leicht chaotischen Gästelistenentwurfs annahm und ihn in eine getippte, alphabetisch geordnete, farblich markierte und logisch organisierte Tabelle verwandelte. Solche Leute muss man einfach gernhaben.

Das Ganze nahm immer mehr Form an und ich war recht zufrieden mit unserer Planung. Als dann am Abend zuvor die Zusagen so langsam unsere Kapazitäten überstiegen, wurde Katie ein bisschen nervös. Ich hingehen machte mir immer noch Sorgen, dass ein plötzliches Erdbeben oder eine Choleraepidemie ausbrechen und niemand erscheinen würde. Katie versicherte mir jedoch, dass sich bei fünfzig Zusagen mehr als Sitzplätze schon der ein oder andere finden würde, der sich von so etwas nicht aufhalten lassen würde. Mein Party-Motto ist eben immer: Je mehr Leute, desto lustiger.

Der Abend kam und ich erschien, wie es sich gehörte, ein bisschen zu spät, nachdem ich mir von allen meinen Freunden hatte versprechen lassen, dass sie pünktlich erscheinen würden. Was für eine Horrorvorstellung, nur mit einer Handvoll Leute dazustehen, vor allem bei einer Party, für die ich verantwortlich bin. Daher wäre ich am liebsten noch später aufgetaucht. Als ich endlich dort ankam, war ich allerdings positiv überrascht, wie viel schon los war. Alle schienen bereits eingetroffen zu sein. Erfreulich war auch, dass das Restaurant nicht mehr einem Rohbau mit aus den Wänden heraushängenden Kabeln glich. Vor drei Tagen nämlich war hier noch reine Baustelle gewesen, die meiner Ansicht nach mehrere Monate Arbeit vor sich hatte. Man versicherte mir jedoch, dass jedes der Soho-House-Restaurants drei Tage vor der Eröffnung genauso ausgesehen hätte.

Wie ich nun also am fraglichen Abend dastand und mich im schummrig beleuchteten Raum umsah, freute ich mich über das bunt zusammengewürfelte Grüppchen, das ich versammelt hatte. Ich mischte mich unter die Menge aus Kuratoren und den vielen Künstlern, die erschienen waren (wie Gavin Turk mit Anhang, Mat Collishaw, Tim Nobel sowie Sue Webster und Keith Coventry). Lokale Persönlichkeiten wie die Modedesignerin Pam Hogg und die üblichen Partyhopper wie Nicky Haslam und viele andere waren gekommen. Keine Naturkatastrophe oder tödliche Virusinfektion hatte sie davon abgehalten.

Rasch gesellte ich mich an einen Tisch, wo sich eine Gruppe guter Freunde bereits niedergelassen hatte: Olympia Scarry, Alexia Niedzielski, meine wunderbare Schwester Maria, mein Cousin Alex Flick und Juergen Teller, der netterweise auf dem Heimweg noch vorbeigeschaut hatte. Ebenfalls an unseren Tisch gesellte sich ein alter Bekannter, Javier Peres von Peres Projects, und eine Gruppe junger Künstler. Es freute mich sehr, dass sich so viele Leute tatsächlich die Mühe gemacht hatten, zu kommen. Anfangs war ich schon ein wenig in Sorge, eine so große Party als »Gastgeberin« auszurichten. Ich hatte befürchtet, mir dabei lächerlich vorzukommen, und verstand auch nicht ganz, weshalb ausgerechnet mir die ganze Organisation anvertraut worden war. Letzten Endes hat mir das alles großen Spaß gemacht. Es war ein bisschen wie Geburtstaghaben: Erst war es komisch und leicht unangenehm, plötzlich im Mittelpunkt der Aufmerksamkeit zu stehen. Was, wenn alle meine Party doof fanden? Doch sobald der Abend mal angefangen hatte, war es mir egal. Ich amüsierte mich prächtig, und es schien, als ginge es allen anderen genauso. Außerdem wurde mir klar, welche Möglichkeiten mir als Gastgeberin plötzlich offen standen: Wenn ich mich bei einer Unterhaltung langweilte, sagte ich einfach, »Tut mir leid, aber ich muss unbedingt schnell Soundso begrüßen«. Dann wanderte ich weiter, um kurz mit einem anderen Bekannten zu plaudern, und so ging das den ganzen Abend über. Mein Fazit ist, dass man mit kostenlosen Getränken, Essen, guter Musik und einem schummrigen, gemütlichen Ambiente eine Menge erreichen kann. Menschen, die zu übersättigt sind, um das zu genießen, langweilen sich sowieso überall.

Unser Lokal, das Pizza East, ist ein Laden im East End mit rustikalem Schick, gleich um die Ecke vom Shoreditch House. Momentan spielt sich eigentlich sowieso alles im Londoner East End ab. Als ein West-London-Girl gebe ich es zwar nur ungern zu, aber was Clubs und ausgefallene Restaurants betrifft, muss man sich echt in die östlichen Stadtteile begeben. An diesem Abend vergaß die Bedienung irgendwie unseren Tisch, kam erst nach einer halben Ewigkeit endlich bei uns vorbei und brachte uns … Oliven! Die Vorstellung, in einem Pizzarestaurant ohne Pizza dazusitzen, war schon ziemlich erheiternd. Letzten Endes bekamen wir natürlich noch jede Menge Pizza zu essen und noch viel aufregendere Gerichte mit Kabeljau, Hühnerleber und eine Käse-Brokkoli-Kreation. Mir schmeckten vor allem die Pizzen. Ich bin ein ziemlich anspruchsvoller Pizzaesser – schließlich habe ich viel Zeit in Rom und Neapel und auch zahlreiche Abende im Bungalow 8 in New York mit seinen legendären Pizzen verbracht. Pizza East ist definitiv einen Besuch wert, selbst wenn einem die Fahrt in den Londoner Osten etwas mühsam vorkommt.

Was wäre der Abend jedoch ohne eine Prise Drama gewesen! Jede gute Party braucht eine Portion davon. Dieses Mal war es die Musik, die Schwierigkeiten machte, beziehungsweise unser hypersensibler DJ. Er erlitt schon einen Nervenzusammenbruch, ehe das Dinner überhaupt begann, weigerte sich dann, seinen Job zu machen und Musik aufzulegen und zog schließlich beleidigt ab. Der Grund für seine Krise war die Tatsache, dass der Besitzer Nick Jones ihn gebeten hatte, während der Begrüßungscocktails am Anfang des Abends die Musik etwas leiser zu drehen. Wirklich keine große Sache. Ich muss sagen, zuerst hat mich das Ganze ziemlich mitgenommen, denn ich glaube fest daran, dass gute Musik bei einem Event genauso wichtig ist wie lockere Leute. Ich redete also mit Engelszungen auf den DJ ein und versuchte sogar ihn zu bestechen, um seine Nerven zu beruhigen. Dabei hatte ich das Gefühl, als hätte ich es mit meinem fünf Jahre alten Cousin zu tun. Nachdem all mein Flehen ergebnislos blieb, wurde es mir irgendwann zu bunt und ich gab auf. Zum Glück hatte ich so viele Leute eingeladen, dass der Geräuschpegel schon fast so laut wie Musik war. Also warfen wir einfach eine Playlist an und schickten den DJ in die Wüste. Ein Hoch auf den iPod.

Jetzt weiß ich also, dass es noch viel mehr Spaß macht, zu einem Event selbst einzuladen, als bloß hinzugehen. Man kann all seine Freunde zusammentrommeln, einen entsprechenden Anlass feiern und aus langweiligen Gesprächen findet sich eine höfliche Fluchtmöglichkeit. Gibt es bessere Vorzeichen für einen Abend? Ich glaube nein.

Die Kunst, Kunstmessen zu besuchen

Die Frieze Art Fair im Oktober ist der größte Londoner Event für zeitgenössische Kunst. Vergliche man Kunstmessen mit der Lebensmittelbranche, dann wäre die Frieze ein mittelgroßer Supermarkt. Die Art Basel hingegen wäre ein Superstore. Natürlich können einen schon mittelgroße Supermärkte überfordern, vor allem, wenn sie überlaufen sind und/oder man hundemüde ist. Auf der Frieze spaziert man in einem hell erleuchteten Zelt mitten im Regent's Park durch schmale, lange Gassen, an zahllosen internationalen Galerien vorbei, eine neben der anderen. Hunderte von Arbeiten sind ausgestellt und springen einen förmlich an. Manche Stände machen sich die Mühe, ihre Werke optimal zu präsentieren, wie zum Beispiel Sadie Coles, eine Londoner Galerie. Trotz der aggressiven Zeltbeleuchtung und des begrenzten Platzes ist es dort immer luftig und sorgfältig kuratiert, statt vollgepackt und überlaufen.

Hinter den Reihen mit den alteingesessenen Platzhirschen finden sich die jüngeren Galerien. Ich finde, dass die es eigentlich oft besser hinbekommen, ihre Stände nicht zu überfrachten und so einzelne Arbeiten besser zur Geltung zu bringen. Wenn ich auf meinen Kunstmessen-Runden eines gelernt habe, dann, dass man nie alles anschauen kann. Es wäre zwar toll, mit einer Karte loszuspazieren und einer geplanten Route zu folgen, aber das klappt bei mir irgendwie nie. Abgesehen von meinem enorm schlechten Orientierungssinn – ich könnte mich selbst in meinem eigenen Haus verlaufen –, gibt es schlicht zu viele Ablenkungen, um auf dem Weg zu bleiben.

Ich sehe ein Bild, das mir gefällt, und bleibe stehen. Gerade will ich meinen Weg fortsetzen, da begegne ich einer Freundin, unterhalte mich kurz mit ihr und wir wandern gemeinsam weiter. Dann entdecke ich einen mir bekannten Galeristen. Wieder bleibe ich stehen. Er schlägt womöglich einen tollen Stand vor, »den musst du dir unbedingt ansehen!«. Ich beschließe also, direkt dorthin zu gehen, doch während ich im Vorbeigehen Claudia Schiffers Stiefel bewundere, werde ich von einem interessanten Ausstellungsstück hinter ihr abgelenkt. Es ist also so gut wie unmöglich, konsequent eine Route abzulaufen. Ich würde die Spontaneität vermissen. Daher habe ich mir immerhin angewöhnt, die Galerien, die ich unbedingt besuchen will, vorab auf meiner kleinen Übersichtskarte zu markieren. Das sind vor allem die kleineren, die nicht entlang der Hauptstrecken liegen und die leicht im Trubel der Messe untergehen. Die klappere ich dann auf meinen Spaziergängen nach und nach ab. Den wichtigsten Rat gebe ich mir jedoch jedes Jahr aufs Neue selbst: Sei so früh da wie nur möglich! Der beste VIP-Pass ist der, der einen mittwochs um 11 Uhr, einen Tag vor der offiziellen Eröffnung, in die heiligen Hallen schleust. Sollte es bei der Frieze so etwas wie einen VIP-Moment geben, dann den. Zu dieser Zeit sind hauptsächlich Experten, besonders begeisterte Kunstliebhaber und echte Sammler unterwegs. Wer wirklich exklusiv sein und eines der begehrten Werke ergattern will, sollte vielleicht noch ein bisschen früher kommen. Eine russische Freundin von mir, deren Partner vor ein paar Jahren anfing, ordentlich Geld für Kunst auszugeben, besucht die Messen meist sogar am Tag vor der VIP-Eröffnung. Natürlich zeigt das, wie mega-exklusiv man ist, und man hat noch die volle Auswahl, aber irgendwie ist es auch nicht so ganz Sinn der Sache. Man will doch etwas von dieser Kunstmessen-Atmosphäre mitbekommen, zu der auch die herausgeputzten Besucher gehören, die grotesk aufgestylten Frauen, der Tratsch, die Bekannten, all das. Ja, als Sammler ist man vielleicht auf die allerbesten Stücke aus, aber wer vergisst, dass Sammeln eine Leidenschaft ist, der kann genauso gut Aktien kaufen. Trotzdem stimmt natürlich, dass die wirklich guten Sachen innerhalb einer Stunde weg sind. Wie war das noch gleich mit der Rezession?

Die größte Falle, in die man tappen kann, ist, zum sogenannten »VIP-Viewing« am Abend des Eröffnungstages zu gehen. Diesen Fehler beging ich, als ich vor ein paar Jahren zum ersten Mal die Frieze besuchte. Daran ist nämlich nichts exklusiv außer dem Namen. Es handelt sich eher um die Stunde der Kunst-Groupies in Cocktailkleidern und Killerabsätzen, die von der B-Liste der Kunstszene, die kommen, um zu sehen und gesehen zu werden. Sollte man jedoch von der Frieze keine Ahnung haben und sich mehr für die Szene als die Kunst interessieren, eignet sich diese Veranstaltung durchaus. Es kann ganz amüsant sein, eine Freakshow plastischer Chirurgie und zur Schau gestellten Reichtums zu erleben – beides bietet der Abend in Hülle und Fülle.

Doch selbst vormittags macht das Leuteanschauen fast so viel Spaß wie die Kunst. Frauen in schwindelerregend hohen Schuhen und engen, tief dekolletierten Kleidern stelzen vorüber, wobei viele von ihnen an den Armen von Männern in hässlichen Anzügen hängen. Oft hört man laute amerikanische Stimmen, die mit dem armen Kunsthändler über Preise verhandeln. Sehr unschön. Trotzdem genieße ich es jedes Jahr aufs Neue, über diese Messe zu spazieren. Mich mit Kunst voll dröhnen, mein Hirn mit Bildern überladen, bis ich völlig k. o. bin, steht auf dem Programm. Wenn ich von so viel Input dann benebelt bin, mir die Füße weh tun und ich niemanden mehr begrüßen mag, sollten eigentlich die Alarmglocken in meinem Kopf losschrillen. Jetzt ist es an der Zeit zu gehen. Dann ist es meist schon früher Nachmittag und die VIPs zweiter Klasse (das klingt vielleicht krass, aber diese Hierarchie gibt es wirklich) werden wie eine Herde Vieh auf den Rasen gelassen. Nach zwei Uhr schwärmen neue Horden aus und ich habe keine Geduld mehr für noch mehr Small Talk. Es wird dann auch einfach unerträglich voll.

Trotzdem fällt es mir immer wieder schwer zu gehen, weil ich weiß, dass ich noch nicht mal die Hälfte des Ausgestellten abgeklappert habe. An einem guten Vormittag sollte ich jedoch genug gesehen haben. Und wenn ich auch nur zwei herausragende Werke entdeckt habe, hat sich der Ausflug schon gelohnt. Vielleicht habe ich einen neuen Künstler aufgetan oder eine viel versprechende neue Galerie. Natürlich begegne ich auch immer einigen alten Bekannten und unerwarteten Gesichtern. Ich habe gelernt, dass ich die Sache nur wertschätzen und genießen kann, wenn ich entspannt bin.

Mit einer Gruppe von Freunden die Messe zu besuchen, ist auch eher schwierig – bereits zu zweit unterwegs zu sein, kann organisatorisch knifflig werden. Mit einer ganzen Gruppe aber ist es unmöglich, sich von der Stelle zu bewegen und das anzuschauen, weswegen man hergekommen ist. Es kann also passieren, dass ich mit Freunden ankomme und wir trinken oder essen zusammen, doch anschließend laufe ich eine Weile allein herum, oder höchstens mit jemandem, der meinen Kunstgeschmack teilt.

Es hat schon etwas leicht Steriles und Distanziertes an sich, Kunst auf einer Messe anzuschauen. So viele in einem Zelt zusammen getragene Arbeiten sind nicht unbedingt sexy. In Verbindung mit diesem Cocktailparty-Ambiente ergibt das eine ziemliche K.o.-Mischung. Kann da die Kunst den Betrachter überhaupt noch berühren, verwandeln, erheben oder informieren? Die Erwartungen sollten nicht zu hoch sein. Eine Kunstmesse ist nie eine sorgfältig ausgewählte, intime und inspirierende Zusammenstellung von Werken, wie man es vielleicht von der Ausstellung einer guten Galerie her kennt. Eine Kunstmesse ist eher ein üppiges visuelles Festmahl, eine Fülle der Besten der Besten.

Bei so viel Ablenkung ringsherum fällt es einem schwer, sich auf die einzelnen Arbeiten einzulassen, aber das ist auch nicht das Ziel einer Messe. Eher sollte man hindurchspazieren und so viel in sich aufsaugen wie nur möglich. Alles aufnehmen und durch sich hindurch strömen lassen. Manchmal bleibe ich stehen, um etwas, das mir gefällt, auf mich wirken zu lassen, dann treffe ich dabei garantiert jemanden, den ich kenne, oder noch schlimmer: Jemand anderes sieht mich zuerst. Dann muss ich natürlich hallo sagen. Der Small Talk lenkt unheimlich ab und powert ebenso aus wie das mühsame Sich-seinen-Weg-durch-die-Menge-Bahnen. Aber ich muss wohl akzeptieren, dass auch das Teil des Erlebnisses »Kunstmesse« ist.

Letztlich bleiben mir zwei Möglichkeiten: Entweder, ich besuche die Messe vormittags zusammen mit den BlackBerry-Wichtigtuern und ihren Püppchen oder eben mit den Rucksack tragenden Touristen, die sich den Rest der Woche auf dem Gelände tummeln. Es macht keinen großen Unterschied, denn voll ist es allemal. Letzten Endes ziehe ich es dann aber doch vor, die Ausstellungsstücke zu sehen, bevor sie allen anderen enthüllt werden. Worum es am Ende geht, ist Demut: Nimm mit, so viel du kannst, und hör auf, dich zu beschweren. Man kann eben nicht den ganzen Kuchen haben, also sollte man sich ein möglichst dickes Stück davon abschneiden und das genussvoll verzehren.

Zehn Top-Tipps einer Friezette (alias Kunstmessen-Groupie)

1. Besuchen Sie die Messe am Vormittag vor der offiziellen Eröffnung.
2. Lassen Sie sich Zeit, während Sie herumspazieren. Gehen Sie lieber, bevor Sie zu müde werden, denn Sie wollen ja nicht jetzt schon an einer Überdosis Kunst erkranken, schließlich wird es eine lange Woche.
3. Kehren Sie dann an einem anderen Morgen nach der offiziellen Eröffnung entspannt und »inkognito« zur Messe zurück, um sich das anzuschauen, was Sie beim ersten Mal verpasst haben.
4. Wenn Sie unter die Leute kommen oder eine Last-Minute-Einladung zu einer Party ergattern wollen, bei der man Sie »vergessen hat«, besuchen Sie einfach das »VIP-Viewing« am Abend.
5. Werden Sie nicht zu einem angespannten, gestressten »Möchtegern-Wichtigtuer-Sammler«, der ständig in sein BlackBerry tippt. Davon gibt es schon zu viele. Entspannen Sie sich und genießen Sie das Erlebnis – die Sache soll Spaß machen.
6. Greifen Sie bei den kostenlosen Kunstzeitschriften zu. *Flash Art*, *Tar* und so weiter lohnen sich wirklich und machen sich auch gut auf dem Couchtisch.
7. Versuchen Sie, während Ihrer Messezeit so viele Museen und Galerie-Ausstellungen wie möglich in London mitzunehmen. Während der Frieze werden viele tolle Shows außerhalb gezeigt – oft sogar mit interessanteren Werken (im VIP-Heftchen sind die besten Ausstellungen aufgelistet).
8. Seien Sie wählerisch, was die Partys und Dinners angeht,

und übertreiben Sie es nicht. Wie gesagt, die Woche ist lang.

9. Fühlen Sie sich nicht verpflichtet, bis zum Ende eines Dinners zu bleiben, selbst wenn es feste Plätze gibt – so etwas kann man während der Frieze von niemandem erwarten. Dinner- und Party-Hopping gehört schließlich dazu und ist die einzige Chance, das Beste mitzukriegen.
10. Seien Sie abends spontan, aber versuchen Sie nicht, auf jede heiße Party zu kommen. Bisher habe ich während der Frieze noch nicht eine einzige Party erlebt, bei der sich die Hetzerei und der Stress gelohnt hätten. Entspannen Sie sich, egal wo Sie sind. Die Party ist immer nur so gut, wie Sie sich fühlen.

Prinzessin im Wunderland

In letzter Zeit kommt mir mein Leben ziemlich unwirklich vor. Seit mein erstes Buch, *fromm!*, erschienen ist, stehe ich nämlich plötzlich noch mehr im Rampenlicht, als ich es ohnehin schon gewohnt bin. Bis vor wenigen Monaten ging ich jeden Tag brav ins Büro von *Finch's Quarterly*, erledigte meine Arbeit als Redakteurin und kümmerte mich um meine eigenen Angelegenheiten. Und auf einmal bin ich doch tatsächlich diejenige, die den Printmedien Interviews gibt. Um ehrlich zu sein, bin ich völlig verblüfft, wie viel Wind mein kleines Buch aufgewirbelt hat. Mit so viel Publicity hatte ich nicht einmal in meinen wildesten Träumen gerechnet. Ganz besonders faszinieren mich die höchst unterschiedlichen Reaktionen auf *fromm!*. Mir kommt es so vor, als käme gerade in den letzten Jahren vor allem der Katholizismus, im Vergleich zu den anderen Religionen, in der Presse schlecht weg. Anscheinend kann man heutzutage an die absonderlichsten Dinge glauben – angefangen bei der Heilkraft von Steinen über Aura-Reinigung bis hin zur Wirkung der Spirulina-Alge – aber wenn man zugibt, dass man an die Unbefleckte Empfängnis glaubt, verziehen die Leute das Gesicht.

Durch das Schreiben an *fromm!* entdeckte ich meinen Glauben wieder und prüfte ihn. Die Reise begann mit einer Kolumne, die ich für die Zeitschrift *Vatican* schrieb und die schließlich zu meinem ersten Buch führte.

Wie wird eine junge Frau, die radikale Kunst, verrückte Mode, Partys, Reisen und fremde Länder und Kulturen liebt, zu einer praktizierenden Katholikin? Die offensichtlichste Antwort ist wohl, dass ich von meiner Mutter katholisch erzogen worden bin. Sie hatte ein großes Bedürfnis, ihren Kindern von klein auf ihren Glauben nahezubringen, und verbrachte eine Menge Zeit damit, uns etwas über »unsere« Religion beizubringen. Neben den Heiligen, unseren Schutzengeln und so weiter, scheute sie dabei auch nicht vor Themen wie Sünde, Fegefeuer oder Hölle zurück. Da mir der Katholizismus also praktisch schon mit der Muttermilch eingeflößt wurde, akzeptierte ich irgendwie, dass Gott, Gebete und der Sonntagsgottesdienst ganz selbstverständlich zum Leben dazugehören. Ich stellte Gottes Existenz nicht in Frage, die entsprechenden religiösen Rituale fühlten sich für mich ganz normal an. Natürlich fand auch ich, wie alle Kinder, den Gottesdienst langweilig, aber tief in meinem Innern hatte ich das Gefühl, dass Gott auf mich aufpasste.

Der Tod meines Vaters gab meinem Glauben dann eine ganz neue Tiefe. Ich war erst sieben Jahre alt und empfand die Erfahrung als unerträglich schmerzhaft. Gleichzeitig war ich zu jung, um zu begreifen, was der Tod meines Vaters für mich, meine Familie und mein Leben bedeutete. Ich konnte einfach nicht verstehen, weshalb ich nie wieder auf seinem Schoß sitzen würde. In dieser Zeit schien meine Mutter ihre Kraft aus Gebeten zu ziehen und hielt ihre Trauer weitgehend vor uns verborgen. Mir kam es so vor, als würde uns unser Glaube an Gott zusammenschweißen und in unserer stillen Trauer irgendwie verbinden. Die gemeinsamen Gebete schweißten meine Familie noch stärker zusammen und der Glaube, dass

Papa schneller in den Himmel käme, wenn wir für ihn beteten, ließ mich umso inbrünstiger flehen. Der katholische Glaube gab unserem tragischen Verlust sogar eine Art Sinn.

Als Teenager und junge Erwachsene fühlte ich mich durch die Religion eingeengt und rebellierte natürlich dagegen. Die alten Traditionen der sonntäglichen Kirchgänge und der Beichte wichen meinem unersättlichen Hunger nach Spaß, Partys, Reisen und neuen Erfahrungen. Erst in den letzten Jahren habe ich wieder eine Beziehung zu Gott aufgebaut. Ich begann, all das, was mir meine Familie in der Kindheit mit auf den Weg gegeben hatte, nach und nach neu für mich zu bewerten. Was als vorsichtiges Interesse an Gott begann, hat sich seither zu einem tieferen Vertrauen entwickelt, ja sogar zu einer Art freundschaftlichem Gefühl.

Der Auslöser für mein neuerwachtes Interesse an Gott waren zwei ernste Erkrankungen. Ich glaube nicht, dass ich mich sonst in so jungen Jahren auf meine katholischen Wurzeln besonnen hätte und den Weg spiritueller Wiederbelebung gegangen wäre. Als die Zerstreuungen, der Glanz und Glamour plötzlich verschwanden, fiel es mir wesentlich schwerer, meine inneren Kämpfe und Ängste zu ignorieren, die Sehnsucht nach dem Sinn meines Daseins hier auf Erden. Mein Glaube ist sicher nicht unerschütterlich und meine Reise zu ihm war alles andere als leicht. Wie jeder andere habe ich mitunter Zweifel. Klar, der Katholizismus ist ein harter Brocken, aber mein Glaube gibt mir eine Menge Kraft und aus jedem Gebet schöpfe ich Hoffnung. Ich bin letztendlich zu folgendem Schluss gekommen: Lieber kämpfe ich von Zeit zu Zeit mit meinem Glauben als ohne ihn. So begann meine Reise, oder ging vielmehr weiter, und das Schreiben meines erstens Buches hat mir sehr dabei geholfen, meine Wurzeln wiederzuentdecken.

Und nun saß ich also im Flieger auf dem Weg nach Berlin, wo mich einige ereignisreiche Tage erwarteten. Man hatte mich zu *Wetten, dass ...?* eingeladen, um über mein Buch zu sprechen. Ist es nicht verrückt, dass man mit mir über etwas so »Uncooles« wie meinen Glauben reden will? Natürlich ist mir klar, dass das Interesse zumindest teilweise mit meinem Namen und der Tatsache zusammenhängt, dass ich eine moderne junge Frau bin, ein IT-Girl und so weiter – in welche Schublade auch immer die Presse mich steckt. Und trotzdem: Ich sitze wegen meines Buches hier. Thomas Gottschalk, der ja heute eine echte Berühmtheit ist, hat seine Karriere übrigens als DJ begonnen. Und wo hatte er einen seiner ersten Gigs? Bei der Hochzeit meiner Eltern! Was uns ebenfalls verbindet, ist die Tatsache, dass vor fünfundzwanzig Jahren meine Mutter auf derselben Couch saß wie ich jetzt. All das erfuhr ich, als ich den Showmaster vor der Show zu einem kurzen Plausch traf.

Wetten, dass ...? war ein echtes Erlebnis. Den Großteil des Abends verbrachte ich relativ entspannt backstage mit meinen Begleitern, zwei guten Freunden. Hinter den Kulissen trafen wir auf Roland Emmerichs Truppe. Roland stellte an diesem Abend seinen neuen Film, *2012*, vor und hatte seinen Hauptdarsteller John Cusack sowie ein buntes Grüppchen gutaussehender und spaßiger Jungs im Schlepptau. Die waren meine Retter, denn ich hatte das Gefühl, das Warten auf meinen Auftritt würde nie enden. Wir rauchten eine nach der anderen und unterhielten uns.

Dann war es plötzlich so weit. Vor lauter Ablenkung hatte ich nicht eine Sekunde lang die Show verfolgt und direkt vor meinem großen Auftritt bekam ich auf einmal doch Lampenfieber. Als ich da so direkt vor dem Bühneneingang stand, umgeben von Leuten mit Headsets, Walkie-Talkies und Notizblöcken, die mit ernsten Gesichtern geschäftig auf und ab gingen und einander Zeichen gaben, fing mein Magen nervös an zu flattern. Dass es sich um eine Live-Show mit tatsächlich applaudierendem Publikum handelte, machte die Sache nur noch schlimmer. Noch dazu musste ich, um auf die Bühne zu gelangen, einen hell erleuchteten Korridor durchqueren. Nachdem ich mit angehört hatte, wie Thomas in wenigen Worten erklärte, wer ich war, und jeden einzelnen meiner lächerlich langen Namen vorgelesen hatte, gab es kein Zurück mehr.

Von leicht gruseliger Musik begleitet, die den großen Auftritt jedes Gasts untermalt, betrat ich eine noch heller erleuchtete Halle, in der mich eine applaudierende Menschenmenge erwartete. Ich beschloss, einfach nicht daran zu denken, dass mich abgesehen von diesem Publikum noch Millionen weiterer Augenpaare anstarrten, die alles, was ich tat, alles, was ich anhatte – jede Strähne meiner blonden Mähne –, genau beobachteten. Ich kam mir vor, als sei ich durch das Kaninchenloch gefallen und in einer verkehrten Welt gelandet. In einer Welt, wo alles, was man von sich gibt, nur zur Unterhaltung des stummen Beobachters dient. Einer Welt, in der man zwischen John Cusack und Lady Gaga sitzt.

Gemessen an den recht ungewöhnlichen Umständen, war ich zu diesem Zeitpunkt schon wieder relativ entspannt. Miss Gaga kam mir übrigens äußerst charmant vor. Sie schien sich lediglich um ihre Fans zu kümmern und darum, dass sie kein Wort von dem verstand, was um sie herum vor sich ging. Immer wieder flüsterte sie mir zu, dass sie keine Ahnung hätte, was hier eigentlich laufen würde. Ich versicherte ihr, dass es mir ganz genauso ginge. Das Problem war nämlich nicht allein die Sprachbarriere. Denn obwohl ich die Worte verstand, war ich tatsächlich etwas verwirrt: Mit Hilfe von Essstäbchen Eigelb von Eiweiß trennen, die Hinterteile junger Mädchen mit Farbe besprühen, um dann wiederzuerkennen, welcher Hinternabdruck von wem stammte – das erschien auch mir alles recht bizarr. Ich weiß ja, wir Deutschen sind alle mit dieser Sendung groß geworden, und ich kann mich noch daran erinnern, sie als Kind geschaut zu haben, aber das Konzept ist – wenn man es sich recht überlegt – doch ein ziemlich seltsames. Ahnen Sie zumindest, was ich meine, wenn ich es als verkehrte Welt beschreibe? Verwirrung hin oder her, ich hatte an diesem Abend trotzdem eine Menge Spaß und mir gefiel die Herausforderung, mein Lampenfieber zu überwinden. Das war ein echter Adrenalinstoß!

Nach der Show luden uns die *2012*-Jungs zu ihrer Premiere nach Berlin am nächsten Tag ein. Super, dachte ich, und beschloss, noch eine Nacht dranzuhängen – rein aus Recherchegründen, versteht sich. Der apokalyptische Katastrophenfilm, den wir also am nächsten Abend auf einer riesigen Leinwand sahen, wurde wirklich jedem Untergangsklischee gerecht. Meine armen Nerven! Meine Freundin und ich klammerten uns während des ganzen Films jeweils am Arm der anderen fest. Die anschließende Party, die in einer stillgelegten U-Bahn-Station stattfand, war typisch Berlin: spaßig und locker. Danach versackten wir mit der ganzen Gang bis in die frühen Morgenstunden in der gemütlichen Hotelbar.

Auf dem Weg zurück zum Flughafen legte ich einen kurzen Zwischenstopp bei meinem Onkel ein, um meine kleinen Cousins zu besuchen. Einer von ihnen, Maximus, ist sogar mein Patenkind. Die leuchtenden Gesichter, als sie mich durch die Tür kommen sahen, stellten all meine Aufregung des Wochenendes in den Schatten. Und als sie mich zum Küchentisch führten, übertraf meine Freude sogar noch die ihre. Sie hatten nämlich den ganzen Nachmittag damit verbracht, für mich Plätzchen zu backen und zu verzieren. Dabei hatten sie mit grellen Lebensmittelfarben versucht, auf jeden Keks meinen Namen zu schreiben. Auch wenn die Kekse durch die viele Farbe ein wenig giftig wirkten, waren sie mit Abstand das schmeichelhafteste Geschenk, das ich in dieser Woche bekommen hatte.

Daddy Cool

Jedes Jahr kurz vor Weihnachten gedenken wir meines Vaters, indem die Familie sich zu einem Requiem in der Emmeramskirche trifft, die sich direkt ans Schloss in Regensburg anschließt. Es handelt sich um dieselbe Kirche, in der meine Eltern getraut und meine Geschwister und ich getauft wurden. In dieser Kirche betteten wir vor nun mehr als zwanzig Jahren meinen Vater zur letzten Ruhe. Ich gedenke meines Vaters gern, indem ich ein Hoch auf seine Eleganz und Gewandtheit ausspreche. Für mich scheint Stilgefühl stets angeboren zu sein, man kann es nicht kaufen, nicht erlernen, und es zu kopieren ist eine wahre Herausforderung. Nein, wahres Stilempfinden besitzt man oder man besitzt es eben nicht. Wenn ich an meinen Vater denke, habe ich ihn noch klar vor Augen. Der Mann hatte wirklich Geschmack und gehört für mich bis heute zu den am besten gekleideten Männern, die mir bisher begegnet sind. Wobei meine Überzeugung natürlich auch daher rührt, dass ich noch recht klein war, als er starb. Mein Bild von ihm wurde darum nie getrübt von der Realität oder der Skepsis, die mit dem Erwachsenwerden einhergeht. Stattdessen stütze ich mich auf ein Puzzle optischer Perfektion, das sich aus meinen eigenen verblassten Erinnerungen, den nostalgischen Geschichten anderer Leute und vielen Fotos zusammensetzt.

Ich begegnete meinem Vater ab und an im Flur, wenn er auf dem Weg in sein Büro war. »Männer brauchen keinen Stil«, erklärte er meiner Mutter immer, »denn wir tragen Uniformen. Ein Mann sollte sich nie zu viele Gedanken um seine Kleidung machen und ganz gewiss nicht von sich selbst glauben, er hätte Geschmack.« Mein Vater trug seine Kleidung fast beiläufig: Man nahm zuerst ihn als Person wahr und erst auf den zweiten Blick seinen perfekt geschnittenen Anzug. Er war durch und durch ein Gentleman und sein Äußeres von klassischer Eleganz, denn er verspürte kein Bedürfnis, seine Persönlichkeit durch Kleidung auszudrücken. Jeden Morgen brachte ihm unser Butler auf einem Silbertablett eine frisch gepflückte Nelke aus dem Garten. An manchen Tagen trug er eine rote Nelke im Knopfloch, an anderen eine weiße. Sein Grundsatz war, zu jeder Gelegenheit passend gekleidet zu sein. Jagdgesellschaften verlangten einen grünen Smoking aus Samt, notfalls kam auch Burgunderrot in Frage. Auf dem Land trug er abgewetzte Lederhosen zum traditionellen graugrünen Janker, in der Stadt formelle graue oder dunkelblaue Anzüge. Zum Abendessen zog er sich stets um und erwartete von meiner Mutter und ihren Gästen dasselbe. Kurzärmlige Hemden und Bermuda-Shorts waren ausschließlich den Tropen vorbehalten, während Abende an der Côte d'Azur oder in Marbella entweder nach einem Blazer oder einem weißen Smoking verlangten. Obwohl er eindeutig eine Schwäche für Kleidung hatte (das schließe ich aus den Mengen an Kleidungsstücken, die er hinterlassen hat), verhielt er sich gleichzeitig angesichts solcher Äußerlichkeiten wunderbar ungezwungen. Kleidung diente eben einem bestimmten Zweck, nicht mehr und nicht weniger.

Manchmal frage ich mich, wie viel einfacher mein Leben wäre, wenn auch ich mich nach einem solchen »Uniformkodex« richten könnte. Nicht über das nachdenken zu müssen, was man anzieht, sondern einfach nur ein bestimmtes, der Situation entsprechendes Outfit überzuwerfen würde viel Zeit sparen. Ich liebe Miniröcke, vor allem schwarze mit A-förmigem Schnitt. Die trage ich sehr oft. Momentan mag ich auch Shorts, vor allem aus Leder. Und ich habe eine Schwäche für Lederjacken und Stiefel: Biker-Stiefel, Ankle Boots, Overknee-Boots – egal welche, ich bin dabei. Von diesen Basics könnte ich ganze Wagenladungen voll kaufen, wenn mein Gewissen beziehungsweise mein Geldbeutel es zuließen.

Lederjacken, kurze Röcke und Stiefel sind in meinem speziellen Fall so etwas wie der *Frozen Yogurt* unter den Nahrungsmitteln. Andererseits könnte ich mich wohl nie ausschließlich von *Frozen Yogurt* ernähren, selbst wenn auch das die Dinge wesentlich vereinfachen würde. Wenn sich mein Stil nach vorgeschriebenen Uniformen richten würde, wäre mein Kleiderschrank um einiges kleiner und das Kofferpacken wesentlich effizienter. Vermutlich müsste ich am Flughafen nie für Übergepäck bezahlen und nach Hilfe lechzen, wenn ich mein Gepäck eine Treppe hinaufschleppe. Ich wäre außerdem in null Komma nichts ausgehfertig. Aber mal unter uns: Das wäre ja auch ein bisschen langweilig.

Mein Kleiderschrank ist meine Palette, aus der ich je nach Laune etwas zusammenmische – und meine Launen sind sehr farbenfroh. Lederjacken und Stiefel, mädchenhafte Kleider, elegante Blazer, sexy Röcke und Schuhe mit Wahnsinnsabsätzen. Routine langweilt mich. Schließlich bin ich eine Frau, was als Ausrede für Mode-Dekadenz ausreichen dürfte. Ich verkleide mich gern. Irgendwie muss ja die Lücke gefüllt werden, die Barbie hinterlassen hat. Allerdings glaube ich, dass mein Vater den Nagel auf den Kopf getroffen hat: Als Frau kann man mit Kleidern und Stilen spielen, als Mann sollte man sich ans Etablierte halten. Extrem gestylte Männer wirken weibisch oder prahlerisch. Nehmen wir nur mal David Beckham. Für mich ist er das beste Beispiel dafür, was man als Mann nicht tragen sollte und, noch wichtiger, *wie* man es nicht tragen sollte. Alles an ihm ist völlig »over-styled«. Seine Frau Victoria wiederum hat ihre Extravaganz zum Markenzeichen erklärt, und weil sie eine Frau ist, funktioniert das ausgezeichnet. Sie ist in meinen Augen wie ein perfekter Konsumartikel, eine zum Leben erwachte Barbie.

In Sachen Stil habe ich von meinem Vater eines gelernt: Die oberste Regel für einen Mann lautet Schlichtheit. Ein eleganter Mann ist nie modisch gekleidet, sondern sein Stil ist klassisch, seine Kleider sind zeitlos. Sein einziges Accessoire – sozusagen der Milchschaum auf dem Cappuccino – sollte seine Persönlichkeit sein. Ein Mann kann von Kopf bis Fuß perfekt gekleidet sein und trotzdem wie eine Schaufensterpuppe wirken. Stil sollte die Persönlichkeit des Menschen diskret unterstreichen, nicht erdrücken.

Nichtsdestotrotz darf man sich auch mal in den Dschungel der Exzentrik wagen. Mein Vater war einer der wenigen Männer, die es sich leisten konnten, auch mal etwas Ausgefallenes zu tragen, weil er insgesamt so tadellos korrekt war. Ein bekanntes Beispiel ist seine dicke Goldkette, wie man sie sonst eher am Hals von Zuhältern und Rappern findet, die ja nicht wirklich als Stilikonen bekannt sind. Bei meinem Vater hingegen verschmolz sie einfach mit seinem sehr gebräunten mediterranen Teint. Er trug die Kette so, dass sie kaum auffiel. Als meine Mutter nach seinem Tod eine Menge seiner Besitztümer versteigerte, wurde diese Kette prompt von einem Pimp aufgekauft. Der Mann war ein harmloser Bewunderer, der uns Kindern oft beim Reiten zugesehen hatte. Er trug die Kette mit so viel Stolz, dass es richtig rührend war – aber glauben Sie mir, an ihm wirkte sie wie ein mir völlig unbekanntes Schmuckstück.

Eines meiner Lieblingsfotos von meinem Vater zeigt ihn im Area in New York, einem der heißen Clubs der Achtziger. Er trägt darauf seinen üblichen dunkelgrauen Anzug mit der roten Nelke im Knopfloch und steht einem Typen mit nacktem Oberkörper und maskiertem Gesicht gegenüber, der sich in schwere Ketten gewickelt hat. Die beiden Männer sehen sich an. Sie scheinen sich gleichermaßen exotisch zu finden, denn beide sind nicht nach der Norm gekleidet. Man fragt sich unwillkürlich, welcher der Männer wohl ungewöhnlicher aussieht. Für mich verkörpert mein Vater auf diesem Foto all das, was ihn ausmachte: sein Selbstbewusstsein, seine Eleganz und sein inhärentes Stilgefühl. Weder im hippsten Nachtclub noch irgendwo sonst verspürte er das Bedürfnis, sich klamottentechnisch anzupassen. Er war weder ein verrückter Club-Gänger noch ein Rockstar oder New Yorker Dandy, also warum sollte er sich so anziehen? Nein, er trug genau das, was er auch für eine Dinnerparty gewählt hätte. Für mich drückt diese Haltung Eleganz aus. Eleganz bedeutet nicht, dass man sich verbiegt, um irgendwo hineinzupassen, sondern dass man so in sich ruht, dass man ganz lässig das tragen kann, wonach einem ist. Juergen Teller sagte einmal zu mir, man dürfe nie so aussehen, als hätte man sich dafür angestrengt. Aber im Grunde wissen wir doch alle, dass ein mühelos wirkendes Äußeres oft eine Menge Mühe kostet. Aber keine Sorge, Ihr Geheimnis ist bei mir gut aufgehoben.

Wilde Eber

Es liegen einige turbulente Wochen hinter mir und ich bin ziemlich platt. Ich sehne mich nach Urlaub und vor allem nach einer Dosis Sommerhitze. Ich weiß schon gar nicht mehr, wie es sich anfühlt, vor lauter Sonne zu glühen und zu schwitzen. Offensichtlich friere ich schon viel zu lange. Ich habe Sehnsucht nach diesem leicht schwindeligen Gefühl im Kopf, wenn einem die Kleider am Leib kleben und einem feuchte Luft und Hitze ins Gesicht schlagen, sobald man aus dem Flugzeug steigt, wie der erste Zug an einer selbstgedrehten Zigarette. Am meisten sehne ich mich jedoch danach, in unserem Haus in Kenia anzukommen und von der luftigen Terrasse aus auf den glitzernden Indischen Ozean zu blicken.

Zurück in die Realität! Ich war wie gesagt ziemlich umtriebig gewesen, denn ich komme gerade aus Deutschland zurück, wo ich mich wirklich prächtig amüsiert habe. Ich könnte jetzt von der Juergen-Teller-Ausstellung in der Nürnberger Kunsthalle erzählen. Oder vom lustigen Erlebnis meiner zweiten Signierstunde samt Interview in einer Buchhandlung in Regensburg. Ich könnte davon berichten, wie ich für meine neue Zeitungskolumne beim Herumhüpfen auf dem Schwanenbett meiner Vorfahren fotografiert wurde. Oder von meinem Fernsehauftritt mit der ultimativen Punk-Prinzessin Nina Hagen.

Doch all das reicht bei weitem nicht an den tollen Tag der Treibjagd heran.

Es war wieder einmal die Zeit der jährlichen Wildschweinjagd im Wald nahe unseres Regensburger Schlosses angebrochen. Ja, wir laden jedes Jahr unsere Freunde zur Wildschweinjagd ein. Dabei übernehme ich am liebsten den Part des Treibers. Was das ist? Ganz einfach: Bei einer Jagd ist es Aufgabe der Treiber, lärmend durch den Wald zu stapfen und so die Tiere aus ihren Verstecken ins Freie zu scheuchen. Normalerweise ist das kein Job für Frauen, sondern wird von starken, kräftigen Männern ausgeführt. Sie überprüfen auch, ob die Jagd reibungslos verläuft und später, ob das Wild korrekt erlegt wurde. Sie sind bei der Jagd sozusagen so etwas wie das Marine Corps: das Wach- und Kontrollpersonal. Beim Treiben marschiert man durch den dichten bayerischen Wald, zwischen Dornenranken und Büschen hindurch, bergauf und bergab, über umgefallene Baumstämme und unter tief hängenden Zweigen hindurch. Außerdem bekommt man es als Treiber natürlich als Erster und aus nächster Nähe mit den Wildschweinen zu tun. Es ist also nicht gerade ein Schaufensterbummel.

Leider durfte ich nach einem Unfall vor zwei Jahren, der beinahe tödlich endete, erst einmal nicht mehr dabei sein. Ein Treiber war von einem verletzten Eber angefallen worden, woraufhin man beschloss, dass es für mich und meine Gäste zu gefährlich sei, mit den Treibern loszuziehen. Ein Jahr fügte ich mich, aber das darauffolgende, also dieses, blieb ich eisern. Ich bettelte so lange, bis mein Bruder und der Wildaufseher nachgaben. Zwei Dinge faszinieren mich am Treiben ganz besonders. Zum einen kommt es außerhalb Afrikas einem Safari-Erlebnis am nächsten. Wer noch nie einen angeschossenen Eber erlebt hat, soll an dieser Stelle gewarnt sein: Die Tiere sind unglaublich wild. Genau wie ein Büffel wird er Sie angreifen und versuchen, Ihnen seine scharfen Hauer ins Bein zu bohren oder wo immer er Sie sonst erwischt. Die Vorstellung, dass hinter dem nächsten Baum eine Wildsau lauern könnte, lässt mich daher wachsam sein und macht die Wanderung durch den Wald zu einem aufregenden Abenteuer. Wenn wir uns am Ende des Tages dann mit den Jägern zum Tee treffen, fühle ich mich total aufgeputscht und erfrischt. Nichts bringt einen eben besser in Schwung als eine Ladung Adrenalin in den Adern.

Für die meisten jungen Mädchen ist so ein Jagdtag ziemlich langweilig, wie ich aus eigener Erfahrung weiß. Oft ist es nur aufregend, wenn man ein bisschen in den Jungen, den man auf den Hochstand begleitet, verliebt ist. Stundenlang in der Kälte zu sitzen und dabei zuzusehen, wie der Kerl sein Gewehr nervös auf das quiekende Tier unten richtet, ist wirklich nur dann erträglich, wenn man ihn gernhat oder das Ganze als Meditationsübung betrachtet.

Sicher habe ich jetzt sämtliche Tierschützer gegen mich aufgebracht. Denn was erzähle ich hier eigentlich?! Als wäre eine Jagd an sich nicht schon schlimm genug, beschreibe ich auch noch, wie viel Spaß es mir macht, die armen Viecher in ihr tödliches Schicksal zu treiben. Barbarisch? Vielleicht. Zwei Dinge möchte ich zu meiner Verteidigung vorbringen. Erstens ist die Jagd ein ganz selbstverständlicher Teil meiner Erziehung gewesen. Sowohl mein Vater aber vor allem mein Großvater liebten den Wald, die Natur und den Schutz der Umwelt. Tiere zu erlegen, um das Gleichgewicht des Waldes zu erhalten, ist ein ganz natürlicher Teil davon. In meiner Kindheit veranstalteten meine Eltern regelmäßig Jagdwochenenden, ähnlich wie die Wildschweinjagd heute. Zweitens möchte ich betonen, dass die Jagd bei uns immer ganz ordnungsgemäß abläuft. Es gibt klare Richtlinien, welches Wild geschossen werden darf und welches nicht. Muttersäue mit Frischlingen dürfen zum Beispiel niemals erlegt werden. Ohne diese Kontrolle des Wildbestandes würden die Wälder von den gierigen Wildschweinen bald aufgefressen werden. Ich persönlich habe noch nie ein Tier getötet, aber ich stecke auch in keinem moralischen Dilemma, wenn andere es auf verantwortungsbewusste und professionelle Weise tun.

So viel zu meiner Verteidigung. Nun kann ich zugeben, dass ich nicht gerne dabei zusehe, wie Tiere erschossen werden. Ja, ein Mann, der gut mit seinem Gewehr umgehen kann, beeindruckt mich schon irgendwie, aber insgeheim erschaudere ich allein bei der Vorstellung, in sicherer Höhe zu sitzen und mit ansehen zu müssen, wie so ein Wildschwein dort unten einfach umfällt. Das Treiben ist da eine ganz andere Tätigkeit. In vielerlei Hinsicht hat der Eber wesentlich bessere Chancen, dem Treiber etwas anzutun, als umgekehrt. Die ganze Truppe hat nur ein einziges Gewehr, das natürlich niemals ich in den Händen halte. Sollte ein Wildschwein wirklich angreifen, könnte es problemlos einen von uns niederstrecken, ehe der Schütze die Gefahr überhaupt bemerkt.

Was das Treiben für mich vor allem so attraktiv macht, ist, dass ich dann nicht mehr das Cheerleader-Girl auf dem Hochstand spielen muss. Früher waren das Interessanteste bei einer solchen Jagd, wie schon erwähnt, die kleinen, geheimen Flirts. Es war die perfekte Gelegenheit, um ein bisschen Zeit mit einem viel versprechenden Verehrer zu verbringen. Wo kann man sonst für ein paar Stunden hoch in den Baumwipfeln mit einem süßen Jungen ein schmales Bänkchen teilen? Doch genau da fingen meine Probleme auch immer an. Aufgrund meiner Erziehung wartete ich nämlich stets darauf, dass Mr Right mich dazu einladen würde, und das klappte ganz selten. Während ich noch auf sein Signal wartete, wurde ich auch schon von Mr Wrong mitgeschleppt. Für mich waren die Jagdwochenenden so etwas wie der amerikanische Highschool-Ball, bei dem ich leider selten den Ballkönig abbekam.

Heutzutage laden wir natürlich vor allem unsere Freunde ein und das Highschool-Erlebnis hat sich eher in eine Party verwandelt. Es mag vielleicht weniger aufregend sein, nicht irgendeinen Jungen anzuschmachten, dafür ist es auch weniger nervenaufreibend. Als wir noch frischgebackene Teenager waren, lud unsere Mutter ausgewählte Junggesellen aus ganz Europa ein, in der Hoffnung, dass meine Schwester und ich schnell unter die Haube kämen und in irgendeinem abgelegenen Schloss verstaut wären, vorzugsweise auf einer Burg mit einem schönen breiten Burggraben ringsherum (weil man dann nicht so leicht abhauen kann, nehme ich mal an). Zum Leidwesen unserer wohlmeinenden Mutter verstanden wir unter Spaß dummerweise etwas ganz anderes.

Bei einer dieser Jagden ereignete sich übrigens das lustige Wassereimer-Erlebnis, auf das ich im Kapitel »Hochzeits-Luder« bereits zu sprechen kam: Als das Haus wieder einmal voller wesentlich älterer Verehrer war, verbrachten meine Schwester und ich nach dem Jagdtag den ganzen Abend damit, in unseren Ballkleidern zu Technomusik zu tanzen, wobei wir die männlichen Gäste weitgehend ignorierten. Als auch der letzte hoffnungsvolle Mann nicht länger nervös um die Tanzfläche herumschlich, sondern ins Bett gegangen war, hatten wir eine boshafte Idee: Wir machten mit einem Eimer voll kalten Wassers die Runde und verpassten den Herren buchstäblich eine ordentliche Abkühlung. Das fanden wir irrsinnig komisch! Die armen Kerle, ob sie die Botschaft wohl verstanden haben?

Inzwischen tue ich bei der Jagd nur noch, wonach mir der Sinn steht, und das ist das Treiben. Bei der anschließenden Dinnerparty bin ich dann gerne wieder ganz damenhaft. Ein schönes Kleid zu tragen und dazu etwas hübschen Schmuck, den ich aus der Sammlung meiner Mutter stibitzt habe, macht mir einfach unheimlich Spaß und ist ein gutes Gegengewicht zu einem Tag mit den Treiberjungs.

Nennen Sie mich versnobt oder blasiert, aber ich bin einfach keine gute Jagd-Assistentin. Mit einem wilden Eber kann ich umgehen, mit langweiliger Gesellschaft nicht.

Ich bin wieder da

Es ist hart, wieder nach London zurückzukehren. Erstens ist es kalt und zweitens die allgemeine Stimmung alles andere als frohgemut. Und wie sollte sie auch, so mitten im Winter? Ich bedauere regelrecht die Tatsache, wieder im normalen Leben angekommen zu sein. Ich bin sozusagen direkt von meinem Kiteboard auf dem Indischen Ozean ins Auto gesprungen und zum Flughafen gefahren. Verzweifelt versuchte ich nicht daran zu denken, dass ich die Hitze und den Ozean zurücklassen musste. Die Aussicht auf triste, graue Tage war schlicht unvorstellbar. Ich verließ die Abgeschiedenheit und Gemütlichkeit unseres Hauses an der kenianischen Küste, um wieder mit den Menschenmassen, beladen mit Einkaufstüten und geplagt von Stress, mitzulaufen. Der Winterschlussverkauf im Januar verwandelt die Straßen von Londons Innenstadt in die Hölle auf Erden – und natürlich umso mehr, wenn man direkt aus dem Paradies kommt.

Es war der absolute Traumurlaub! Meine Tage waren erfüllt vom köstlichen Geschmack der Entspannung. Jeden Morgen beim Aufwachen freute ich mich schon auf die wunderbar süßen Mangos, Papayas, Ananas und Maracujas, die mich zum Frühstück erwarteten. Anschließend ließ ich mich ganz faul auf der Terrasse auf einer der bequemen Liegen nieder und blickte auf den Indischen Ozean hinaus. Meine größte Sorge war, ob es an diesem Tag genug Wind geben würde. Alle in meiner Familie sind verrückt nach Surfen. Und so saßen wir da und warteten auf die Ankunft des Windes, wie auf einen dringlich ersehnten Liebhaber.

Meine Mutter surft schon, seit ich denken kann. Jahrelang wagte sie sich auf überfüllte Inseln und auf Seen voller Pauschalreisender, um sich ihrem Lieblingssport zu widmen. Aus irgendeinem Grund scheint der Wind überfüllte Strände den begehrenswerteren Orten vorzuziehen – bei Kenia macht er wohl eine Ausnahme. Während meiner ganzen Kindheit also sah ich meine Mutter üben, üben, üben – sie surfte hin und surfte her und wenn selbst der Ehrgeizigste und Geduldigste aufgegeben hätte, übte sie weiter. Uns Kindern zwang sie ihre Leidenschaft ebenfalls auf. Es gab keine Ausrede für uns, wir mussten Windsurfing-Profis werden. Schon im zarten Alter von fünf Jahren sah ich mich genötigt, in jedem Urlaub aufs Surfbrett zu klettern. Mit Minisegeln und -brettern bewaffnet, verbannte man mich und meine Geschwister in Südfrankreich von unserem Segelboot aus auf den Ozean. Meine Mutter engagierte sogar einen typisch attraktiven Surflehrer, aber in meinen jungen Jahren konnte selbst er mir die Sache nicht versüßen. Es war so demütigend: Regelmäßig trieb ich endlos weit vom Boot entfernt im Meer und war außerstande, das Segel wieder aus dem Wasser zu ziehen. Und meine Mutter akzeptiert kein Nein – für sie bedeutete ein Nein so viel wie »Nicht sofort«, im Sinne von »Frag mich später noch mal«, so dass ich irgendwann völlig entnervt und widerwillig »Na gut« schnaufte (der unausgesprochene Subtext »Solange du mich danach in Ruhe lässt« schwang dabei mit). Um ehrlich zu sein, hasste ich Windsurfen. Es langweilte und erschöpfte mich zu Tode. Zum Glück rettete mich die moderne Technik und erfand einen Sport, der viel mehr Spaß bringt und einen auch wesentlich schneller gut aussehen lässt: das Kitesurfen. Der Lernprozess ist zugegebenermaßen ziemlich aufregend und oft auch schmerzhaft – man sollte damit rechnen, mehrmals den Strand entlang geschleift zu werden und am Ende des Unterrichts wie ein halbgares, paniertes Schnitzel auszusehen. Sobald man jedoch den Kite halbwegs im Griff hat, gibt es kein Halten mehr.

Der Nachteil dieses genialen Sports ist allerdings, dass die Tage des faulen Am-Strand-Herumliegens definitiv vorbei sind. Nun sitze ich nervös da, starre hinaus aufs Meer und frage mich, ob das leichte Lüftchen wohl schon ausreicht, um meinen Drachen in der Luft und mein Brett auf den Wellen zu halten. Der lange weiße Sandstrand entlang des Indischen Ozeans könnte nicht einladender sein. Jeder Tag am Strand ist ein potentieller Kitesurfen-Tag und man muss bereit sein, sobald der Wind zunimmt. Wenn ich von der ausreichenden Windstärke überzeugt bin, kreisen meine Gedanken nur noch darum, welche Kitegröße ich heute wähle.

Wenn der Wind zu unberechenbar ist, weichen wir in eine Bucht aus, die von Mangroven umsäumt ist, und fahren dort Wasserski. Irgendwie verwandelt sich bei uns TnTs jede Familienunternehmung in einen knallharten Wettbewerb, und auf einen Programmpunkt folgt gleich eine Liste weiterer Aktivitäten. Wenn wir im Hafen ablegen, zieht sich der Erste schon hektisch Schwimmweste und Schutzhandschuhe an und schlüpft in die Skier. Schließlich darf keine Zeit vergeudet werden! Mein Bruder hat das Kontroll-Gen meiner Mutter geerbt: Er brüllt sogar vom Wasser aus noch Befehle, um sicherzugehen, dass ihn das Boot durch die ruhigsten und flachsten Stellen zieht.

Am Abend schauen wir gern gemeinsam Filme auf einer großen Leinwand. Über die Jahre hat sich so eine beeindruckende Filmsammlung angehäuft. Natürlich ist es ein Ding der Unmöglichkeit, sich demokratisch auf einen Streifen zu einigen, deshalb herrscht bei uns inzwischen eine Art rotierende wohlwollende Diktatur. Jeden Abend hat ein anderer von uns die Macht zu entscheiden, was angeschaut wird. Dieses Prinzip funktioniert in unserer Familie irgendwie am besten.

Les Poulettes

Bei der Haute Couture neulich in Paris schaffte ich es gerade mal zu zwei Shows, aber ich bin nicht primär wegen der Fashion Week in die Stadt gereist, sondern vor allem, um den Geburtstag meiner guten Freundin Olympia zu feiern. Zufällig fiel die Party mit der Couture-Woche zusammen, wodurch ich ein paar Tage länger blieb, um nichts zu verpassen. Außerdem sind nicht mehr allzu viele große Modehäuser übrig, so dass ich beschloss, die Gelegenheit zu nutzen, so lange es sie noch gibt. Sozusagen ein Besuch bei den letzten Dinosauriern.

Olympias Geburtstagsfeier im Ritz war perfekt, um in die richtige Stimmung zu kommen. Das Ritz ist gemütlich, vornehm und leicht veraltet, und weil es total out ist, ist es sozusagen schon wieder in. Wir feierten im hinteren Teil des Hotels, wo angeblich Gianni Versace seine letzte Modenschau abhielt, bevor er wenige Wochen darauf erschossen wurde. An diesem Abend herrschte eine freundliche Atmosphäre im Raum, der voller schöner Frauen und einiger junger Männer war – natürlich allesamt Freunde von Olympia. Einige von uns Mädels kennen sich schon seit unseren verrückten Studienzeiten an der American University of Paris. Im Sommer, ehe ich an der AUP anfing, reiste ich mit meiner Schwester durch Indonesien, wo wir uns auf Bali an einem Strand, genannt »Dream

Land«, mit vier Töchtern von entfernten Freunden meiner Mutter trafen: Olympia, Tatiana, Alexia und Josephine. Es war Liebe auf den ersten Blick. Von da an wurden wir zu einer unzertrennlichen Gang, den »Poulettes«, den Hühnern, wie wir uns selbst nannten.

Zufälligerweise fingen wir alle nach dem Sommer an derselben Uni an, so dass dann in Paris jedes Seminar statt ernsthaftem Unterricht eher zu einer fröhlichen Cocktailparty *entre amies* wurde. Die Pausen verbrachten wir im wunderschönen Apartment von Tatianas Mutter. Dort genossen wir selbstgemachte brasilianische Köstlichkeiten, hörten Musik oder ließen uns vom gutaussehenden Personal-Trainer in Form bringen. An der Uni saßen wir alle in einer Reihe nebeneinander – in farbenfrohen Kleidern, mit Stiefeln und Taschen, langen, verwuschelten Mähnen – und waren oft völlig unvorbereitet, was den Lernstoff betraf. Schon von weitem konnte man erkennen, dass wir eine richtige Gang waren. Heute sind wir ein bisschen erwachsener geworden, haben Jobs und sind über den Erdball verteilt, so dass sich die meisten von uns nicht annähernd so oft sehen, wie wir es uns wünschen würden. Olys Geburtstag war das perfekte Wiedersehenstreffen für unsere ursprüngliche Clique samt Anhang. Auf den Tischen türmte sich Sushi und nach dem Essen gab es Desserts bis zum Umfallen. Wie bei echten Mädchen stellte der Nachtisch im Grunde die Hauptmahlzeit dar: köstliche Kuchen, Kekse, *macarons*, *petit fours* und *madeleines*, viel Champagner und süße Cocktails, um alles hinunterzuspülen. Nach dieser ganzen Zuckerbombe wurde unsere nette, kleine Zusammenkunft durch Leute aus der Modeszene erweitert (wie zum Beispiel Kate Moss, Riccardo Tisci, Carine Roitfeld – die gerade bei der französischen *Vogue* rausgeworfen worden war – und so weiter ...)

Am nächsten Tag saß ich da und wartete, dass die Jean-Paul-Gaultier-Schau endlich anfangen würde, die sich bereits um eine Stunde verzögerte. Ich fragte mich, ob diese riesigen Laufsteg-Produktionen nicht eigentlich ziemlich »over« waren. Wie ich mich so umschaute, hatte ich das Gefühl, dass sogar die Haute Couture, also die französische Modewoche – der letzte Rückzugsort des klassischen Schicks –, inzwischen ein bisschen reizlos geworden war. Kein Wunder, haben doch einige stylische Designer wie Tom Ford oder Marc Jacobs eine neue Richtung eingeschlagen und veranstalten nur noch kleine Modenschauen statt der riesigen Events. Für jemanden, der noch nie bei einer solchen Show war, mag es vielleicht überheblich klingen, aber stellen Sie sich einfach mal folgende Szene vor: Sie quälen sich durch den dichten Pariser Verkehr hinein ins tiefste und geschäftigste Arrondissement, das Marais. Sie erreichen den Firmensitz von Jean Paul Gaultier, das von Paparazzi und lauter verrückten Leuten belagert wird, die glauben, dass jeder, der bei einer solchen Show dabei ist, ein Superstar sein muss. Man quetscht sich also hinein, dann an einem Laufsteg entlang, wo bereits lauter Frauen mit verbitterter Miene sitzen, die eher Geiern als Menschen ähneln, und versucht dabei, die ganze Aufregung so gut wie möglich auszublenden. Wütende Moderedakteure, die dasselbe Theater auf leeren Magen bereits mehrfach hinter sich haben, sitzen nebeneinander aufgereiht. Daneben stolze, reiche Damen mittleren Alters, von Kopf bis Fuß in die aktuelle Kollektion gekleidet, mit aufgespachteltem Make-up, dicken Handtaschen und üppigem Schmuck. Ich habe ja nichts dagegen, dass Frauen Kleider für den Preis eines Kleinwagens kaufen, denn damit verdienen Hunderte von Schneiderinnen ihr Geld, so dass die lange Tradition von qualitativ hochwertiger Maßanfertigungsware erhalten bleibt, aber wenn man sie alle so auf einem Haufen beisammen sieht, wo jede unbedingt aus der Masse herausstechen möchte, ist das irgendwie ein trauriger Anblick.

Lässt man den Blick am Catwalk entlang über die erste Reihe schweifen, gibt es immer wieder Stellen, wo die Fotografen in ganzen Trauben zusammenhängen und hektisch knipsen. Allein vom Hinschauen tun einem schon die Augen weh. Wenn sie dann weiterziehen, um sich auf ihre nächste Beute zu stürzen, kann man manchmal ein bekanntes Gesicht erspähen, zum Beispiel Claudia Schiffer oder Beyoncé. Mitunter hat man aber auch keine Ahnung, um wen es sich handelt. Bei JPG saßen neben mir zwei aufgedonnerte junge Frauen, die sich brav für jeden Fotografen in Pose warfen. Ich glaube, es handelte sich um griechische Sängerinnen oder so etwas. Mich erschreckt es immer wieder, wie sehr sich diese Starlets verkaufen müssen, um die begehrte Aufmerksamkeit zu erheischen. In Outfits, die sie sich aus den Showrooms geliehen haben, turnen sie vor der Presse herum, bis die Medienfuzzis ihrer müde werden und weiterziehen. Es ist noch nicht mal 11 Uhr morgens und diese Frauen tragen bereits Cocktailkleider, starkes Make-up und aufwendige Frisuren. Direkt nach der Show gehen sie heim und ziehen sich um, damit sie in einem anderen Kleid bei der nächsten Show abgelichtet werden können. Das kann stundenlang so gehen. Die Designer sind völlig überwältigt und der Beginn verschiebt sich immer weiter nach hinten, während ich hier hocke und mich frage, weshalb ich von der umwerfenden Mondrian-Retrospektive im Centre Pompidou hierher gehetzt bin, um nun festzusitzen.

Man kann dieses verrückte Treiben natürlich schon auch genießen. Damals zu Poulette-Zeiten, als ich gerade nach Paris gezogen war, liebte ich die Fashion Week und machte den ganzen Zinnober klaglos mit. Mit großen Augen besuchte ich voller Begeisterung so viele Modenschauen wie nur möglich. Ich ging sogar auf Beutezug durch die PR-Abteilungen und wählte das verrückteste Outfit aus, das ich finden konnte – am besten gefiel mir damals Dior. Einmal erzählten meine Schwester und ich einem französischen Journalisten neben uns, der versuchte herauszufinden, wer wir waren, dass wir zu einer isländischen Punkrock-Band gehörten. Was hätten wir ihm sonst sagen sollen? Vielleicht, dass wir Prinzessinnen waren?

Nach noch mehr Brimborium bei der Valentino-Show feierten wir am nächsten Abend Giambatista Vallis erste Geschäftseröffnung. Helle Natursteinfliesen mit Holz bilden das neue Zuhause für seine hinreißend eleganten, dezenten und doch verspielten Kleider. Giambatista gelingt es jedes Mal, uns Mädels wieder zusammenzubringen. Eigentlich sollte er zur Ehren-Poulette ernannt werden! Später am Abend, während eines Kaviar-und-Kartoffel-Dinners bei Caviar Caspia wurde mir plötzlich klar, dass das Schönste an Paris ist, dass ich so viele meiner alten Freunde sehe und vor allem eben meine Freundinnen. Daher komme ich Jahr für Jahr wieder zur Fashion Week, damit ich meine Poulettes treffen kann.

Rom, geliebtes Rom

Mein nächster Kurztrip musste rasch geplant werden und für ein paar Tage Tapetenwechsel gibt es keinen besseren Ort als Rom. Ich liebe Rom. Es regnete zwar die meiste Zeit, aber trotzdem gab es jeden Tag ein paar Sonnenstrahlen, die ich mit offenen Armen begrüßte. Um ehrlich zu sein, hat mich das Wetter in London schon auf den Gedanken gebracht, nach Neukaledonien zu emigrieren (oder vielleicht einfach nur nach Kenia, das wäre unkomplizierter). In Rom hingegen störte mich aus irgendeinem Grund sogar der Regen nicht. Statt trist und bedrückend, wirkte der stürmisch graue Himmel dort dramatisch, was die atemberaubende Schönheit und Anziehungskraft der Stadt noch verstärkte. Rom kann sich einfach auch den einen oder anderen Ausrutscher leisten. Mein Aufenthalt wurde dadurch im Grunde nur noch interessanter.

Ich traf einen Freund, mit dem ich in letzter Zeit viel herumgereist bin, und in einer Sache waren wir uns absolut einig: Wir wollten uns amüsieren und den Winterblues hinter uns lassen. Abgesehen davon, hatten wir keine konkreten Pläne. In Rom braucht man auch keine Pläne zu schmieden, denn es reicht schon, einfach so durch die Stadt zu spazieren, das allein ist Unterhaltung genug. Die schmalen Gässchen, die prunkvollen Kirchen, antiken Tempel, die Ruinen, die tollen Brunnen und hypnotisierenden Schaufenster bieten ausreichend Augenschmaus. Rom fasziniert mich immer wieder. Und da ich absolut keinen Orientierungssinn habe, fühlt sich jeder Spaziergang wie eine Entdeckungsreise ins Unbekannte an.

Der Preis, den Rom für seine Schönheit zahlt, ist, dass die Stadt das ganze Jahr über voller Touristen ist. Natürlich möchte jeder ein Stückchen der »Ewigen Stadt« erleben. Ich hatte angenommen, dass im Januar niemand da sein würde – eine naive Hoffnung. Es waren selbst zu dieser Jahreszeit ziemlich viele Kameras auf zwei Beinen unterwegs, aber dank des Regens schaffte ich es endlich, zwei der berühmtesten Sehenswürdigkeiten zu besichtigen. Ich war nämlich noch nie im Kolosseum gewesen. Für mich gilt für solche Orte ein ganz spezieller Dresscode: Man braucht eine schrecklich praktische Hüfttasche, eine lilafarbene Fleecejacke und eine riesige Kamera, die einem um den Hals baumelt – kurz, das typische Touristenoutfit. Ich mache nur Spaß. Ich hasse es, mich wie eine Touristin zu fühlen, selbst wenn ich eine bin. Manchmal lässt es sich nicht vermeiden, stundenlang anzustehen oder eine Attraktion zu erleben, die jeder andere Tourist auch gesehen hat. Angkor Wat in Kambodscha ist ein solches Beispiel, wo auch ich natürlich ewig herumgewandert bin, Fotos geschossen habe und in jeden einzelnen Tempel gekrochen bin. Aber in Rom? Ach ja, als echter Tourist muss man außerdem Gesundheitslatschen tragen, vorzugsweise kombiniert mit weißen Socken. Es trifft sich aber eher selten, dass man mich in einem solchen Outfit sieht (wer hätt's gedacht?!).

Abgesehen von den Menschenmengen, stört mich an den üblichen Touristenorten vor allem auch das generelle Desinteresse, das viele Besucher ausstrahlen. Ich habe die Beobachtung gemacht, dass dem typischen Durchschnittstouristen die Sehenswürdigkeit an sich ziemlich egal ist. Das gehört für mich zu den großen, ungelösten Rätseln dieser Erde. Man sollte doch meinen, dass jemand nur dann stundenlang Schlange steht, wenn er die anschließende Attraktion auch unbedingt sehen und erleben will. Weit gefehlt! Es zählt ausschließlich der »Kodak-Moment«. Beim Eintreten wird die Örtlichkeit sofort nach dem herausragenden Markenzeichen abgesucht, sprich der Mona Lisa, den Pyramiden und so weiter. Dann muss sich die Frau/Cousine/Großmutter davor aufstellen. Ein breites Lächeln gefolgt vom *Klick*. Hurra! Und schon ist das Ziel des Da-war-ich-auch-schon-Ausflugs erreicht.

Daher versuche ich die Klischee-Sehenswürdigkeiten so gut es geht zu meiden, vor allem in einer Stadt wie Rom, die ich als eine Art dritte Heimat betrachte. Meine Mutter und mein Bruder haben nämlich hier gelebt, während meine Schwester und ich im Internat festsaßen. Wann immer wir die Gelegenheit dazu hatten, flüchteten wir am Wochenende ins *dolce vita*. Seit damals habe ich viel Zeit in Rom verbracht. Wir haben hier eine Menge Freunde, die immer dafür sorgten, dass wir uns prächtig amüsierten, daher ist Rom für mich ein Ort, den ich nie als klassische Verlängertes-Wochenende-Touristin erlebt habe.

An diesem feuchten Januartag jedoch, mit meinem Begleiter am Arm, beschloss ich, ebenfalls zur Touristin zu werden. Ich wollte es wenigstens mal versuchen und ausnahmsweise ins Kolosseum hinein spazieren, statt wie sonst immer nur daran vorbei. Und für nur ein paar Euro mehr konnte ich die Schlange überspringen und landete innerhalb weniger Minuten mitten in der gigantischen Arena. Der Trick? Nein, ich habe nicht den Aufseher bestochen, sondern lediglich für einen Audio-Guide bezahlt!

Mission Nr. 2 war der Petersdom. Mein Begleiter hatte die glorreiche Idee, dort die Sonntagsmesse zu besuchen. In meinen Augen hätte er genauso gut einen Ausflug zum Mars vorschlagen können. Ich habe die Basilika nämlich schon zu diversen Anlässen besucht – Papstmessen, privaten Führungen, das ganze Drum und Dran. In meiner Erinnerung wurden diese immer von unglaublichen Menschenmassen begleitet und dem unermüdlichen Einsatz meiner Mutter, diverse Hebel in Bewegung zu setzen, um uns da reinzubringen. Manchmal muss man eben tun, was man tun muss. Die Vorstellung, eine solche Unternehmung auf eigene Faust durchzuführen, erschien mir ziemlich abenteuerlich, was ja eigentlich schon Grund genug war, es durchzuziehen. Wie durch ein Wunder kamen meine Überredungskünste dann aber doch nicht zum Einsatz. Ich habe den Petersdom noch nie so leer erlebt. Ein paar Minuten, bis wir den Metalldetektor passiert hatten, und schon waren wir drin. Ich konnte also meiner religiösen Sonntagspflicht nachkommen und gleichzeitig eine der schönsten Skulpturen der Welt begutachten: Michaelangelos Pietà. Ich liebe Rom im Januar.

Ein weiterer Ort, an dem sich zwei Fliegen mit einer Klappe schlagen lassen, und wo ich jedes Mal gerne haltmache, ist die winzige Piazza San Lorenzo in Lucina. Es gibt dort eine bezaubernde kleine Kirche mit einer eindrucksvollen Kreuzigungsdarstellung von Guido Reni über dem Altar. Genau gegenüber der Kirche liegt das Ciampini, ein klassisches römisches Café, wo man ein kulinarisches Päuschen einlegen kann. Zum Beispiel für ein Frühstück oder einen schaumigen Cappuccino (aber bitte nur vormittags, außer natürlich man ist deutscher Tourist, der den ganzen Tag lang Cappuccino trinkt, sogar nach dem Abendessen, was für die Italiener einer Todsünde gleichkommt). Das Ciampini eignet sich auch perfekt für einen nachmittäglichen oder abendlichen *aperitivo*. Zu dieser Zeit kann man wunderbar Menschen beobachten, weil sich die

Piazza mit der römischen Gesellschaft und allen möglichen seltsamen Gestalten füllt. Irgendwie scheint dieser Ort eine interessante Mischung aus Einheimischen und Ausländern anzuziehen. Ach, und falls Sie Hunger haben, die *tramezzini* und die *dolces* schmecken hier einfach himmlisch!

Wo wir gerade vom Essen reden, es gibt auf der Welt nur wenige Orte, wo man besser essen kann als in Rom. Rom ist wie ein einziger riesiger Feinkostladen. Willy Wonka hätte sich hier zu Hause gefühlt – fabelhafte Köstlichkeiten, so weit das Auge reicht. Eisdiele an Eisdiele, Bäckereien und dann natürlich der Käse, der Schinken, das Brot, milchige Kugeln *mozzarella di bufala* – mhmmmm! Nirgendwo sonst schmeckt es so gut. Dann gibt es noch die zahllosen Trattorias, Osterias, Pizzerias, es nimmt einfach kein Ende. Vergessen Sie Frankreich: Wenn es ums Essen geht, ist Italien schlicht unschlagbar. Zwei meiner Lieblingsrestaurants sind das Dal Bolognese an der Piazza del Popolo und das Maccheroni an der Piazza delle Coppelle. So gutes *Tagliata di Manzo con Rucola* wie im Maccheroni habe ich schon lange nicht mehr gegessen. Das Fleisch dort war saftiger als alle Steaks, die ich in Argentinien hatte, und auch das Gemüse ist einfach köstlich in Italien. Wie kriegen die das bloß immer hin, dass die Zucchini so gut schmecken?

Ich habe eine besondere Schwäche für gereiften *parmigiano reggiano*. Den kauft man am besten in großen Stücken von zwei Kilo, die dann einige Monate halten. Auf dem Rückweg von der Kirche kam ich an einem Schaufenster mit riesigen Parmesan-Dreiecken vorbei. Und konnte einfach nicht widerstehen. Mein Handgepäck war plötzlich entsetzlich schwer, aber wenigstens wäre ich nicht verhungert, wenn unser Flugzeug abgestürzt und ich an eine einsame Insel gespült worden wäre.

Diese Römer haben's echt drauf. Bei denen dreht sich fast alles im Leben um Genuss und Schönheit. Als mein Bruder und meine Mutter noch in Rom lebten, kamen meine Schwester und ich einmal mit einer Horde Freundinnen übers Wochenende vorbei. Wir waren bis in die frühen Morgenstunden tanzen und lernten in der Disko nette Jungs kennen. Einer von ihnen lud uns anschließend zu Cappuccino und Frühstück ein. Wir wollten eigentlich gerade heimgehen und schlafen, aber nachdem wir die ganze Nacht durchgetanzt hatten, stellte sich tatsächlich ein leichter Hunger ein. Also begleiteten wir ihn – so ein kurzer Abstecher ins Café konnte schließlich nicht schaden. Kaum dass wir uns versahen, standen wir mitten in einer Backstube, unser Freund setzte sich eine Bäckermütze auf und band sich eine große weiße Schürze um. Er knetete eifrig einen Teig und rollte Croissants aus. Bald darauf verschlangen wir dampfende *cornettos* mit köstlichem Cappuccino. Der gute Mann war offensichtlich Bäcker und für ihn war es Routine, morgens um 5 Uhr mit dem Backen zu beginnen. Ich bin mir aber sicher, dass seine Waren noch nie so schnell verschwunden sind wie damals, als fünf hungrige junge Frauen direkt neben seinem Backblech saßen. Das Geschäft mag für ihn nicht sonderlich lukrativ gewesen sein, aber ich glaube, das hat ihm nicht viel ausgemacht. Er sagte so etwas wie: »*per tante belle ragazze ferebe tutto.*« Man lebt ja nur einmal. Und schließlich ist es nur höflich, sich den Sitten des Urlaubslandes anzupassen.

Eine Prinzessin packt

Ich werde demnächst in ein Flugzeug nach Buenos Aires steigen, weil ich von einem Bekannten einige Wochen auf eine Farm etwas außerhalb der argentinischen Hauptstadt eingeladen worden bin, um dort Polo zu spielen. Nach knapp zwei stürmischen Jahren bei der *Finch's Quarterly Review* bin ich zu dem Schluss gekommen, dass ich ein bisschen mehr Luft zum Atmen und, nun ja, auch zum Reisen brauche. Ich habe während meiner Zeit bei *FQR* eine Menge gelernt! Aber in den ersten Wochen in meinem neuen Job wurde ich auch wirklich ins kalte Wasser geworfen. Diese Arbeit ist nichts für Zartbesaitete.

In der Anfangszeit leitete ich die Zeitschrift so gut wie alleine. Die einzige Hilfe waren mir unser genialer Artdirector Tristram und sein Bruder Patrick, die sich um das Erscheinungsbild des Magazins kümmerten. Für alles andere war ich zuständig – ein klarer Fall von Learning by Doing. Im Büro gab es einfach niemanden, der mir so richtig hätte zeigen können, wie alles läuft. Mein Redakteur Nick war nur selten vor Ort, dafür rief er mich ständig an oder bombardierte mich per E-Mail mit Anweisungen. Die Formulierung »die Zeitschrift leiten« vermittelt allerdings einen selbstbestimmten und damit falschen Eindruck. Was ich damit meine, ist, dass ich wie eine

Wahnsinnige hinterher war, Nicks verrückte Gesuche zu erfüllen. Manchmal bedeutete das, morgens um 1 Uhr E-Mails zu beantworten. Manche seiner Ideen waren echt größenwahnsinnig. Zum Beispiel sollte ich Kevin Spacey während des Interviews filmen, in dem er über seine neue Inszenierung am Londoner Old Vic Theatre sprach, obwohl er dabei auf gar keinen Fall gefilmt werden wollte.

Zwischen Aufträgen dieser Art erwartete man von mir, den normalen Büroalltag zu schmeißen sowie drei weitere Interviews zu führen und noch am selben Tag druckreif auszuformulieren. Jung und motiviert, wie ich war, versuchte ich vergeblich, allen gerecht zu werden. Denn zu allem Übel waren diese ganzen wichtigen Leute angeblich auch noch mit unserem Oberboss Charles befreundet. Ich musste also erst einmal lernen, alles etwas weniger ernst zu nehmen. Interessanterweise erreichte ich dank meines Engagements aber mehr, als ich gedacht hätte und es gelang mir zu meinem eigenen Erstaunen sogar, einige von Nicks Wünschen in die Tat umzusetzen. Ich wurde kreativ und geschickt darin, die Leute zu beschwatzen, um zu erreichen, was ich wollte – wie man das als erfindungsreiche junge Frau eben so macht.

Als ich während meiner ersten paar Wochen bei *FQR* den Auftrag bekam, Mr Spacey zu interviewen, machte ich mich auf den Weg zu Kevins Theater und wartete dort den halben Tag, nur um immer wieder vertröstet zu werden: Kevin ist bei der Probe, Kevin zieht sich gerade um, Kevin ist in einer Besprechung und so weiter. Ich hatte nicht vor, mit leeren Händen zu gehen, also wartete ich so lange, bis ich endlich etwas erreichte. Es war zwar nicht das, weswegen ich gekommen war, aber zumindest handelte es sich dabei um ein Interview mit einem Schauspieler. Kevins Assistent, ein total netter Kerl namens Hamish, hatte Mitleid mit mir und beschloss, mir zu helfen. Statt meines Interviews mit Kevin bekam ich eines mit dem Star der Inszenierung, an der Kevin gerade arbeitete, Richard Dreyfuss. Und als Ausgleich für Kevins Unzuverlässigkeit organisierte Hamish mir obendrein ein Interview mit Mädchenschwarm Josh Hartnett höchstpersönlich. Der war nämlich auch in London und spielte zu der Zeit an einem anderen Theater im West End. Das Teenie-Idol Josh Hartnett zu interviewen war vor allem optisch aufregender als alles andere. Ich saß ihm gegenüber auf einem Bett in seiner winzigen Garderobe. Ganz ehrlich, da war es dann plötzlich gar nicht mehr so schlimm, Mr Spacey verpasst zu haben. Stattdessen bekam ich ein Dreyfuss-Interview und die Hartnett-Begegnung an einem Tag serviert. Eben ganz normaler Büroalltag.

Nun sitze ich vor einem riesigen leeren Koffer – es sind nur noch eineinhalb Tage bis zu meinem Abflug! – und hänge meinen Gedanken nach. Ich habe meine Aufgabe als »Features Editor« bei *Finch's Quarterly*, sprich »Mädchen für alles«, gegen den wesentlich entspannteren Job der freien Journalistin eingetauscht. In meiner neuen Rolle werde ich natürlich weiterhin für die Zeitschrift und auch die Website schreiben, aber darüber hinaus sind die Dinge in der Redaktion nicht länger mein Problem, außer ich lasse mich freiwillig darauf ein. Das bedeutet mehr Freiheit, mehr Schlaf und hoffentlich ein bisschen mehr Zeit zum Reisen. Wie Johann Wolfgang von Goethe schon sagte: Reisen bildet. Dem kann ich nur aus ganzem Herzen zustimmen!

Aber jetzt muss ich dringend in die Gänge kommen: Ich muss Freunde treffen, einen Auftrag fertigmachen, Koffer packen, Telefonate führen, Rechnungen verschicken – kurz, ich stecke bis über beide Ohren in Reisevorbereitungen. Wo soll ich nur anfangen? Als ich vor drei Wochen den Flug gebucht habe, schien das Datum noch in weiter Ferne zu liegen. Während ich meinen verbliebenen Rest Fingernägel abknabbere (eine schlechte Angewohnheit, die ich mir extrem übelnehme), besinne ich mich auf mein bevorzugtes Selbsthilfewerkzeug, das Schreiben. Meine Gedanken zu Papier zu bringen hilft mir dabei, Dinge zu sortieren.

Natürlich habe ich unglaubliches Glück, dass ich die Kälte und den Regen gegen Spätsommer in Lateinamerika eintauschen darf. Aber während das Packen für einen Wochenendtrip bereits sorgfältige Planung erfordert, ist eine einmonatige Reise ein logistisches Minenfeld. Ins Gepäck müssen sowohl Sommergarderobe als auch Sportbekleidung (sprich Reitklamotten, Joggingschuhe, Bikinis) und natürlich die üblichen »Für-alle-Fälle-Dinge«. Ihre Auswahl macht den wesentlichsten Teil der Packaktion aus. Jeder, der Spontaneität gründlicher Planung vorzieht, hat schon mal erlebt, was für eine große Herausforderung dieses »Für-alle-Fälle« sein kann. Meiner Meinung nach sollte jeder sinnvoll gepackte Koffer Kleider, Kosmetikartikel, Taschen, elektronische Geräte und Nahrungsmittel für unvorhersehbare Ereignisse bereithalten.

In meinem speziellen Fall könnte es bedeuten, dass ich während des Aufenthalts vielleicht unerwartet zu einer Hochzeit eingeladen werde oder spontan beschließe, den Machu Picchu zu besteigen. Daher muss ich für beide Eventualitäten etwas einpacken. Ohne allzu sehr ins Irreale abzugleiten, versuche ich also einige solcher möglichen »Fälle« zu berücksichtigen. Ein Paar hohe Schuhe, ein schickes, aber schlichtes Kleid, ein Bikini und ein Diktaphon, falls ich jemandem begegne, den ich interviewen will. Für die langen Flüge packe ich gesunde Snacks ein, wie die bewährten Vollkornreiswaffeln, sowie einen weichen, warmen Paschminaschal. Den kann man immer gut gebrauchen.

Zum Glück habe ich viel Übung in der Kunst des schizophrenen Packens. Das Verreisen mit meiner Mutter hat mich gelehrt, für alles gewappnet zu sein, denn schließlich weiß man nie, wo man mit ihr landet. Sie nimmt uns zum Beispiel mit nach New York, und nach zwei Tagen brauche ich plötzlich ein Ballkleid, nur um anschließend zum Surfen nach Tobago zu jetten. Wer hätte damit rechnen können? Natürlich gab es auch schon Gelegenheiten, da war mein Koffer so voller »Für-alle-Fälle-Gepäck«, dass ich kaum noch Platz für normale Sachen hatte. Bei einem Strandurlaub mehrere Cocktailkleider, aber nicht ein einziges Paar Shorts dabeizuhaben, kann ein bisschen ärgerlich sein. Wie immer kommt es auch hier auf die richtige Mischung an.

Eine weitere Herausforderung, die es zu meistern gilt, wenn man vom Winter in den Sommer reist, ist die körperliche Vorbereitung. Also eine komplette Generalüberholung: Waldrodung, Maniküre, Pediküre, vielleicht sogar eine Gesichtsbehandlung – verdammt, das alles kostet ganz schön viel Zeit. Während des langen europäischen Winters kommt die gründliche Pflege schon mal zu kurz. Ich fürchte übrigens, Männern ist gar nicht klar, wie viel Aufwand es bedarf, um als Frau ganz natürlich gut auszusehen. Das ist ja nicht einmal Luxus, sondern eine Notwendigkeit. Mit dicker Fersenhornhaut, so rau wie Schleifpapier, und abgeblättertem Nagellack an einem sonnigen Ort aufzutauchen ist wie ein Faustschlag ins Gesicht meines Selbstbewusstseins. Und wer kann das im Land der Schönen schon brauchen? Ich gebe zu, dass ich eine Art Fußphobie habe, weswegen mich perfekt gepflegte Füße sehr glücklich machen. Bereits als Kind konnte ich es nicht ausstehen, wenn mich der Fuß eines anderen Menschen berührte – ich bekam richtig Gänsehaut davon. Ungepflegte Füße lösen in mir bis heute massives Unbehagen aus.

Manche Leute würden vielleicht auch noch ins Sonnenstudio gehen, um diese scheußliche Winterblässe loszuwerden – natürlich gibt das niemand zu. Stattdessen behaupten sie alle, die Bräune mit leichtem Orange-Touch sei ein Überbleibsel des letzten Urlaubs. Ich kann stolz behaupten, dass ich noch nie Selbstbräuner benutzt habe. Weder Spray noch Öl noch sonst eine bizarre Karotten-Färbung ist je in Berührung mit meinem Körper gekommen. Auf mich wirkt diese Bräune immer irgendwie falsch. Da ich keine Fußballerbraut bin und auch nicht vorhabe, wie eine auszusehen, laufe ich stattdessen die ersten ein bis zwei Tage lang lieber bleich herum. Allerdings muss ich gestehen, dass meine Haut auch sehr schnell braun wird und ich generell einen etwas dunkleren Teint habe, was ich vermutlich den mediterranen Genen meines Papas verdanke.

Zum Schluss packe ich immer meine wichtigsten Sommeraccessoires ein: einen Panamahut und eine gute Sonnenbrille. Der Panamahut ist ideal, weil er sich so vielseitig einsetzen lässt. Man kann ihn in der Stadt tragen, am Strand und sogar (»für alle Fälle«) beim Bergwandern oder auf einer Hochzeit. Und weil er so stylish ist, ist er auch ein guter Ausgeh-Hut für den Abend (falls die Haare einfach nicht sitzen wollen).

Eine Sonnenbrille ist absolut unverzichtbar. Ich habe gerne mehr als eine im Gepäck. Momentan bin ich ganz vernarrt in eine von Cutler and Gross mit kleinen, runden Gläsern im John-Lennon-Look, die gut zu meiner aktuellen 70er-Jahre-Phase passt. Ich habe wirklich eine Schwäche für Sonnenbrillen. Das Schlimmste am europäischen Winter ist der Lichtmangel. Medizinische Studien haben nachgewiesen, dass dieser Mangel sich tatsächlich auf die Stimmung auswirken kann. Für mich ist das Ganze allerdings noch dramatischer: In Sachen Styling kann das Fehlen von Sonnenlicht nämlich eine Reihe schrecklicher Konsequenzen haben, schließlich kann das

Tragen einer Sonnenbrille einen kompletten Look perfektionieren oder eben ruinieren. Sogar wenn ich nur meine Sportklamotten anhabe, verleiht eine gute Sonnenbrille meinem Schluder-Outfit sofort einen Hauch von Glamour und Raffinesse (zumindest bin ich davon überzeugt). Natürlich stellen getönte Brillengläser auch den letzten Schutzschild dar, hinter dem man sich heutzutage noch verstecken kann. In einer Stadt, die jedes bisschen persönlichen Raum auffrisst, schaffen sie eine Illusion von Privatsphäre und Abschottung.

So lange ich zurückdenken kann, haben mich Sonnenbrillen begeistert. Damals, in den guten alten Achtzigern, wollte meine Mutter unsere zarten Pupillen auf keinen Fall der bösartigen Wirkung von UV-Strahlen aussetzen. Daher bekamen meine Geschwister und ich jeder ein Paar Kindersonnenbrillen von Vuarnet aufgesetzt. Wie ich so mit dem Accessoire einer edlen französischen Kletter-Ausrüstung an der Côte d'Azur entlangspazierte, kam ich mir vor wie Reinhold Messner nach der Besteigung des Mount Everest. Damals prägte sich bei mir die Erkenntnis ein: Sonnenbrillen können die Stimmung deutlich beeinflussen. Meine Faszination hielt an und bald wurde der funktionale Aspekt durch den modischen ergänzt: Ein riesiges Paar verspiegelte Gläser mit Goldrand von Chanel, die fast mein ganzes Gesicht bedeckten, waren in den Neunzigern angesagt. Damals machte ich die Nacht zum Tag, und so dienten Sonnenbrillen vor allem als Schutz vor der grausamen Ehrlichkeit des grellen Tageslichts.

Und heute? Nun, trotz einer ziemlich umfangreichen Sammlung, zu der wertvolle Stücke genauso gehören wie Plastikschrott, lasse ich mich noch immer für neue Stücke begeistern. Sobald die ersten Sonnenstrahlen Londons unterbelichtete Winterstraßen erhellen, hole ich meine glänzende Rüstung hervor. In letzter Zeit bin ich zu meinen Wurzeln zurückgekehrt und trage retro: Eine meiner Lieblingsbrillen ist zum Beispiel von Oliver Goldsmith, dem gefeierten Ausrüster europäischer Filmstars in den Sixties. Seine Urenkelin entwirft nun eine ganz neue Kollektion, die viele der Klassiker aus dem Archiv zum Vorbild nimmt.

Wo wir gerade von den Sixties sprechen: Zu Weihnachten überraschte mich meine Mutter mit einem riesigen Paar original Puccis aus dieser Zeit. Zugegeben, ihre überdimensionale Größe und ihr verrücktes, psychedelisches Muster lassen heute eher an die Mode in einem Irrenhaus als an den Glanz der Swinging Sixties denken, aber was soll's.

Letztlich erfüllen Sonnenbrillen dieselbe Funktion wie jede andere Maske: Man kann sich dahinter verstecken. Einen auf kokett machen und seine sieben Sinne wieder sammeln. Welches andere Accessoire kann da schon mithalten?

Also, auf nach Argentinien.

Einmal Punta reicht

Wie ich so eingequetscht in der Economy-Class im Flieger Richtung Argentinien saß, wurde mir klar: Ich kann vierzehn Stunden in einem winzigen Flugzeugsitz verbringen, wenn ich unglaublich müde bin. Dieses Mal gelang es mir sogar, auf meinem Economy-Platz einzuschlafen – das war wirklich eine Premiere.

Punta del Este, eines meiner Reiseziele auf meiner Route, steckte voller Überraschungen. Allein schon das Wetter überraschte mich. Beim eisigen Wind, der mir entgegenschlug, als ich aus der Maschine stieg, wünschte ich mir, ich hätte die Kaschmirpullover eingepackt, die ich doch nur zu gern in meinem Schrank im winterlichen London gelassen hatte. Ich war einfach davon ausgegangen, dass es am berühmten Lieblings-Sommeraufenthaltsort der gehobenen Gesellschaft von Buenos Aires schön heiß sein würde. Nicht weniger überraschend war, dass die meisten Argentinier hier sich als »Einheimische« bezeichnen, obwohl sie doch ebenso Ausländer sind wie ich, da Punta in Uruguay liegt. Doch die meisten Argentinier kommen schon seit ihrer Kindheit nach Punta. Jeder kennt jeden, also ist es für sie wirklich so etwas wie ein zweites Zuhause. Ich war vor allem deshalb hier, weil eine gute Freundin von mir, eine »Einheimische« aus Buenos Aires namens Sofia, heiratete. Nicht nur bei Hochzeiten ist es auf der Halbinsel üblich, bis spät in die Nacht zu feiern. Die Menschen scheinen sich hier generell nach einem anderen Zeitplan zu richten, nach dem der Tag mit einem Mittagessen um 16 Uhr beginnt und erst in den Morgenstunden des darauffolgenden Tages endet.

Wie der spanische Name Punta schon sagt, bildet der Ort den äußeren Zipfel der Halbinsel. Die Stadt ist voller architektonischer Scheußlichkeiten, ähnlich wie entlang der Costa del Sol. Doch es sind die Küstenstreifen, sie sich links und rechts von diesem Zipfel erstrecken – Playa la Brava mit der raueren See und Playa la Mansa mit den ruhigeren Gewässern –, die die lebensfrohen Menschenmengen anziehen. Beide Seiten haben wunderschöne Stranddörfer, zu denen ein bunter Mix aus Strandhäusern gehört. José Ignacio, ein altes Fischerdorf, wo ich bei Freunden wohnte, war mein Lieblingsort. Die Leute wanderten dort ganz entspannt zwischen ihren Häusern hin und her, um eine endlose Reihe von Grill-, Dinner- und Cocktailpartys zu organisieren oder um einfach nur bei den Nachbarn abzuhängen. Eine dieser Partys fand in einer Hütte statt, die nur ein paar hundert Meter vom Ozean entfernt auf Pfählen gebaut war. Die Argentinier sind genau so attraktiv, wie man es erwartet, aber irgendwie wirkten sie auf mich auch alle ziemlich ähnlich. Die Frauen sind eben sehr dünn, mit ganz langen braunen Haaren und braunen Augen. Die Männer sind nicht sonderlich groß, auch sie tragen das Haar recht lang und ihre Augen sind für gewöhnlich fast schwarz.

Punta ist ein Ort für jeden Geschmack. Man kann mit Horden von Teenagern im La-Barra-Viertel, wo sich die Diskos und Bars aneinanderreihen, auf Plastikstühlen sitzen und argentinisches Fast-Food verschlingen, oder atemberaubend schöne, exklusive Rückzugsorte finden. Las Piedras zum Beispiel gehörte einem Freund von mir und zählt zu den eindrucksvollsten Anwesen vor Ort. Es wurde kürzlich verkauft und in ein

Restaurant mit angeschlossenem Hotel verwandelt. Der Pool ist direkt in den Felsen gehauen und einer der besten Plätze, um die gesamte Halbinsel zu überblicken. Wenn man dort bei Sonnenuntergang schwimmt, hat man das Gefühl, man könnte die große orangerote Scheibe vor ihrem Eintauchen in den Ozean mit den Fingern berühren.

Schön war auch, die Küste zu verlassen und ein Stück durch die uruguayische Landschaft zum kleinen Dorf Garzón zu fahren. Für einen Nachmittagsausflug lohnt sich das sehr. Auf der staubigen Fahrt durch den terrakottafarbenen Sand und über die grünen Ebenen, auf denen Kühe und Pferde weiden, konnte man das echte Uruguay sehen, das aus mehr als Stränden und Häusern besteht. Garzóns Hauptattraktion ist das Francis-Mallmann-Restaurant/Hotel. Er ist sozusagen der argentinische Gordon Ramsay und besitzt übers ganze Land verteilt mehrere schön gelegene Restaurants.

In Punta ist man sehr gesellig. Im Grunde geht man dauernd aus, um Leute zu sehen und gesehen zu werden. Im Vergleich zu Brasilien oder Mexiko sind die Strände nicht ganz so traumhaft. Das Wasser ist kalt und der Wind kann ganz schön heftig werden, so dass man nicht unbedingt im Bikini Sonnenbaden will. Man fährt eher von einem Strand zum nächsten und von einem Haus zum anderen. Mittagessen hier, Schwimmen dort, ein Cocktail hier, ein Sundowner da, ausgedehnte Siesta und anschließend eine lange Partynacht. Wem dieser Lebensstil zusagt, der sollte nach Punta reisen. Man trifft immer wieder dieselben Leute – man kann ihnen gar nicht entgehen. Bei einem entspannten Dinner in einem Fischlokal namens La Casa del Marismo traf ich zum Beispiel zufällig Mario Testino und einige andere Freunde. Viele von uns wohnten in José Ignacio, daher begegneten wir uns am Strand, während der Hochzeit und auf Partys.

Diese Art von Partyszene zieht jedes Jahr ganze Schwärme gutaussehender junger Leute aus Buenos Aires und ein schillerndes Völkchen Europäer an. Einige Strände sind schön und manche Häuser cool, aber meiner Meinung nach gibt es anderswo viel schönere. Was den Ort so besonders macht, ist diese lebenslustige Stimmung, alles geht total locker zu: Es gibt keinen Dresscode, keinen Zeitplan, kein »RSVP« und der Spaß ist eher bei Privatveranstaltungen als in großen Clubs wie auf Ibiza oder in Saint-Tropez zu finden.

Für mich hat sich das alte Klischee bestätigt, dass die Lateinamerikaner einfach höchst freundliche Menschen sind. Das absolute Gegenteil zum kalten Wind, der mich bei meiner Ankunft empfing. Die Argentinier werden schnell zu besten Freunden und ich habe noch nie ein so gastfreundliches Volk kennengelernt. Eine kleine Grillrunde am Strand verwandelt sich plötzlich in eine riesige Party. Der Gastgeber freut sich: je mehr Leute, desto besser. Partys sind für alle da – nun ja, zumindest für alle, die irgendwie dazu gehören, zu einem Freund eines Freundes eines Freundes des Gastgebers. Ein Auto, ein paar Bekannte im Ort und eine Menge Durchhaltevermögen, was spätes Essen und Schlafengehen betrifft, ist alles, was man sonst noch braucht. Der Aufenthalt war also nicht ganz so erholsam, wie ich es vielleicht hätte gebrauchen können, aber ich habe mich auf jeden Fall gut amüsiert.

Alles, was zählt, sind Schläger und Ball

Es ist herrlich, in Argentinien angekommen zu sein. Punta war amüsant und turbulent, mit langen Nächten und vielen Partys, aber eigentlich bin ich ja wegen der Landschaft, der Pferde und des Polospiels hergekommen. Das Wetter hätte besser nicht sein können: warm genug, um den ganzen Tag in Shorts und T-Shirt herumzulaufen. Man kann sich genüsslich in der Sonne aalen, falls einem der Sinn nach Sonnenbaden steht (Bräunen steht nach den Tagen in Punto allerdings nicht mehr ganz oben auf meiner Liste). Am Abend kühlt es ab, so dass man gut schlafen kann. Meiner Ansicht nach ist der argentinische Herbst einfach perfekt und der verregnete, feuchte Londoner Winter liegt plötzlich in weiter Ferne.

Seit ich in der Pampa weile, habe ich mich in dem geübt, weswegen ich hergekommen bin: Polospielen. Und da ich diesbezüglich noch ziemlich unerfahren bin, muss ich viel üben. Zum Glück sind die Voraussetzungen perfekt: Ich wohne auf der Ranch eines Freundes, zu der ein privates Polofeld samt Stallungen gehört, und die zwischen grünen Wiesen und gelben Sojabohnenfeldern liegt. Ponys grasen friedlich in der Sonne, und abgesehen von Grillen, Vögeln und anderen scheinbar unsichtbaren Lebewesen ist kein Geräusch zu hören. Wir befinden uns also so richtig auf dem Land.

Mein Gastgeber hat mich in Sachen Polo ermutigt und netterweise komplett ausgestattet – vermutlich aus Sorge, ich könne sonst vor Langeweile sterben. Da hat er auch nicht ganz unrecht, denn so schön es auf dem Land auch ist, ich brauche etwas, das mich ordentlich auspowert, damit ich nachts gut schlafen kann. Darum heißt es nun tagtäglich Schläger und Ball, Schläger und Ball, Schläger und Ball. Unter Spaß stelle ich mir allerdings etwas anderes vor, als in unmöglichen Positionen vom Pferderücken aus zu versuchen, den blöden kleinen Ball einmal an der richtigen Stelle zu erwischen. Zum Glück bin ich eine gute Reiterin, was natürlich im Vergleich zu reitungeübten Anfängern ein enormer Vorteil ist. Beim richtigen Schlagen und Treffen hilft einem das jedoch recht wenig und leider geht's beim Polo eben vor allem ums schwungvolle Ausholen. Beobachtet man einen guten Spieler dabei, wie er seinen Schläger herumwirbelt als sei dieser ein handliches Essstäbchen, könnte man in Versuchung kommen zu denken: Was ist da schon dabei? »Bleib mit dem Schläger ganz locker«, erklärt mir mein geduldiger Pololehrer zum wiederholten Male. »Nicht mit Kraft draufhauen – nutz den Schwung des Pendels.«

Polo ist die beste Anti-Aggressionstherapie überhaupt (zumindest, wenn man es beherrscht): Je weniger Kraft man aufwendet, umso besser trifft der Schläger und umso weiter fliegt der Ball. Ganz einfach. Aus irgendeinem Grund setzt bei mir aber jedes Mal, wenn ich nur in die Nähe des Balls komme, eine Art Pawlow'scher Reflex ein, der mich dazu bringt, ordentlich auf den Ball einzudreschen. Weg ist der lockere Schwung und natürliche Fluss meiner Schlagbewegung, die mir bei den Trockenübungen durchaus gelingen. Es ist, als ob beim bloßen Anblick des Balls mein Arm vor lauter Erwartung zu zittern beginnt. Jedes Mal, wenn ich mir besonders viel Mühe gebe, versaue ich's so richtig. Meine prompte Reaktion: unglaubliche Wut – es ist völlig unmöglich.

Wenn ich nicht sehen würde, wie viel Spaß die guten Spieler während eines Chukkas haben, würde ich vermutlich aufgeben. Schließlich habe ich in meinem Leben schon genug Lernerfahrungen gesammelt – meine ganze Kindheit war eine einzige Unterrichtsstunde. Die meisten Sportarten, die ich heute praktiziere, übe ich seit den Ferienlagern aus.

Keinen Sport zu treiben stand für uns TnT-Kinder nie zur Debatte. Man erwartete, dass wir bereits im zarten Alter von zwölf Jahren Extremsportarten praktizierten. Fallschirmspringen? Warum nicht? Bungee-Jumping? Klar. Klettern und Abseilen? Natürlich. Wildwasser-Rafting? Sowieso. Meine Mutter brachte ihre Liebe eben zum Ausdruck, indem sie lauter Adrenalin anregende Freizeitbeschäftigungen für uns organisierte. Angst war keine Ausrede! Beim Jahrmarkt im Ort fuhren wir jedes Jahr Achterbahn wie die anderen Kinder auch, doch statt wie sie nur eine Runde zu drehen, blieben wir sitzen und rasten drei, vier, manchmal sogar fünf Mal hintereinander durch die Dreifachloopings. »Fahrt Achterbahn, bis euch schlecht wird, Kinder!«, pflegte meine Mutter stets zu sagen.

Aber zurück zum Polo in Argentinien, wo mir das Anfängersein ganz besonders zu schaffen macht, weil ringsherum alle richtig gut reiten und spielen können. Sogar Leute, die angeblich gar nicht viel Übung darin haben, wissen, wie man einen verdammten Poloschläger schwingt. Ganz im Gegensatz zu Europa ist Polo hier nämlich angenehmerweise ein ganz normaler, entspannter Sport, ohne das ganze Theater und abgehobene Getue. Man spielt in zerrissenen Jeans unter Freunden zum Zeitvertreib – völlig anders als die Champagner-Gesellschaft-Events in Europa.

Aufgrund meines extremen Ehrgeizes in meiner Kindheit ist es bis heute immer sehr mühsam bis schmerzhaft, eine neue Sportart zu erlernen. Bis zu dem Punkt, an dem ich meinen Mitspieler in die Tasche stecken kann, könnte ich vor Frust pausenlos heulen. Danach werde ich lockerer und kann das Spiel genießen. In Bezug auf Polo weiß ich, dass sich das Durchhalten lohnen wird. Neulich durfte ich bei einem Chukka mitspielen. Auf der Wiese hin- und herzugaloppieren und um den kleinen weißen Ball zu kämpfen ist ein echt tolles Erlebnis. Natürlich habe ich jedes Mal, wenn ich endlich in die Nähe des Balls kam, vor Aufregung so fest draufgeschlagen, dass er nur ein paar Meter rollte. Ziemlich demütigend, aber immerhin durfte ich bei einem richtigen Spiel mitmachen und spüren, wie aufregend Polo sein kann.

Leider erhielt meine Poloausbildung dann einen Dämpfer. Meine Kraft reicht sozusagen gerade noch zum Tippen, während ich mich auskuriere. Heute ist bereits der sechste Tag. Es fing genau an meinem Geburtstag an. Typisch, nicht wahr? Ein dröhnender Kopfschmerz, ja sogar Fieber überfielen mich, als ich an jenem Morgen meine Augen öffnete. Was ich sah, heiterte mich nicht sonderlich auf: In meinem abgedunkelten Zimmer war es stickig und als ich die Fensterläden öffnete, zeigte sich am Himmel eine aggressive, dreiste Sonne, die mir direkt ins Gesicht schien. In meinem Kopf hämmerte es und statt mich aufzumuntern, verletzte der strahlend blaue Himmel sozusagen meine Privatsphäre. Was war bloß los? Wird die Welt ab dem achtundzwanzigsten Lebensjahr plötzlich ganz furchtbar?

In Wirklichkeit hatte ich mir natürlich nur eine Grippe eingefangen. Wie gewöhnlich war ich aber noch nicht bereit, diese Tatsache zu akzeptieren, also putschte ich mich mit zwei Espressi auf und unternahm in der grellen Mittagssonne einen wunderschönen Ausritt durch die Pampa. Ich dachte, das würde mich aufmuntern. Anschließend konnte ich mehrere Tage lang mein Bett nicht mehr verlassen. Ich verpasste sogar meine eigene Geburtstagsparty, die ein paar liebe Freunde in Buenos Aires für mich veranstaltet hatten. Stattdessen blieb ich irgendwo in der Walachei krankheitshalber ans Bett gefesselt. Man hatte eine Calypso-Band aus Kleinwüchsigen engagiert, die die Party aufmischen und mir Happy Birthday singen sollte, aber stattdessen hing ich hier rum und langweilte mich zu Tode. Zwar versuchte ich mir einzureden, dass es doch irgendwie auch ziemlich cool ist, an der eigenen Geburtstagsparty nicht teilzunehmen, aber Schnupfnase und Kräutertee kamen mir auch nicht besonders wild vor, und wie cool konnte ich schon sein, wenn man stattdessen mit einer Menge Freunde im Künstlerviertel von Buenos Aires, dem St.-Elmo-Distrikt, abtanzen könnte?

Zu allem Übel war dies der erste Geburtstag seit Jahren, den ich tatsächlich mal feiern wollte. Irgendwie habe ich Feiern an meinen Geburtstagen sonst meist vermieden – ich weiß auch nicht, woran es liegt, aber ich fühle mich dann immer unwohl in meiner Haut. Dieses Jahr war das anders. Mir gefiel die Vorstellung einer Party in Buenos Aires mit nur wenigen alten Freunden und vielen neuen Freunden und unbekannten Gesichtern. Na klar, musste ich ausgerechnet in diesem Jahr krank werden!

Gestern saß ich dann zum ersten Mal wieder auf einem Pferd beziehungsweise genauer gesagt abwechselnd auf zweien, wie sich das beim Polo gehört. Es war wunderbar! Ich bin auf dem Polofeld herumgaloppiert, während die richtigen Spieler ein Chukka ausfochten. Nach den Tagen der Bettruhe kam es mir auf einmal sehr viel unterhaltsamer vor, meinen Schwungschlag zu üben. Zuerst auf dem einen Pferd, dann auf einem anderen vergaß ich völlig, dass ich eigentlich noch krank war. Natürlich fühlte ich mich ziemlich schwach, war verschwitzt und sogar wieder fiebrig, als ich schließlich abstieg. Ich stolperte zum Haus zurück und fiel wie ein Zombie auf mein Bett – ein mir inzwischen recht vertrauter Zustand.

Etwas später versammelten sich die Polospieler mit ihren Frauen und ihren vielen kleinen Kindern zusammen mit den anderen Gästen des Hauses zu einem *asado*, einer Art Grillparty, um einen langen Holztisch im Garten der *Estancia*. Man servierte uns Stücke vom Rind, von denen ich bisher nicht einmal gewusst hatte, dass sie existieren. Körperlich war ich zwar anwesend, aber mein Geist weilte noch im Land der Feen und Elfen, wo Ponys frei herumlaufen und Einhörner durch den Regenbogen springen. Nein, ich hatte keine Drogen genommen, aber ich glaube, ich habe trotzdem ein wenig halluziniert. So schlecht ging es mir wirklich schon lange nicht mehr.

Nach einer scheinbar endlos langen Phase der Erschöpfung, ging es irgendwann wieder bergauf. Puh! Als ich wieder auf den Beinen war, unternahmen wir einen Ausflug nach Mendoza. Mendoza ist der Landstrich, in dem der berühmte argentinische Wein, der Malbec, angebaut und gekeltert wird. Die Weinberge erstrahlten in voller Pracht, als wir dort ankamen, die Reben an den weiten grünen Hügel und Tälern hingen voller violetter Trauben und alles wurde von den schneebedeckten Kuppen der Anden eingerahmt. Wir wohnten mitten in einem der atemberaubenden Weinberge, umgeben von Rebstöcken, so weit das Auge reichte. Die steinerne »einfache Winzerhütte« erinnerte eher an eine Finca auf Ibiza. Große Kamine, noch größere Badewannen, großartige Ausblicke. Wenn ich morgens die Vorhänge beiseiteschob und wenn ich in der Lagune schwamm, die das Haus umgab, konnte ich den Aconcagua sehen, den höchsten Berg des amerikanischen Kontinents! Mein Fazit: Mendoza ist absolut hinreißend. Sogar für jemanden, der wie ich keinen Tropfen Wein trinkt.

Nach diesem kleinen Ausflug verbrachte ich ein paar Tage in Buenos Aires, weil ich dringend mal wieder eine Dosis Zivilisation brauchte. Dem Himmel sei Dank! Erst als ich durch die dreckigen, lauten Straßen spazierte, wo sich die Menschentrauben an mir vorbei drängten und der Smog in der Luft hing, wurde mir plötzlich bewusst, wie sehr ich mich nach der Stadt gesehnt hatte. Endlich konnte ich wieder durchatmen. Palermo Viejo ist inzwischen zu einem meiner Lieblingsviertel in Buenos Aires geworden. Es besitzt lauter kleine Gässchen, bunte Häuser, Läden und Cafés wie im New Yorker West Village – voll kleiner Leckereien und cooler Leute.

Bevor ich nach Europa zurückflog, hatte ich allerdings noch einen richtigen Road Trip geplant. Meine Schwester Maria und Giada, eine gute Freundin, kamen nachgereist und nach einigen Tagen auf dem Land waren wir startklar. Was für eine romantische Idee! *Thelma und Louise*, *Bonnie und Clyde* oder *Easy Rider* – was haben diese Klassiker gemeinsam? Die Straße natürlich. Unser fünftägiger Road Trip durchs nördliche Argentinien sollte ein echtes Abenteuer und der krönende Abschluss meines Aufenthalts in diesem wunderbaren Land werden.

Maria, Giada und ich flogen nach Salta hinauf, wo die Reise begann. Einer unserer argentinischen Freunde hatte uns zwar diverse Tipps gegeben, doch wir drei Mädels warteten mit dem Studieren der Karte und dem Planen der Route bis zum letzten Moment, beziehungsweise hatten noch nicht einmal eine Karte, geschweige denn einen Reiseführer dabei. Erst als wir unseren Toyota Pickup mieteten, erhielten wir eine etwas unübersichtliche Touristenkarte voller kleiner bunter Symbole, aber ohne klare Hinweise auf Distanzen oder die Beschaffenheit der Straßen. Folglich war die erste Stunde unserer Fahrt mehr als verwirrend. Allein schon aus Salta hinaus zu kommen war komplizierter, als wir gedacht hatten. Meine Schwester und ich sprechen zwar fließend Spanisch, aber irgendwie blieben uns die argentinischen Wegbeschreibungen rätselhaft. Was den Start der Reise noch frustrierender machte, war die Tatsache, dass wir erst noch an einem Supermarkt haltmachen wollten, um Snacks, Erfrischungstücher, Wasser und andere nützliche Reiseutensilien zu kaufen. Der einzige Laden, den wir fanden, ein riesiger Kasten, führte aber nur Putzmittel. Daneben befand sich zumindest ein Obst- und Gemüsemarkt. Super, dachten wir, dann können wir uns wenigstens mit Obst eindecken. Bis uns klarwurde, dass wir statt ein paar Orangen gleich eine ganze Kiste davon kaufen mussten. Irgendwie arrangierten wir uns aber mit dem, was es gab, so dass wir wenigstens nicht verhungern mussten. Wir brauchten geschlagene zwei Stunden, um die Stadt hinter uns zu lassen.

Dann waren wir endlich unterwegs in Richtung des kleinen Ortes Purmamarca, unser erstes Reiseziel. Ich muss zugeben, dass ich mir nach diesen Anfangsschwierigkeiten etwas Sorgen um unseren Orientierungssinn machte. Ich fragte mich, ob mangelndes Orientierungsvermögen wohl ein generelles Frauenproblem ist, oder ob es sich bei uns dreien nur zufällig um besonders schlecht ausgestattete Exemplare handelt. Die Straße, die uns nach Norden führte, war so schmal, dass kaum ein Auto darauf passte, von Gegenverkehr ganz zu schweigen. Das Bergsträßchen war zudem völlig von hellgrünen Bäumen überwuchert, die mit Efeu und Moos bewachsen waren. Auf diesem Dschungelpfad schraubten wir uns immer höher in die Berge hinauf, wobei wir ganz erstaunliche Vegetationen durchquerten. Meine Schwester und ich wechselten uns am Steuer unseres Geländewagens ab, den ich liebevoll »Pussy Wagon« getauft hatte.

Nach endloser Fahrt in die Höhe tauchten wir plötzlich aus dem grünen Labyrinth auf und waren von riesigen roten Bergen umgeben. Das Dorf Purmamarca war eine meiner Lieblingsstationen auf dieser Reise. Es lag inmitten regenbogenfarbener Felsen, denn die Berge um das Dorf herum waren nicht nur rot, sondern leuchteten in einer Vielfalt farbiger Schattierungen, als seien sie mit riesigen Buntstiften angemalt worden. Von Grün über Rosa, Blau und Violett war alles dabei, so dass die Felsen wegen ihrer Farbe und Formation wie himmelhohe Skulpturen wirkten. Die Häuser des Dorfes waren aus Stein, Bambus und Stroh gebaut, und auf dem Markt konnte man die typischen Strickpullover und Taschen kaufen. Es war sehr nett, dort herumzuspazieren, denn trotz der Schönheit der Region gab es kaum Touristen. Es kam uns sogar so vor, als hätten wir den ganzen Ort nur für uns.

Im Lauf der folgenden Tage bekamen wir noch viele außergewöhnliche Dinge zu Gesicht. Die Salzseen, Las Salinas Grandes, gehören zu meinen Favoriten. Um dorthin zu gelangen, mussten wir eine kurvige Straße entlangholpern, die teilweise 3000 Meter über dem Meeresspiegel lag. Kein Wunder, dass uns allen ein bisschen schlecht war, als wir schließlich unser Ziel erreichten. Schon aus der Ferne hatten wir eine riesige, schneeweiße, glitzernde Ebene gesehen, die aus dem Nichts aufzutauchen schien, genau wie eine Oase mitten in der Wüste. War das Wasser? Nein, es handelte sich um Kilometer von getrocknetem Salz, eine Fläche, die sich bis zum Horizont erstreckte. An manchen Stellen erhoben sich kleine Salzhügel, aber ansonsten war die Ebene vollkommen flach. Der Anblick wirkte irgendwie unwirklich auf uns: teils Schneefläche, teils Mondlandschaft, teils Sahara, und das Ganze in der heißen

Mittagssonne. Waren wir auf einem fremden Planeten gelandet?

Giada tauchte plötzlich in einem knallroten Kleid aus den achtziger Jahren auf, um mit uns einen David-Lynch-artigen Kurzfilm zu drehen. Rasch legte ich etwas roten Lippenstift auf, schnappte mir eine Diskomütze und blödelte mit ihr vor dieser beeindruckenden Szenerie herum. Meine Schwester filmte uns mit ihrer Super-8-Kamera. Die Bilder sollten unser Beweis dafür sein, wie völlig bizarr dieser Ort war. Als wir die Salzseen schließlich hinter uns ließen, fühlten wir uns völlig ausgedörrt und erschöpft. Die heiße, trockene Luft, das Salz und die Höhenmeter hatten uns erledigt.

Anschließend setzten wir unsere Reise nach Norden fort, wobei wir durch weitere hübsche Dörfer kamen, durch Tilcara und Humahuaca bis nach La Quiaca, dem nordwestlichsten Zipfel Argentiniens. Dort parkten wir unseren Pickup und schlenderten ganz gemütlich über die Grenze nach Bolivien hinüber, während Rucksacktouristen stundenlang Schlange standen, um sich ihre Pässe stempeln zu lassen. Wir spazierten über einen Markt, der im Grunde genau wie alle anderen Märkte war, die wir bisher auf unserer Reise gesehen hatten. Die Menschen, die in ihren beeindruckenden traditionellen Gewändern vor kleinen Ständen mit Leckereien aus der Region saßen, waren allerdings besonders schön anzusehen. Ihre wie gemeißelt wirkenden Gesichtszüge waren halb unter riesigen, steifen Hüten verborgen und die Frauen trugen bunte, wippende Röcke.

Auf dem Weg zurück nach Süden machten wir in Yavi halt, einem phantastischen kleinen Dörfchen, das vor vielen hundert Jahren in einen Schönheitsschlaf gefallen zu sein scheint. Die Häuser, alle aus Lehm und mit Strohdächern, schmiegen sich friedlich unter schattige Bäume. Ein kleiner Dorfplatz im

Zentrum führt um eine Kapelle herum, die im 17. Jahrhundert erbaut worden ist. In ihrem Inneren finden sich Holzschnitzereien und ein Altargemälde, das dem Heiligen Franz von Assisi gewidmet ist. Außer einem alten Mann, der den Hof vor der Kirche kehrte, war keine Menschenseele zu sehen.

Leider war unser Zeitplan so straff, dass wir die Einsamkeit und Schönheit des Dorfes kaum richtig genießen konnten. Es war schon vier Uhr am Nachmittag und wir mussten vor dem Abend wieder in Purmamarca eintreffen. An unserem letzten Tag ließen wir es dann ganz gemächlich angehen. Wir hatten uns nämlich in ein Juwel von einem Hotel verliebt, das inmitten eines grünen, sonnigen Gartens lag. Hier genossen wir das Wetter und hatten sogar noch Zeit, zu einer archäologischen Ausgrabungsstätte in der Nähe zu spazieren und uns beim Shiatsu verwöhnen zu lassen. An einem Ort zu verweilen wurde auf einmal reizvoller als je zuvor. Zeit und Raum zum Arbeiten zu haben erschien mir wie der pure Luxus! Ich musste ja auch von unterwegs meine Kolumnen schreiben. Auf dem Rückweg nach Buenos Aires ließ ich die letzten ereignisreichen Tage noch einmal an mir vorbeiziehen. Dabei wurde mir klar, wie passend der kurze Road Trip mein Abenteuer abgeschlossen hatte. Denn schließlich ist so eine Reise die beste Metapher fürs Leben selbst: Es geht nie nur allein ums Ziel, egal, wie einzigartig es auch sein mag. Worum es wirklich geht, ist die Fahrt dorthin, sind die Schwierigkeiten unterwegs, die Sehenswürdigkeiten, das Auf und Ab und auch die kleinen Ärgernisse und Aufregungen …

Fastenzeit

Für die meisten Menschen ist die Fastenzeit nicht mehr als ein veralteter Brauch, an den sie sich vielleicht noch dunkel aus Kindertagen erinnern. Für mich als praktizierende Katholikin hat die Fastenzeit schon immer so selbstverständlich zu meinem Leben dazugehört wie Weihnachten und Ostern. Der Gedanke dahinter ist recht simpel: Die Gläubigen werden dazu aufgerufen, wie Jesus zur Vorbereitung für seine Auferstehung am Ostersonntag vierzig Tage zu fasten.

Natürlich wird von uns nicht erwartet, dass wir vierzig Tage lang tatsächlich fasten, sondern man bittet uns stattdessen, in dieser Zeit auf etwas zu verzichten, das uns viel bedeutet. Den Großteil meines Lebens über war das Zucker. In den Wochen vor der Fastenzeit stopften meine Geschwister und ich uns mit Schokolade, Süßigkeiten, Kuchen und Keksen voll, bis wir ganz grün im Gesicht waren. In Anbetracht dessen, was vor uns lag, klammerte ich mich verzweifelt an den einzigen Strohhalm, den ich weit und breit sehen konnte: die Sonntage. Sonntag ist der Tag der Wiederauferstehung und daher ein Festtag. In der sandigen Wüste der Fastenzeit sind die Sonntage willkommene Oasen. Ich gebe ja zu, das ist schon irgendwie Drückebergerei, aber ich habe die Regeln schließlich nicht gemacht. Das Beste am katholischen Glauben sind die vielen Schlupflöcher. Auf dem Papier ist es natürlich eine sehr strenge Religion, aber es gibt zahlreiche Hintertürchen, die es einem leichter machen.

Wir Katholiken können nämlich unsere Ausschweifungen, unsere Extreme, unsere Gelage und unsere Entsagungen geschickt auf unseren Glauben schieben. Unsere Version vom Ramadan ist vermutlich um einiges leichter, eine Art Ramadan für Anfänger sozusagen. Das Ganze beginnt am Aschermittwoch mit einem Gang in die Kirche, wo man ein Aschekreuz auf die Stirn gemalt bekommt, das den Beginn der vierzigtägigen Trauerzeit markiert, welche mit Gründonnerstag, Karfreitag und Karsamstag endet, den einzigen drei Tagen, an denen wir uns ernsthaft um so etwas Ähnliches wie echtes Fasten bemühen. Dafür wird am Ostersonntag dann richtig geschlemmt. Mit Fasten meine ich in diesem Fall, unseren Hunger mit einer einzigen Mahlzeit am Tag zu stillen. Das empfand ich noch nie als sonderlich herausfordernd und jedes Jahr bin ich also extrem motiviert. Am Tag vor »dem großen Hungern« machen verschiedene Familienmitglieder vielversprechende Ankündigungen: »Ich werde morgen gar nichts essen«, sagt zum Beispiel mein Bruder. »Wir werden nur eine ganz einfache Mahlzeit zu uns nehmen«, gibt meine Mutter zurück. Und am nächsten Tag erwische ich dann mindestens einen von ihnen in der Küche, wo irgendetwas gemampft wird. Die Restlichen stopfen sich bei unserer »einen einfachen Mahlzeit« voll, sprich einer Riesenportion *parmigiana di melanzane*, von der eine ganze Armee satt werden würde.

Dieses Jahr ist mein Plan, das Rauchen aufzugeben. Seit meiner ersten Argentinien-Reise vor einigen Jahren bin ich immer wieder rückfällig geworden. Es war mir unmöglich, mehr als ein paar Wochen am Stück auf Nikotin zu verzichten. Natürlich hätte ich das Rauchen schon an Silvester aufgeben können, aber das ist doch blöd. Neujahrsvorsätze? Nein danke! Mir gefällt diese grausame, selbstauferlegte Fastenzeit-Tortur viel besser. Aber ich greife vor. Spulen wir einmal zurück und genießen zusammen eine letzte Zigarette und den Blick auf meine bisher langlebigste Liebe.

Das mit den Zigaretten und mir geht schon so lange, und wie die meisten Beziehungen war auch unsere eine mit vielen Höhen und Tiefen. Wie vermutlich viele pubertäre Gören fing ich im zarten Alter von dreizehn mit dem Rauchen an, Hand in Hand mit einer Menge Getue und Rebellionsgeist. Ich hatte sogar davor schon mit dem Rauchen herumexperimentiert – zu einer Zeit, als ich das Wort »Zigarette« noch nicht mal richtig schreiben konnte. Meine Geschwister und ich hatten nämlich als Kinder immer mal wieder ein paar Zigaretten meines Onkels geklaut, die er gewöhnlich im Ruhezimmer neben der Sauna ablegte. Mein Onkel, der ganz klar ein Mann mit Geschmack war, schwitzte zuerst ordentlich, um sich dann zum Ausruhen und Rauchen zurückzuziehen. Praktischerweise ließ er seine Zigaretten immer dort herumliegen. Ich weiß noch genau, wie aufgeregt wir waren, als wir uns die Erste ansteckten und dabei die Erwachsenen nachzumachen versuchten, die wir beim Rauchen beobachtet hatten. Ich kann damals nicht viel älter als sechs oder sieben gewesen sein. Obwohl es natürlich ekelhaft schmeckte, gefiel mir bereits die Vorstellung, Raucherin zu sein. Die meisten Erwachsenen um uns herum rauchten, daher symbolisierte es für mich Unabhängigkeit und Freiheit. Meiner Schwester und mir gefiel der Gedanke so sehr, dass Rauchen zu einem zentralen Motiv eines unserer Phantasiespiele wurde, das wir – sehr einfallsreich – »Rauch-Mädchen« nannten. Darin taten wir so, als seien wir coole Teenager, die keine Eltern mehr hatten, alleine lebten, die meiste Zeit nur herumhingen und eben den ganzen Tag rauchten. Als Zigaretten dienten uns Mini-Bleistifte. Auf dem besten Weg zur Sucht!

Als ich später dann richtig anfing zu rauchen, war der erste Schritt zu lernen, wie man inhaliert, statt nur zu paffen. Dafür fand ich ohne Probleme wissende Lehrmeister: meine Schwester und ihre noch älteren Klassenkameraden. Dabei handelte es sich natürlich um die schlimmen Jungs, die mit den langen Haaren und zerrissenen Jeans, die Bier tranken, Punkrock hörten und in Skate-Parks herumlungerten. Solche, die ohne ihre Eltern zum Snowboarden fuhren. Hatten die überhaupt Eltern? Sie wirkten so selbstbewusst und lässig und sie wussten genau, wie man richtig rauchte. Es sah aus, als hätten sie schon geraucht, bevor ich überhaupt geboren wurde.

Der zweite Schritt bestand aus dem verzweifelten Versuch, abhängig zu werden. Das dauerte ein paar Jahre, und als es mir schließlich gelang, wollte ich eigentlich schon nicht mehr Raucherin sein. Ich rauchte weiter, bis ich eines Tages vor etwa fünf Jahren während einer besonders schweren Grippe beschloss, das Handtuch zu werfen. Es war mir eine ganze Woche lang gelungen, nicht zu rauchen, warum sollte ich also nicht dranbleiben? Vier Jahre später war ich immer noch Nichtraucherin – bis zu meinem ersten Argentinien-Urlaub, wo ich rückfällig wurde. Die Idee gefiel mir so gut, mit meinem Bauch voller Steak unterm Sternenhimmel eine einzige Zigarette zu rauchen. Und sie schmeckte phantastisch. Ach herrje, Rauchen war einfach göttlich und es fühlte sich noch dazu in diesem Moment genauso an, wie die heimlichen, verbotenen Zigaretten meiner Jugend. Ich hatte ganz vergessen, wie viel Spaß Rauchen machte. Als ich zurück nach Europa kam, wurde mir klar, dass es außerdem wieder in war. Da man in Restaurants und Bars nicht mehr rauchen durfte, trafen sich die coolen Typen jetzt draußen. Ist es nicht irgendwie verlockend, vom Establishment verstoßen zu werden? Das Rauchen war endlich wieder ein Tabu, genau wie zu meinen Skaterette-Zeiten.

Zuerst versuchte ich, mein Laster mit meinem sonst sehr gesundheitsbewussten Lebensstil zu vereinbaren. Ich wählte als Marke American Spirit. Damals lebte ich noch in Nimmerland, sprich, ich hatte nicht vor, mir oder irgendjemandem einzugestehen, dass ich wieder rauchte. Stattdessen tat ich so, als sei ich einer dieser abscheulichen Gelegenheitsraucher. Die Ich-esse-immer-nur-ein-Stückchen-Schokolade-Typen. Leider bin ich aber eher der Alles-oder-nichts-Typ. Schließlich gab ich meine Verleumdung auf und stellte mich meiner Sucht. Ich gab offen zu, wie eklig diese American Spirits in Wirklichkeit schmeckten. Wenn ich schon rauchte, dann wollte ich die verdammten Glimmstängel wenigstens genießen können.

Und da kamen die roten Marlboro ins Spiel. Die sind eben einfach gut. Selbst die Verpackung ist fabelhaft (abgesehen von den Fotos verfaulender Zähne natürlich). Seit jenem Tag bin ich immer wieder auf Nikotin. Bis vor kurzem konnte ich einfach nicht genug Willenskraft zusammenkratzen, um meinen geliebten Roten endgültig Lebewohl zu sagen. Und wie lebt es sich so als Nichtraucherin? Anlässlich der Fastenzeit hoffe ich auf die Unterstützung durch himmlische Mächte. Etwas für jemand anderen aufzugeben ist immer leichter, daher gehe ich davon aus, dass es mir die dringend benötigte Durchhaltekraft gibt, wenn ich aus der Sache ein spirituelles Anliegen mache.

Ich hab mich als Raucherin echt toll gefühlt, ein bisschen wie Faye Dunaway, eine Femme fatale (ich sag ja, es war nur ein Gefühl!). Jetzt muss ich eben einen anderen Weg finden, um meine Ausstrahlung zur Geltung zu bringen, aber das sollte das kleinste Problem sein.

Auch abgesehen von der Befreiung meiner Lungen von etwas Teer, hat die Fastenzeit jede Menge Nutzen. Jeder New-Age-Guru, jeder Therapeut, Ernährungsberater oder Heiler kann bestätigen, dass es nicht nur gesund ist, sich bestimmter Laster zu entledigen, sondern auch befreiend. Sich von der Abhängigkeit zu lösen – und sei es auch nur für ein paar Wochen – schafft Platz in unserem vollen, hektischen Leben. Wer weiß, was in diesem neugefundenen Raum wachsen kann: Kreativität, Gelassenheit – oder, vielleicht, einfach nur ein neues Laster?

Die Entbehrung hat mir Spaß gemacht, es war aufregend, aber jetzt bin ich bereit für eine dauerhafte Veränderung. Das Rauchen aufzugeben ist – bei Gott – keine leichte Aufgabe. Das ist wohl leider der Fluch aller lohnenswerten Dinge.

Das Wolkenmonster

Die Vulkanaschewolke ist doch echt ein Ding! Mir zeigt das wieder einmal, dass die Realität selbst der abgefahrensten Fiktion Lichtjahre voraus ist. Wenn man mir vor ein paar Monaten prophezeit hätte, dass ein Vulkanausbruch in Island den Flugverkehr der Welt wochenlang fast zum Erliegen bringen würde, hätte ich nur gelacht. Ich bin zwar kein Meteorologe, aber ich bitte Sie: Klingt das nicht wie die beste Schulschwänzerausrede seit Ferris Bueller? »Es tut mir schrecklich leid, Frau Schmidt, aber ich kann diese Woche unmöglich am Chemieunterricht teilnehmen. Ich muss in St. Moritz bleiben, bis die Aschewolke aus Island sich verzogen hat.« Zahllose Menschen saßen tatsächlich an ihrem Ferienort fest und mussten so ihren Urlaub unfreiwillig verlängern.

Ich habe letzte Woche meinen ganz persönlichen Kampf mit der Aschewolke ausgefochten. Mein gesamter Familienclan plus zahlreiche Freunde mit Anhang sollten sich nämlich im TnT-Hauptquartier in Regensburg treffen. Der Anlass war die gemeinsame Geburtstagsparty von meiner Mutter und meiner Großmutter. Die beiden feierten ihren fünfzigsten beziehungsweise achtzigsten Geburtstag mit einer Festgala. Die Katastrophe nahm ihren Lauf am Freitag: Ich tippte gerade eifrig meine Kolumne und war völlig in die Arbeit versunken, als pausenlos mein Handy zu klingeln begann. Verschiedene Familienmitglieder, darunter mein Onkel, meine Tante, mein Bruder und mein Cousin, riefen an und stellten mir seltsame Fragen. Ja, ich hatte von dem Vulkanausbruch und den deswegen ausgefallenen Flügen gehört. Unser Flieger ging aber doch erst am nächsten Tag, wozu also die ganze Aufregung? Ich vermutete, meine Verwandtschaft hatte die ganze Zeit vor dem Fernseher gesessen und sich in eine CNN-typische Zerstörungs-Countdown-Stimmung hineinziehen lassen.

Egal, was alle anderen sagten, ich glaubte nicht daran, dass wir am nächsten Tag nicht würden fliegen können. Nach weiteren Anrufen und besorgten SMS-Nachrichten wurde aber auch ich langsam ein bisschen unruhig. Nach einer Weile fragte ich mich dann doch, ob ich mich vielleicht zu sehr auf unseren Flug am nächsten Tag verließ. Schließlich beschloss ich, aktiv zu werden und tat, was jede logisch denkende Frau in einer solchen Situation tun würde: Ich rief meine Mutter an. Ich wusste, dass unsere Anwesenheit – unser unglückliches Trio bestand aus meiner Schwester Maria, meinem Cousin Moritz und mir – zu diesem Anlass natürlich Pflicht war, aber was blieb uns übrig, wenn sich höhere Mächte einmischten? »Steigt ins Auto und fahrt die Nacht durch«, antwortete meine Mutter ohne Umschweife. Dieser Anweisung fügte sie dann noch großzügig hinzu: »Aber ihr müsst natürlich wissen, was ihr für richtig haltet.«

Hmmm, ... ich dachte nach: Entweder überstürzt aufbrechen, wie eine Verrückte nach Dover rasen, in der Hoffnung, dort noch die letzte Fähre zu erwischen – immerhin war der europäische Flugverkehr zum Stillstand gekommen und es handelte sich zu allem Unglück um einen Freitagabend (was sich durchaus auf die Straßenverkehrslage auswirken könnte) oder die Sache stattdessen ganz ruhig angehen? Schwierige

Entscheidung. Von Calais aus würden wir quer durch Belgien, Luxemburg und schließlich bis ins gute alte Bayern fahren müssen, wo wir völlig erschöpft gerade noch rechtzeitig zum Beginn der Party eintreffen würden. Mir war glasklar, was der Wunsch meiner Mutter war und was ihre Sorge. Der Verkehr auf dieser Route ist angeblich generell so dicht – ganz zu schweigen von diesem speziellen Katastrophen-Tag –, dass die einzige Möglichkeit darin bestand, sofort aufzubrechen und die Nacht und den nächsten Tag durchzufahren – oder wahlweise zu akzeptieren, dass wir es nicht pünktlich nach Regensburg schaffen würden.

Wir waren hin- und hergerissen. Natürlich wollten wir beim Fest anwesend sein. Wir sind schließlich eine bayerisch-ungarisch-katholische Familie, deren Mitglieder eng zusammengeschweißt und liebevoll voneinander abhängig sind. An einem solch wichtigen Event nicht teilzunehmen war schlicht undenkbar. Auf einer Skala der Todsünden würde unsere Abwesenheit dicht auf die Heirat mit einem Protestanten folgen. Aber würden wir es mit dem Auto wirklich schaffen? Verzweifelt versuchten wir, in unserer misslichen Lage intelligent zu handeln und einen perfekten Plan zu erarbeiten. Wir kauten so lange auf derselben Idee herum, bis wir einfach nur noch erschöpft waren. Sollten wir es wagen oder nicht? Während zahlloser Telefonate zwischen meiner Schwester und mir, meinem Cousin und meiner Schwester, mir und meinem Cousin und uns dreien gleichzeitig, diskutierten wir unsere Optionen und ihre Vor- und Nachteile. Sobald einer von uns einen Vorschlag machte, kam von irgendwoher ein Gegenvorschlag. Wenn ich mit Moritz sprach, blieb Maria in der Leitung, und hatte sie Moritz an der Strippe, wartete eben ich. Moritz wollte aufbrechen, aber ich war noch skeptisch. Als ich mich dann endlich durchgerungen hatte, war er zu müde.

Vielleicht würde der Himmel über Nacht aufklaren und wir konnten wie geplant am nächsten Tag ganz gemütlich unseren Flieger nehmen, so hofften wir. Das mag vielleicht naiv gewesen sein – auch wenn ich es lieber als optimistisch bezeichnen möchte –, aber natürlich hatten die anderen recht und wir uns getäuscht. Wir saßen in England fest, während man sich in unserem Schloss an *foie gras* und Champagner labte.

Was ist die Moral von der Geschichte? Dass wichtige Entscheidungen spontan getroffen werden müssen. Das ganze Hin und Her verwirrt doch nur noch mehr. Jede Entscheidung zieht nun mal einen Rattenschwanz an Konsequenzen nach sich. Was mich immer blockiert, ist meine Angst, eine falsche Entscheidung zu treffen. Aber wenn man es sich genau überlegt, gibt es eigentlich kaum falsche Entscheidungen. In den meisten Fällen ist es doch wesentlich schlimmer, gar nichts zu entscheiden, als mal etwas zu bereuen. Manchmal sollte ich mir einfach ein Herz fassen und etwas wagen, anstatt mir den Kopf darüber zu zerbrechen, was das alles für Folgen haben könnte. Wir hätten also, wie meine Mutter es sich gewünscht hatte, entweder sofort ins Auto steigen oder gleich beschließen sollen, dass wir für diese Aktion einfach zu müde waren.

Egal, welche Wahlmöglichkeiten man hat, eine perfekte Entscheidung gibt es wohl nicht. Natürlich waren wir traurig darüber, das Doppel-Spektakel verpasst zu haben, und sicher wurden wir dort vermisst, aber das Fest fand eben auch ohne uns statt (schluck). Meine Mutter und meine Großmutter hatten trotz Aschewolke einen phantastischen Abend und das war schließlich das Wichtigste.

The Beat goes on …

Wieder einmal sitze ich im Eurostar und rausche von Paris nach London. Ich bin ziemlich erledigt, weil ich wegen des Umzugs recht viel um die Ohren hatte, sprich, Strom und Telefon kündigen, neue Verträge abschließen, mit Möbelpackern verhandeln und fremde Leute durch meine Wohnung spazieren lassen, angeführt von meiner absoluten Lieblingsspezies: dem Immobilienmakler. Ja, ich ziehe tatsächlich endlich um! Das sind natürlich prima Neuigkeiten, so dass ich mich wirklich nicht beklagen kann, aber es bleibt trotzdem eine ermüdende Sache. Manche Leute behaupten, Umziehen sei stressiger als eine Scheidung. Ich denke, das ist übertrieben, aber es ist natürlich tröstlich, dass ich anscheinend nicht die Einzige bin, die einen Umzug als extrem aufreibende Herausforderung empfindet.

Und als sei das alles noch nicht anstrengend genug, habe ich gestern Abend während des Einpackens auch noch mehrere Stunden mit Packen verbracht. Verwirrend? Na ja, bevor ich umziehe, muss ich noch ein paar Zwischenstopps einlegen, daher auch der Kurztrip nach Paris. Ich stand also mehrere Stunden vor meinem Kleiderschrank, starrte Berge von Klamotten an und hatte trotzdem das Gefühl, nichts zum Anziehen zu haben. Ab und zu verbringe ich auf diese Weise einen ganzen Abend, meistens vor Reisen, bei denen ich mir nicht sicher bin, was genau ich einpacken soll (siehe meine Packproblematik vor Argentinien). Dafür brauche ich dann endlos lange, oft bis in die frühen Morgenstunden. Natürlich stehe ich nicht wirklich nur da und starre in den Schrank, sondern probiere verschiedene Teile an, im verzweifelten Versuch, mehrere Looks aus wenigen Stücken zu kreieren. Das ist ganz ähnlich, wie Kinder verkleiden spielen, nur dass es jetzt ernst ist.

Das kann total viel Spaß machen oder unglaublich frustrierend sein, je nach Laune. Ich probiere Sachen an, die ich schon eine Weile nicht mehr getragen habe, und mache eine Bestandsaufnahme meines Kleiderschranks, um zu entscheiden, was ich auf die Reise mitnehme. Manchmal freue ich mich unheimlich, etwas wiederzuentdecken, von dem ich gar nicht mehr wusste, dass ich es habe. Manchmal stolpere ich über etwas, das es nie weiter als ein paar Schritte vom Schrank weg geschafft hat. Ein oder zwei Jahre nach dem Kauf eines leuchtend orangefarbenen Tanktops, das ich nie getragen habe, komme ich mir in dem Teil plötzlich gar nicht mehr so blöd vor. Der neunziger Jahre-Look ist gar nicht mal übel, denke ich mir.

Allerdings läuft die Prozedur nicht immer so konstruktiv ab. Mitunter stopfe ich ein Kleidungsstück noch tiefer in den Schrank hinein, weil es mich ärgert, dass es nicht so perfekt passt, wie ich das gerne hätte. Es kommt schon mal vor, dass mich ein Rock eher wie eine Weißwurst statt wie ein Spargel aussehen lässt. Da ich Klamotten liebe und eigentlich auch die kreative Packphase vor dem Verreisen, finde ich das Ganze trotzdem immer recht unterhaltsam. Manche mögen das jetzt vielleicht blöd finden, aber Looks zu kreieren und Outfits zusammenzustellen ist nun mal ein heiß geliebtes Hobby von mir. Schon wenn ich auf der Straße eine gut angezogene Person sehe oder jemanden, dessen Stil die Persönlichkeit durchblitzen lässt, begeistert mich das. Wesentlich weniger begeisternd ist es, alle meine Outfits in den Koffer quetschen und diesen dann die Treppe hinunter ins Taxi wuchten zu müssen. In meinen Träumen reise ich mit ganz leichtem Gepäck und bereue dabei nie, etwas zu Hause gelassen zu haben. Wie unrealistisch ist das denn bitte?!

An jenem Abend fand ich mich nach längerem Hin und Her dann schließlich vor einem Riesenberg Kleider wieder. Natürlich waren es viel zu viele. Ich brauchte bloß drei Outfits, aber wie ich schon sagte, sind manche Events eben kniffliger als andere und die Party am nächsten Tag in Paris schien in diese Kategorie zu fallen. Der Anlass meiner Reise ist die gemeinsame Geburtstagsfete von meiner Mutter und einem Bekannten, dem Galeristen Thaddaeus Ropac. Sie feiern ihre 100 Jahre zusammen im Maxim's. Das Maxim's ist eine echte Pariser Institution: Mit seinen luxuriösen, mit Samt bezogenen Stühlen und der Boudoir-Einrichtung scheint es in einer Zeitschleife hängengeblieben zu sein. In Paris spielt sich irgendwie alles Wichtige im Maxim's ab. Für mich fühlt es sich inzwischen fast wie ein zweites Wohnzimmer an, so viele schöne Abende habe ich hier schon verbracht.

Ebenfalls ein Freund von uns, Pierre, ist für die Wiederauferstehung des Maxim's verantwortlich. Er veranstaltet dort Partys für die Kunst- und Medienwelt, sowie verrückte Schwulenclubabende. Bei den meisten seiner Events besteht die Gästeschar aus einer bunten Mischung, was Alter und kulturellen Hintergrund angeht, daher ist die Gesellschaft dort für Pariser Verhältnisse oft angenehm untypisch.

Der Geburtstag meiner Mutter versprach aufgrund der eklektischen Gästeliste ein unterhaltsamer Abend zu werden. Beide Geburtstagskinder kennen nämlich eine Menge cooler Leute. Weitere Gastgeber waren außerdem mein Bruder, meine

Schwester, ich selbst und die beste Freundin meiner Mutter, Alessandra Borghese, eine italienische Prinzessin und Journalistin, die mindestens so viele Leute kennt wie meine Mutter. Und schlussendlich war auch noch die wunderbare wie legendäre Bianca Jagger mit im Boot.

Der Dresscode für die Party war ganz einfach: Abendgarderobe *»excentrique«*. Das ist absolut mein Motto, weil es im Grunde bedeutet, das zu tragen, wozu auch immer man Lust hat. Denn was ist Exzentrik? Für mich steht sie als Symbol für eine Dosis freien Denkens und Authentizität sowie persönlichen Stil, eine individuelle Interpretation der Welt und den Mut, diese durchzusetzen. Alles in allem ist Exzentrik doch eine ziemlich befreite Haltung, wo Regeln auch mal umgangen werden können und nur wenige Dinge wirklich in Stein gemeißelt sind. Exzentrisch zu sein bedeutet, sich nicht anzupassen und sich nicht jeder gesellschaftlichen Konvention zu beugen. Wer will da nicht exzentrisch sein? Ich hätte einen Slip auf dem Kopf tragen können, doch stattdessen entschied ich mich für eine verrückte Halskette, die aussah wie ein riesiges Lätzchen, und Haare in Zuckerwatterosa.

Die Party war wie erwartet ein echter Knaller. Viele der Gäste hatten sich mit ihren Kostümen unheimlich viel Mühe gegeben. Tatiana Santo Domingo zum Beispiel, eine sehr gute Freundin von mir, kam als eine Art punkige Marie Antoinette in einem halblangen, geschnürten achtziger Jahre-Ballkleid mit hoch aufgetürmten Haaren, in denen mittendrin eine Tiara steckte. Eine andere meiner Freundinnen erschien als indische Prinzessin mit Klunkern und viel Bling-Bling behängt in einem Sari. Manche Gäste trugen abgefahrene Perücken, während sich andere, so auch ich, für den Abend die Haare in schrillen Farben getönt hatten.

Nach dem Abendessen trat ein hinreißender und auffallend

großgewachsener Sänger mit einer noch größeren Afromähne, gekleidet in einen engen Lycra-Anzug, auf und sang »Nothing compares to you«. Nach dieser perfekt überzogenen Darbietung schwenkte die Band auf Funk und Rock um, und bald unterhielt uns meine Mutter auf der Bühne mit Klassikern von Etta James. Ich tanzte so lange mit meiner Schwester und meinen Freunden, bis nur noch wenige von uns übrig waren. Wir ließen die Party im Montana ausklingen, ehe ich ins Bett fiel. Wenn der fünfzigste Geburtstag so viel Spaß bringen kann, dann hab ich ja gar nichts gegen das Älterwerden.

Von der Entgiftung zur fröhlichen Rückvergiftung

Auf der Suche nach etwas Ruhe habe ich London gegen Österreichs grüne Wiesen eingetauscht. Nachdem die meisten meiner Umzugskartons ausgepackt sind, habe ich mich in meiner neuen Londoner Wohnung fast schon eingelebt. Daher fand ich es an der Zeit, ein bisschen rauszukommen. Nun wache ich seit einigen Tagen irgendwo außerhalb Wiens von Vogelgezwitscher auf, dazwischen scheint sogar eine tagaktive, schreiende Eule zu sitzen. Wenn das keine Wildnis ist! Die frische Luft wirkt bei mir wahre Wunder: Ich schlafe besser und fühle mich allgemein fitter. Als ich gestern durch den Wald geritten bin, dessen Wege durch den Regen dicht überwuchert sind, kam ich mir vor wie im Dschungel. Anschließend döste ich noch eine Weile an einem Teichufer, bis ich mir einen ordentlichen Sonnenbrand auf der Nase geholt hatte.

Hier auf dem Land ist gute Organisation das A und O. Wenn Sie wie ich in Ihrem Urlaub gerne ein bisschen Action haben, dann sollten Sie aufpassen, dass Sie nicht an den Ort geraten, an dem sich Fuchs und Hase gute Nacht sagen. Gute Vorbereitung ist dabei alles. Es kann ja sein, dass man manchmal nichts als lange Spaziergänge unternehmen, ein Buch lesen und sich vor dem Kamin entspannen will. Mitunter ist es jedoch von Vorteil, sich vor der Abreise diskret nach möglichen Aktivitäten zu erkundigen. Pferde, ein See (noch besser mit Boot), im Grunde eignet sich alles, womit man überschüssige Energie abbauen kann. Ich packe außerdem grundsätzlich meinen Laptop ein, egal, wohin ich reise, so dass ich mich hinter die Arbeit klemmen kann, wenn mir langweilig ist.

Bei mir weckt das Landleben schöne Erinnerungen an Spiele im Wald mit meinen Geschwistern, wenn die Blätter sich schon bunt verfärbt hatten. An den Wochenenden fuhren wir nämlich oft tief in den Wald hinein zu unserer Hütte. Im Grunde besteht diese sogenannte »Hütte« eher aus einer ganzen Reihe an Gebäuden, fast wie ein kleines Dorf, architektonisch inspiriert von russischen Datschen. Die grünen Jagdhäuschen mit ihren Hirschgeweihen und Wildschweinhauern erfüllten verschiedene Funktionen. In einem Haus befand sich das Esszimmer, in einem anderen wohnten meine Eltern. In wieder einem anderen war sogar eine Kegelbahn untergebracht, auf der sich meine Eltern nach dem Essen mit ihren Gästen amüsierten. Selbstverständlich gab es auch noch eine Küche, diverse Gästehäuser und natürlich unser Kinderhaus.

Damals schien das Gelände ringsherum in meinen Augen endlos weit. Ich sprang morgens aus dem Bett, zog ein Paar schlammverkrustete Reithosen an und lief hinaus ins Grüne, wo ich den ganzen Tag herumrennen und spielen konnte. Es war egal, dass meine Haare nicht gekämmt und meine Fingernägel schmutzig waren. Direkt neben den Hütten hielten wir unsere Ponys auf einer großen Wiese. Hier musste man mich nicht erst ewig durch die Gegend fahren, ehe ich auf den Rücken meines Ponys klettern konnte. Unsere selbsterfundenen Spiele, Zelten im Wald, Ausflüge in einem verbeulten alten VW und Ausritte durch die Natur boten uns ausreichend Beschäftigung für viele Tage. Damals merkte ich mir: Landleben ja, unter der Bedingung, dass es genug zu tun gibt.

Ich schätze mal, darauf hatte meine Mutter einen nicht ganz unerheblichen Einfluss. Sie beschäftigte sich nämlich selbst andauernd, indem sie Unterricht nahm. Kaum war der Tennislehrer verschwunden, tauchte auch schon der Gitarrenlehrer auf und nach dessen Verabschiedung begann die Reitstunde – so ging das von früh am Morgen bis in den späten Abend hinein. Als ich älter wurde, begriff ich, dass nicht alle Menschen tickten wie meine Mutter und dass für manche das Landleben Ruhe und Frieden bedeutete, sprich Isolation und Langeweile. Nennen Sie mich meinetwegen traumatisiert, aber ich kann mich an Einladungen auf wunschschöne Landsitze erinnern, bei denen man wegen der endlosen Mittagessen kaum Zeit draußen verbrachte. Das hätte ich dann doch lieber gegen einem Pub in London getauscht. Geht es denn auf dem Land nicht gerade darum, sich in der Natur aufzuhalten?

Jedenfalls habe ich eine gute Beschäftigung in der ländlichen Langeweile gefunden: Am besten macht man während des Aufenthaltes in der Abgeschiedenheit einfach eine günstige Entgiftungskur, egal, worauf auch immer man eine Weile verzichten möchte. Nachdem ich erst vor kurzem das Rauchen aufgegeben habe, ist es nun angeblich das Bindeeiweiß Gluten im Getreide, das mich belastet. Und da meinte ich, ich hätte den Großteil meiner Laster abgeschüttelt – man sollte sich eben nie zu früh freuen. Der Impuls für diese lästige Ernährungsumstellung, eine sogenannte »allergenreduzierte Diät«, ist nicht, dass ich abnehmen will (obwohl ich über diesen Nebeneffekt auch nicht todtraurig wäre), sondern mein dauernde Erschöpfungszustand und der daraus resultierende Arztbesuch. Schwerwiegender Fehler!

Während der letzten Monate habe ich mich tatsächlich häufig unheimlich schlapp gefühlt und hatte sogar Schwierigkeiten, mich zu konzentrieren. Ein Freund von mir sagt zwar, das sei ja nichts Neues, aber ich kann Ihnen versichern, dass sich meine Verplantheit in letzter Zeit deutlich verschlimmert hat. Oft fühle ich mich, als hätte mir jemand mit einem Vorschlaghammer eins übergezogen. Kein sonderlich gutes Gefühl. Ich ernähre mich gesund, ich treibe Sport und halte mich von so ziemlich allen bewusstseinsverändernden Stoffen fern, also was zum Henker ist da los? Habe ich mit meinem achtundzwanzigsten Geburtstag das Alter der Gebrechlichen erreicht? Vermutlich haben die antarktisch klimagekühlten Flugzeuge und mein hektisches Leben ihr Übriges dazu beigetragen. Aber warum reagiere ich plötzlich so heftig darauf? Der Arzt vermutete, Grund sei das gierige Gluten, das meinen Körper belaste. Diese Diagnose stützte sich nicht etwa auf irgendwelche Tests oder auf eine fundierte wissenschaftliche Grundlage. Dennoch beschloss ich, es einfach mal ohne dieses Teufelszeug zu versuchen.

Ich stürzte mich also kopfüber in ein glutenfreies Abenteuer. Während ich hier schreibe, habe ich schon den fünften Tag meiner Detox-Kur erreicht. Wie es mir damit geht? Es ist bisher ein interessantes, leicht masochistisches Experiment. Hier im Grünen zu sitzen, fern von Starbucks, den Cafés mit buttrigem Croissantgeruch und all den anderen Fast-Food-Ketten, die sich entlang Londons Straßen drängen, ist dabei schon hilfreich. Nicht, dass ich normalerweise oft Lust auf Fast-Food hätte, aber während so einer Diät würde man doch sogar Pappe essen! Auch dass es hier keine großen Dinners und Partys gibt, die einem das Leben in einer solchen Situation doppelt erschweren würden, hilft mir sehr. An diesen Veranstaltungen teilzunehmen, ohne sein Essen anzurühren, wirkt, als sei man eine hysterische Hollywood-Tussi. Abgesehen von einem Dauerkopfschmerz (der angeblich ein positives Zeichen ist – wer hätte es gedacht!), fühle ich mich schon ein bisschen munterer und weniger benebelt. Gleichzeitig ist es durchaus schwierig, sich auf so wenige Nahrungsmittel beschränken zu müssen, aber ich schätze mal, mitten im Tunnel ist es immer besonders dunkel, oder etwa nicht? Mich an die vom Arzt verschriebene Ernährung aus Obst, Kartoffeln, Eiern, Olivenöl, Avocado und nicht mal einem Krümel von irgendetwas anderem zu halten ist eine echte Herausforderung. Ich darf noch nicht mal eine Briefmarke ablecken! Kein Kaffee, kein grüner Tee, bloß Kräutertee und zahllose Verbote.

Aber ja, obwohl ich Dinnerpartys momentan meide, bin ich hier in Österreich trotzdem schon mal zum Essen ausgegangen. Allerdings war es nicht gerade leicht, mit jemandem in wunderbaren Wiener Restaurants oder Biergärten zu sitzen, der fröhlich Vier-Gänge-Menüs bestellt, während ich darum kämpfen muss, ein gegrilltes Fischfilet mit Kartoffeln zu bekommen. Ich habe vergessen zu erwähnen, dass ich an Tag 2 den ersten Notruf bei meinem Arzt gestartet habe. Ich konnte einfach nicht bei jeder Mahlzeit Eier essen. Eier und Kartoffeln? Ich bitte Sie! Ich mag Eier, aber sie tauchen auf meinem normalen Speiseplan nicht so oft auf. Der Arzt hatte ein Einsehen und erlaubte mir, die Liste mit magerem Fisch und Süßkartoffeln zu ergänzen.

Das Ganze hier ist zweifellos ein ziemlicher Kampf, aber bevor ich das Handtuch werfe und akzeptiere, dass ich reif für ein österreichisches Sanatorium bin, will ich's mit der glutenfreien Ernährung auf jeden Fall versuchen. Und dann? Nun, im schlimmsten Fall folgt auf die Entgiftung eben wieder die fröhliche Vergiftung, was ja immer Spaß bringt.

Obwohl ich zugeben muss, dass es mir mit dieser eingeschränkten Ernähung gerade besonders gut geht, bin ich mir nicht sicher, ob mein Unwohlsein wirklich am Gluten lag. Es könnten genauso gut Kaffee, Cola Light oder Milchprodukte der Grund allen Übels sein. Vielleicht hat es ja auch überhaupt nichts mit dem Essen zu tun, sondern Grund für meine Heilung war die Natur. Ent-Stressen statt Ent-Giften könnte das Geheimnis sein. Fühle ich mich wegen der frischen Luft so viel besser? Vor diesem Hintergrund löschte ich die Nummer des Arztes aus meinem Telefonspeicher und ignorierte fortan seine Empfehlungen.

Ich ernähre mich ohnehin sehr gesund, und dieser glutenfreie Lebensstil mag zwar unheimlich reinigend sein, aber er ist auch verdammt deprimierend. Ich brauche Abwechslung, Vielfalt und Aufregung. Ich bin gern zum Reiten und Schwimmen auf dem Land, aber ich vermisse die Stadt. Ich brauche sie. Vielleicht wirkt die ländliche Ruhe einfach am stärksten, wenn man sie ab und an gegen den City-Stress eintauscht. Schließlich muss man sich ja auch immer von irgendetwas erholen.

Die verrückte Mischung aus Menschen, Schauplätzen und Ereignissen an einem pulsierenden Ort wie London begeistert mich unheimlich. Das endlose Grün, die Ruhe und sportliche Schlichtheit ist auch nicht ohne, aber für mich liegt der Reiz in den Gegensätzen. Das Landleben ist ein bisschen wie eine Bloody Mary: köstlich würzig, einfach zu machen, aber schwer zu perfektionieren – und definitiv nichts, was ich jeden Tag bräuchte. Da ist mir eine Cola Light doch wesentlich lieber.

Ich liebe London bei Sonnenschein

Es fasziniert mich immer wieder, welchen großen Einfluss das Wetter auf unseren Alltag hat. Sobald der verhangene Himmel aufreißt und statt Dauerregen weiße Staubkörnchen durch den blauen Himmel schweben, zeigt sich jede Stadt von ihrer schönsten Seite. In New York zum Beispiel strömen bei den ersten Sonnenstrahlen praktisch alle Menschen hinaus auf die Gehwege. Jedes Lokal stellt ein paar Tische vor die Tür, und wohin das Auge blickt, schießen plötzlich kleine Flohmarktstände aus dem Boden, wo die Leute ihre alten Klamotten verscherbeln. Sogar die Fressbuden, die so typisch fürs New Yorker Leben sind, scheinen sich zu vermehren. Jedermann isst an einer solchen Bude. Der New Yorker betrachtet das nicht etwa als besonders touristisch oder ungesittet – es gehört einfach zum Stadtbild dazu. Der Kreativität beim Zusammenstellen des »Straßenmenüs« sind natürlich keine Grenzen gesetzt, denn von Ständen mit Bagels, Muffins und frisch gebrühtem Kaffee über solche mit köstlich gegrilltem Halal-Fleisch bis hin zu denen mit veganen und koscheren Gerichten, gibt es einfach alles, was das Herz begehrt – nicht zu vergessen die berühmten Hotdogs. Wie sehr New York von seinem lebendigen Straßenleben bestimmt ist, wird im Frühjahr, wenn die Temperaturen steigen, erst richtig offensichtlich.

In London wiederum ist die Auswahl an kulinarischen Frischluft-Angeboten leider wesentlich kleiner. Das liegt zum einen vermutlich am unzuverlässigen Wetter, aber das allein ist es nicht. Hier bevorzugt man fettiges Essen von großen Fast-Food-Ketten wie Subway, das man auch nicht unter freiem Himmel zu sich nimmt. Abgesehen von einigen Wochenmärkten gibt es nicht sonderlich viele gastronomische Verkaufsstände. Vielleicht geben sie ein zu chaotisches Bild in Londons sauberen Straßen ab (ich spreche hier von West London) oder es könnte sich um eine Vorschrift vom Gesundheitsamt handeln, die verhindern soll, dass sich jemand beim Überqueren der Straße an einem Bissen Wurst verschluckt? Wenn sich das Leben dann endlich auf die Straßen verlagert, ist das in London also noch viel bemerkenswerter als in New York.

Der Abend neulich, als ich die Eröffnungsveranstaltung der Maison-Martin-Margiela-Retrospektive besuchte, ist ein gutes Beispiel dafür. Seit mehr als zwanzig Jahren mischt dieses berühmt-berüchtigte Label in der Modewelt ganz vorne mit. Man könnte fast schon sagen, dass es in einer eigenen Liga spielt. Mit seinen dekonstruktivistischen Schnitten, bizarren Materialien und Ausschnitten, die Hautpartien zur Schau stellen, die man sonst eher selten zu sehen bekommt, lassen Margielas Kreationen eher an Kunstwerke als an trendorientiertes Modezeug denken. Wenn man dazu bedenkt, dass niemand so genau weiß, wer Martin Margiela eigentlich ist, weil er sich bisher nie öffentlich gezeigt und kein Interview gegeben hat, überrascht es nicht, dass die Marke einen gewissen Kultstatus besitzt. Entsprechend bunt gemischt war auch die Besucherschar bei der Eröffnung. Margiela ist für viele weit mehr als ein Designer; er ist ein Zauberer. Zur Veranstaltung erschienen deshalb viele coole junge Leute, sowie Mode-Absolventen des Central Saint Martins College of Art & Design. Natürlich durfte auch die

Grande Dame der Modewelt, Daphne Guinness, nicht fehlen, genauso wenig wie Partygänger Dinos Chapman, die eine Hälfte des berühmten Chapman-Brüder-Duos.

Mr Margiela war selbstverständlich nicht anwesend oder zumindest glaubt niemand, dass er da war. Der belgische Designer hat sich kürzlich aus dem Geschäft zurückgezogen und überließ seine Firma den Händen eines Designer-Teams. Ich finde es faszinierend, dass es ihm während seiner ganzen Karriere gelungen ist, so gut wie anonym zu bleiben. In einer Welt, in der so viele Menschen nur berühmt sein wollen um der Berühmtheit willen und die Presse auch noch das letzte bisschen Privatsphäre ans Licht zerrt, ist das eine beachtliche Leistung.

Eigentlich war ich doch aber gerade dabei, übers Wetter zu sinnieren ... Abgesehen von der interessanten Ausstellung, deren Besuch sich wirklich gelohnt hat, genoss ich vor allem den regenfreien, fast schon warmen Abend. Das Somerset House mit seinem immensen Innenhof und der wunderschönen Terrasse ist ein beeindruckender Ort mitten in London und an einem lauen Sommerabend macht es noch mehr Freude, sich dort aufzuhalten. Die Gäste genossen das auch entsprechend: Mit einem Gin Tonic in der Hand erwachte bei allen wohl die Hoffnung auf ein bisschen britischen Sommer. Das Gute an London ist, dass man dem Sonnenschein gegenüber nie gleichgültig wird, weil wir einfach nicht genug davon abbekommen. Selbst an einem ganz normalen Donnerstagvormittag wie heute, während ich an meinem Fenster sitze und schreibe, kann ich die Leute beobachten, wie sie mit ihren Kindern und Hunden Richtung Park ziehen. Gestern sah ich eine Frau von ihrer morgendlichen Joggingrunde zurückkehren – sie winkte mir zu! Das nenne ich echte Sonnenanbetung.

Kann ein blauer Himmel überhaupt Nachteile haben? Abgesehen davon, dass es weit weniger reizvoll ist, drinnen zu arbeiten, fällt mir keiner ein. Andererseits, würde es mich vielleicht sogar langweilen, wenn die nächsten zwei Monate durchgehend die Sonne scheinen würde? Zumindest wüsste ich die lauen Abende wie jetzt sicher weniger zu schätzen. Wie Mr Margiela uns lehrt: Begeisterung und Hype bauen auf die Faktoren Seltenheit und Unnahbarkeit. Lasst uns doch alle etwas launischer sein, so wie das englische Wetter, und ein paar unerwartete Haken schlagen, wenn andere denken, sie wüssten schon alles über uns.

Time flies …

Letzte Woche musste ich mich einer ziemlich scheußlichen Operation unterziehen, bei der man meinen Kopf entlang des Haaransatzes aufschnitt, um einen kleinen Eindringling zu entfernen, der es sich irgendwo in meinen Stirnhöhlen gemütlich gemacht hatte. Der Eingriff war ganz ähnlich wie bei einem Facelifting, nur ohne das Lifting natürlich. Sprich, ich hatte eigentlich doppelt Pech, denn in der Welt der Faceliftings heißt es, dass präventive Maßnahmen keine gute Idee sind.

Ich habe eine ähnliche Behandlung schon einmal über mich ergehen lassen müssen, wobei es sich bei diesem ersten Mal um einen wesentlich größeren Eingriff handelte. Vor ein paar Jahren entdeckte man nämlich einen Tumor zwischen meinen Rippen, gefährlich nahe an der Lunge, was eine regelrechte Großoperation nach sich zog. Zum Glück verlief sie erfolgreich, und nachdem der Tumor entfernt worden war, hatte das keine weiteren Auswirkungen auf mein Leben, außer, dass ich beinahe zwei Rippen verloren hätte. Dieses Mal wurde der Tumor in einem sehr frühen Stadium entdeckt, so dass er noch recht klein war und erst wenig Schaden angerichtet hatte. Die Narbe verschwindet zum Glück in meinen dichten Haaren und abgesehen von den üblichen Symptomen nach einer OP, wie Schwellungen und Schläfrigkeit, geht es mir gut.

Natürlich ist jeder Eingriff dieser Art ein ziemlicher Schock und macht einem Angst, aber dank der phantastischen Unterstützung meiner Mutter und die sehr guten und vertrauenswürdigen Ärzte habe ich es überstanden. Zum Glück hat der tolle Chirurg so gearbeitet, dass ich mir nicht den ganzen Kopf kahlrasieren musste, und er verwendete sogar einen Faden in der Farbe meiner Haare, um die Wunde zu vernähen. Hurra! Mein schwarz-blau-rot-grün geschwollenes Gesicht erholt sich langsam und jeden Tag sehe ich mir wieder ein bisschen ähnlicher. Inzwischen erhole ich mich in unserem Haus am See und bin schon wieder wesentlich besserer Stimmung.

Wie schnell sich die Dinge im Leben doch ändern können! Die letzten paar Wochen vor dem Eingriff waren das krasse Gegenteil zu meinem jetzigen Zustand: voller Action und spaßiger Unternehmungen. Ich bin zur Eröffnung unseres alljährlichen Sommerfestes im Innenhof des Regensburger Schlosses nach Deutschland gereist. Dieses Jahr war es ein Riesenerfolg, weil wir zum einen eine hinreißende Inszenierung von Verdis *Nabucco* genießen durften und es zum anderen ausnahmsweise mal nicht regnete. Am nächsten Abend trat Elína Garanča auf, eine der angesagtesten Stimmen zurzeit. Die schöne, lettische Mezzosopranistin sang mit einer solch hypnotisierenden Intensität und gleichzeitig so viel Leichtigkeit, dass ich ihr die ganze Nacht hätte zuhören können. Ich empfinde weibliche Sopranstimmen oft als ein wenig piepsig und anstrengend, nicht so Garančas. Sogar das Wetter schien sich von ihren Melodien bezirzen zu lassen: Das Klima in Deutschland glich während dieser Tage dem in einem türkischen Dampfbad.

Es war so heiß, dass selbst die kühlen Schlossmauern die Hitze nicht mehr abhalten konnten. Es fühlte sich an, als befänden wir uns plötzlich im tropischen Regenwald statt im guten alten Ratisbona. Normalerweise wirkt das Schlossgemäuer wie ein großer Filter, so dass innen ein perfektes Mikroklima herrscht. Die dicken Wände halten es im Sommer schön kühl und im Winter kuschelig warm. In diesem Jahr war es allerdings irgendwie anders. Es war so heiß, dass man es eigentlich nur in einem Salon aushielt, dem einzigen Raum, der über eine Klimaanlage verfügt. Nicht verwunderlich also, dass ich meine Koffer packte und mich auf den Weg zu meinem geliebten Starnberger See machte, sobald ich mich von diversen Familienverpflichtungen loseisen konnte. Zum Glück habe ich mich dazu entschieden, denn so kam ich wenigstens in den kurzen Genuss eines Urlaubs mit Schwimmen und Wasserskifahren, bevor ich unters Messer musste. Allerdings hatte ich zu diesem Zeitpunkt noch keine Ahnung, was mich da in naher Zukunft erwartete. Meine Freundin Antonia und ich fuhren schon einmal voraus zum See, wo sich uns später meine Mutter mit einigen Freunden aus New York, die sie zu ein paar Tagen Nach-Festival-Erholung eingeladen hatte, anschloss.

Mein Lieblingsgast unter ihnen war der großartige André Leon Talley, einer der legendären Moderedakteure der amerikanischen *Vogue* und ein echter Mann mit Stil. Er ist sozusagen der Grandseigneur der Modewelt, nicht zuletzt weil es ihm gelungen ist, sich über mehrere Jahrzehnte hinweg neben den schnelllebigen und sich ständig wandelnden Trends der Branche weiterzuentwickeln. Sein Name ist eingemeißelt in einen Thron, mitten im launischen Establishment der Modezaren. Heute ist er eine Schlüsselfigur für eine viel jüngere Generation, die ihn gar nicht mehr wirklich als *Vogue*-Mitwirkenden kennt. Stattdessen ist er den Jugendlichen als Jurymitglied von *America's Next Top Model* bestens bekannt.

Am meisten schätze ich an André, dass er ein echtes Unikum ist. Darum genoss ich seine Anwesenheit bei den drei Mahlzeiten am Tag ganz besonders. Sein Fundus an Geschichten scheint unerschöpflich und das Beste ist, dass er sich offenbar an jedes Detail erinnern kann. Der Lieblingsspruch meiner Mutter, »Wer sich an die sechziger Jahre erinnern kann, war nicht dabei«, gilt für Mr Leon Talley nicht. Er erinnert sich an Vorfälle, Namen, Outfits, ja sogar an exakte Daten. Es macht unglaublich viel Spaß, ihn zu interviewen – was ich natürlich prompt tat. Er erzählte mir Geschichten über Diana Vreeland, die ihn in die Welt der Mode eingeführt hatte, als er damals bei ihr ein Praktikum machte. Sie war zu der Zeit bereits fachliche Beraterin am Metropolitan Museum of Art in New York, nachdem sie die *Vogue* Ende der sechziger Jahre verlassen hatte.

André hat auch tolle alte Geschichten zu Bianca Jagger auf Lager. Besonders gut gefielen mir seine Beschreibungen von ihr und dass man sie offensichtlich für so unglaublich cool hielt, dass Designer wie Halston ihr buchstäblich LKW-Ladungen voll Kleider schickten. Er beschrieb auch, wie unzählige Paare Manolos zu ihrer Suite im New Yorker Pierre Hotel geliefert worden waren, wo sie mit Mick (Jagger nämlich) logierte. Warum?, fragte ich. Mit einer Miene, der deutlich anzusehen war, was für eine törichte Frage ich da stellte, antwortete er: »Darling, weil sie die glamouröseste Frau der Welt war.«

Er erzählte mir auch, warum Andy Warhol kein Porträt von ihm malen sollte wie von all den anderen Supercoolen in diesen Kreisen damals. Er hatte sich nämlich geweigert, seine reichen Freunde in Andys Studio zu schleppen, um dort Porträts in Auftrag zu geben. Das schien ein nicht unüblicher Deal gewesen zu sein, den der Künstler anbot. Nachdem man ihm einige zahlende Kunden zugeschanzt hatte, bekam man als Belohnung selbst ein kostenloses Porträt. Natürlich fand André es mehr als doof, seine Freunde zu so etwas zu überreden, daher besitzt er im Gegensatz zu den meisten anderen hippen Leuten aus diesem Umfeld kein Warhol-Bild von sich. Wie blöd, könnte man im ersten Moment denken. Aber André fand es eher geschmacklos, seine Freunde an Warhol zu verkaufen. Wie gesagt: Der Mann hat Stil.

Er gab mir nach meiner Operation außerdem einen höchst hilfreichen Tipp: Ich sollte mir gegen die Schwellung ein großes Stück rohes Fleisch aufs Gesicht drücken. Obwohl es keine sonderlich appetitliche Vorstellung war, eine triefende Fleischscheibe auf der Stirn liegen zu haben, tat es doch irgendwie gut und am Tag danach war die Schwellung tatsächlich fast ganz zurückgegangen. André ist wirklich ein Tausendsassa.

Gleich als es mir ein bisschen besserging und mein Gesicht nur noch leicht grünbläulich gefärbt war, machte ich mich mit meiner Schwester auf den Weg nach Salzburg, um während der Festspiele ein paar kulturelle Leckerbissen zu genießen. Dort logierten wir mit meiner Mutter, André Leon Talley und einigen anderen Freunden im Haus von Thaddaeus Ropac. Er besitzt zwei wundervolle Galerien, eine in Paris und eine in Salzburg, und sein Haus allein wäre die Reise schon wert gewesen. Es kommt wie eine Mischung aus Museum und edler Hotellobby daher, und während der Festspiele bildet es den absoluten Mittelpunkt, wenn es ums Amüsieren geht. Das Anwesen liegt am Rand von Salzburg in Anif, mitten im Grünen. Besonders gern döse ich hier immer an dem genialen schwarzen Pool, der von der Künstlerin Sylvie Fleury im Zentrum des Gartens installiert wurde. Es gibt keinen besseren Ort, an dem man den Nachmittag verbringen könnte, wenn man in Salzburg weilt. Ringsherum, in Haus und Garten verteilt, befinden sich beeindruckende Kunstwerke. Was mich hier an ein tolles Hotel erinnert? Na, die Tatsache, dass rund um die Uhr Leute kommen und gehen. Es werden andauernd irgendwo auf dem Gelände Mittagessen, Dinners und Kaffeekränzchen abgehalten, an denen man natürlich nicht teilnehmen muss, außer man möchte. Meine Mutter und André waren schon einige Tage vor uns angereist und hatten sich daher selbstverständlich als König und Königin eingerichtet. Natürlich gab es noch eine weitere herausragende Frau: Bianca Jagger, die man inmitten von Thaddaeus' Gesellschaften oft antrifft. Zum Glück ist das Anwesen groß genug, um mehrere Königinnen zu beherbergen.

Der andere besonders coole Ort während der Festspiele ist das Hotel Goldener Hirsch. Hier kann man perfekt Leute beobachten. Man checkt auf einen Blick, wer in der Stadt ist, was getragen wird und wer was in seinem Gesicht hat richten lassen. Abgesehen davon lohnt sich ein Zwischenstopp dort allein schon der Schnitzel und anderer einheimischer Köstlichkeiten wegen.

Meine kulturellen Highlights waren zwei Opern: Christoph Willibald Glucks *Orpheus und Eurydike* und am Eröffnungsabend *Elektra* von Richard Strauss. Wenn das Leben einer Oper gleicht, dann waren diese beide sehr extravagante Beispiele desselben. In *Orpheus und Eurydike* geht es um die Liebe, in *Elektra* um Mord, Inzest und Täuschung. Die Salzburger Inszenierungen sind normalerweise recht innovativ und modern, oder zumindest ist das das Ziel der meisten Intendanten. *Orpheus und Eurydike* war jedoch eher zahm und minimalistisch gehalten, was die Kostüme und das Bühnenbild betraf. Orpheus (der von einer Frau gesungen und gespielt wurde) trug einen blauen Hosenanzug, der mich an die schlecht geschnittenen Pseudo-Armani-Anzüge erinnerte, die meine Lehrer trugen.

Beim Dinner nach der Aufführung saß ich neben dem Stararchitekten Norman Foster, der meinte, er hätte die Inszenierung als recht provinziell empfunden. Die Kostüme hätten ihn eher daran erinnert, wie sich manche Leute zum Einkaufen anzögen, und weniger an das, was man auf Salzburgs Bühnen zu sehen hoffte. Ich musste ihm leider größtenteils zustimmen. Und doch haben mir einige dieser »billigen Supermarkt-Klamotten« trotzdem gefallen. André LT übrigens auch. Er fand die Oper insgesamt gelungen.

Bei guten Inszenierungen scheiden sich eben die Geister und gehen Meinungen auseinander und es scheint dabei immer um die großen Themen des Lebens zu gehen: Liebe, Verlust, Tod. Dazu noch ein bisschen Eifersucht, Habgier und Rachsucht, und schon ist die Mischung perfekt. Wenigstens gibt es für Orpheus und seine geliebte Eurydike ein Happy End dank des guten alten Amors, der aus Mitleid ein paar Hebel in Bewegung setzt, um sie wieder zu vereinen. Wie schade, dass sich im richtigen Leben die Dinge selten so schön fügen. Vielleicht läuft es in der Realität eher wie in Elektras Geschichte? Das arme Mädchen hatte es echt nicht leicht: Mit ihrer Mutter zerstritten, in Trauer ob des Verlusts ihres inzestuösen Bruders, stand sie in dieser Inszenierung zurückgelassen und ganz allein vor einem Betongebäude, in dem die Lichter die ganze Nacht an- und ausgingen. Ihr Haar war grau und zerzaust und ihre Augenringe hätten es locker mit denen von Onkel Fester aus der *Addams Family* aufnehmen können. Am Ende tauchte der verlorene Bruder wieder auf, tötete die Mutter und hängte sie in einem blutbeschmierten Raum an den Füßen auf. Und der hinterbliebene Rest lebte glücklich bis an sein Ende, oder so ähnlich.

Nach diesen Kulturschmankerln verließ ich Salzburg, um an meinen geliebten See zurückzukehren, wo ich die Zeit mit Schwimmen und Reiten verbrachte, ehe ich meine Mutter zu einer weiteren (Sie ahnen es schon …) Oper begleitete. Dieses Mal blieben wir aber in Deutschland und pilgerten nach Bayreuth, der Wahlheimat Richard Wagners, zu den berühmten Festspielen. Das Festspielhaus auf dem Grünen Hügel wurde vom Komponisten selbst entworfen, der wollte, dass seine Opern unter den bestmöglichen Bedingungen präsentiert würden. Noch heute genießt das Gebäude für seine unvergleichliche Akustik, die besten Sänger und eine Fülle zeitgenössischer Intendanten einen ausgezeichneten Ruf. Bayreuth gilt darum als Mekka der Wagnerianer und ist am Premierenabend so etwas wie die deutsche Oscar-Verleihung. Alle wichtigen Politiker des Landes sind zugegen, dazu einige Fernsehstars und Blaublütige.

Was die Kleiderordnung angeht, ist die Veranstaltung etwas knifflig, wie meiner Meinung nach leider die meisten deutschen Events dieser Art. Oder können Sie mir außer den Guttenbergs aus dem Stegreif einen gut angezogenen Gast nennen? Die Musik ist jedoch immer atemberaubend schön, wenn man es aushält, stundenlang auf furchtbar unbequemen Stühlen zu sitzen. Selbst jemanden mit so wenig geschulten Ohren wie meine hauen die Klänge schlichtweg um, wenn man in der vierten Reihe sitzt.

Die hypnotisierende Ouvertüre des *Parsifal* lockt einen langsam in Wagners Welt hinein, bis man knietief darin versinkt und völlig in ihr verloren geht. Im Gegensatz zu den meisten Opernkomponisten ist Wagner wesentlich weniger direkt. In seinen Werken geht es nie nur um Liebe und Verlust, sondern er verwebt in ihnen zahlreiche Legenden, Mythen sowie geschichtliche und religiöse Elemente miteinander. Neben den Haupthandlungssträngen gibt es etliche Nebenhandlungen. Ich habe mir den *Parsifal* vor der Aufführung drei- oder viermal erklären lassen und dachte, ich hätte die Geschichte in den Grundzügen so weit verstanden. Zusammengefasst: Eine Gruppe Ritter lebt in einem Wald und beschützt den Heiligen Gral. Jedes Jahr an Karfreitag lassen die Ritter das Abendmahl wieder aufleben und trinken dabei aus dem Gralskelch, der ihnen ewiges Leben schenkt. Eines Tages wird der oberste Ritter verwundet und die Verletzung scheint nicht verheilen zu wollen. Jahrelang verfällt daraufhin der gesamte Orden in eine Art Melancholie. Weil der verletzte Ritter sterben möchte, trinkt niemand mehr aus dem Gral. Der Bösewicht in dem Stück, der von den Rittern verstoßen wurde, hat sich einen Zaubergarten vor ihrer Burg angelegt und will Rache üben. Er lockt die treuen Ritter in seinen Garten, um sie ins Verderben zu stürzen. Der Orden wartet sehnsuchtsvoll auf seinen Retter. Eines Tages kommt ein Narr vorbei, Parsifal nämlich, und erlöst sie alle. Diese Zusammenfassung sollten Sie besser nicht weitererzählen, aber so in etwa geht die Geschichte. Nach der Aufführung war ich ehrlich gesagt verwirrter als davor. Aber Wagner ist, vor allem in Bayreuth, einfach eine unglaubliche Erfahrung für alle Sinne. Man muss schließlich auch nicht Picasso verstehen, um seine Werke zu mögen, oder? Theatralisch und musikalisch sind Wagners Werke absolut dramatisch, intensiv und beeindruckend. Selbst wenn man kein Wort von dem versteht, was da vorne passiert, schafft es Wagner, einen trotzdem zu bewegen und zu begeistern. Das kann man hassen oder lieben. Für echte Wagnerianer, heißt es, ist jede seiner Opern mit einer religiösen Offenbarung zu vergleichen.

Zurück in London, verdaue ich die Flut kultureller Eindrücke, erhole mich und lebe mich wieder in der städtischen Umgebung ein. Es fehlt mir, den Tag mit einer Stunde Schwimmen im See zu beginnen, in der Ferne die Alpen, und ihn mit einem Bad in Musik ausklingen zu lassen. Andererseits, mir mit meiner Familie und weiteren Gästen ein Haus zu teilen kann für ein paar Tage zwar sehr nett sein, aber irgendwann rückt man sich doch zu dicht auf die Pelle. Die Folgen davon führen uns ja gerade die Opern sehr eindrucksvoll vor Augen, würde ich sagen.

Popestock

Ich sitze wieder einmal in einem Flugzeug nach Nairobi, von wo aus ich einen zehntägigen Ritt durch die Masai Mara geplant habe. Die letzten Wochen in London waren wie so oft ziemlich hektisch. Ein Ereignis sticht jedoch aus der Masse heraus und hat ein paar Zeilen verdient. Kurz vor meiner Abreise habe ich mich nämlich der Brompton-Oratory-Gemeinde für eine Wache zu Ehren des Besuchs von Papst Benedikt XVI. angeschlossen.

Die Brompton-Oratory-Kapelle – ihr korrekter Name lautet eigentlich »Church of the Immaculate Heart of Mary« – ist eine wunderschöne Kirche mitten in einem der schicksten Viertel von London, nämlich in Knightsbridge. Es handelt sich um eine Insel der Spiritualität und Tradition in einem Meer aus Weltlichkeit, voller Restaurants und teurer Läden wie Harrods und Harvey Nichols. Die Kirche lockt ein recht buntgemischtes, aber gebildetes Völkchen von Gläubigen aus aller Welt an. Wann immer ich die Brompton Oratory betrete, werde ich sofort ruhiger. Das dämmrige Licht, der Weihrauchgeruch, die zahllosen Gebetskerzen und die wunderschön gekleidete Jungfrau, die über einem der Altäre thront, sind nur einige der Gründe. Es ist eine der wenigen mir bekannten Kirchen, in der ich auch etliche junge Leute antreffe, oft gutaussehende, schick gekleidete Menschen. Außerdem kommen jede Woche junge Familien zum Gottesdienst. Es scheint, als gelänge es dieser Kirche, sich gegen den Trend der Zeit zu stemmen, gegen die Vorstellung, die Teilnahme am Gottesdienst sei eine veraltete Tradition, nur denen vorbehalten, die senil und schon so gut wie tot sind.

Meine Schwester und ich pflegen eine gute Freundschaft mit zwei Priestern aus der Gemeinde. Pfarrer Julian und Pfarrer Rupert mögen zwar traditionell eingestellt und vom alten Schlag sein, was das Zelebrieren der Messe angeht, aber abgesehen davon, sind sie es ganz und gar nicht. Sie amüsieren sich gern und haben einen wunderbaren Humor – inzwischen sind sie sogar regelmäßige Gäste auf unseren Partys und Freunde der Familie. Die beiden erschienen auch zum verrückten 30. Geburtstag meiner Schwester, das Motto der Feier: »Surrealer Zirkus«, bei dem es ziemlich hoch herging. Auch bei der Party, die traditionell unser Jagdwochenende in Regensburg abschließt, gehören Julian und Rupert jedes Jahr zu denen, die am längsten durchhalten.

Zusammen mit den beiden Priestern und einer Gruppe junger Leute aus der Gemeinde machten wir uns also auf den Weg in den Park, um der Ankunft des Papstes beizuwohnen und anschließend gemeinsam die Wache abzuhalten. Auf Picknickdecken zwischen Tausenden von Menschen, alten und jungen, mitten im Hyde Park zu sitzen fühlte sich für mich nicht so an, als würde man einen Papstbesuch erleben. Ich hatte angenommen, es würde sich um einen recht steifen und andächtigen Event handeln, aber das hier glich eher einem feierlichen Musikfestival. Die bunte Mischung an Darbietungen auf der Bühne machte es fast unmöglich, in stille Andacht oder Meditation zu versinken. Es gab Gospelsänger, die sich verausgabten, szenische Lesungen aus der Bibel, gemeinsames Singen und irgendwann angeblich sogar Rap-Musik. Yeah dog, Pope B in da house!

Leider verpasste ich den Rap, obwohl wir schon Stunden vor Ankunft des Papstes eintrafen, in der Hoffnung, ganz vorne vor der Bühne Plätze zu ergattern. Keine Chance. Mit dem, was ich für extrem überdurchschnittlich pünktlich hielt, waren wir um einiges später dran als Tausende von Leuten, die bereits die besten Ecken belegt hatten. Trotz allem fanden wir einen anständigen Platz vor einer riesengroßen Leinwand, wo wir in der Sonne saßen, uns unterhielten, aßen und lachten. Entlang des eingezäunten Areals im Hyde Park gab es lauter Fressbuden. Kinder spielten Verstecken. Ganz ehrlich, wären da nicht die vielen Transparente und leuchtend gelben Pilgerrucksäcke gewesen, hätte ich beinahe vergessen, dass es sich hier um eine Wache für den Papst handelte. Normalerweise hätte mich dieser fröhlich-geistliche Überschwang gestört, aber die aufgeregte Vorfreude der Menschen auf Papst Benedikts Ankunft hatte etwas so Bezauberndes an sich. Mein Zynismus schmolz dahin wie Butter in der Sonne. Eine Gruppe junger Inder tanzte in einer Polonaise durch die Menge. Passend zur Love-and-Peace-Stimmung trug ich ein schwarzes, knielanges Teil aus Ziegenhaar und eine Folklorebluse – sehr '68er-mäßig. Im Anklang an »Woodstock« taufte meine Schwester unsere Versammlung daher passend auf den Namen »Popestock«.

Und schließlich kam er. Es war beeindruckend, wie schnell sich die Festival-Atmosphäre verflüchtigte, sobald der Papst sich in seinem weißen Papamobil der Wiese näherte. Von dem Moment an, als er die Bühne betrat, war ich von diesem zerbrechlichen älteren Herrn gefesselt. Sein Auftritt hatte nichts Prächtiges oder Beweihräucherndes an sich, und war ganz anders als das Auftreten der Bischöfe vorher. Diese hatten sich selbstbewusst und locker auf der Bühne bewegt, während ihnen die Menge applaudierte, als seien sie Rockstars. Benedikts Ausstrahlung hingegen war demütig, in dieser Bescheidenheit jedoch majestätisch und voller Anmut. Sein Gesichtsausdruck hatte etwas unheimlich ehrfurchtgebietendes an sich. Es war, als nähme er alles um sich herum wahr, als sähe er jeden Einzelnen, als kommunizierte er persönlich mit uns allen.

Seine Präsenz hatte eine sichtbare und spürbare Wirkung auf die Menge. Seine Ansprache war bedeutungsvoll, kurz und prägnant. Er erklärte, wie wesentlich es sei, sich in einer Gesellschaft des moralischen Verfalls und des Relativismus' auf unsere christlichen Wurzeln zu besinnen. Ganz gleich, was die Kritiker und ein Großteil der Medien von ihm sagen, einem Mann, dem es gelingt, auf friedliche Art Tausende von Menschen mit einer einfachen Botschaft der Liebe und des Friedens zu begeistern, er verdient es, gehört zu werden. Ganz egal, woran man glaubt oder wie kritisch und zynisch man gegenüber dem Glauben ist, einen solchen Moment persönlich mitzuerleben ist unheimlich bewegend.

Es gäbe noch viel mehr zu erzählen, aber ich schlafe hier buchstäblich auf meinem Sitz ein und habe noch nicht mal einen Film angeschaut. Dabei ist das doch das einzig Gute an Langstreckenflügen. Abgesehen von mir ist nur noch ein weiterer Streber mit an Bord (ich hab's überprüft), ein ernst wirkender japanischer Geschäftsmann, der einen Mundschutz trägt und unablässig in sein Laptop tippt. Doch selbst der hat inzwischen seinen Sessel in ein Bett verwandelt und ist eingeschlafen. Zeit zum Abhängen!

In die Wildnis

Die beste Gelegenheit, sich direkt wieder ins Londoner Leben zu stürzen, ist es, pünktlich zur Frieze Art Fair zurückzukommen. An einem Wahnsinnstag mit 20 Ausstellungen und 20 Partys dreht selbst der gelassenste Mensch durch. Um ehrlich zu sein, hätte ich nichts gegen eine sanftere Heimkehr gehabt, um den unzähligen Erlebnissen meiner Reitsafari durch die Masai Mara noch ein wenig nachzuspüren. Und obwohl Kenia schon wieder endlos weit weg zu sein scheint und ich mich direkt in eine turbulente Woche voll Kunst gestürzt habe, muss ich Ihnen einfach die Highlights meines jüngsten Reiseabenteuers erzählen.

Seit fast einem Jahr habe ich von dieser Reise geträumt und sie geplant: eine Reitsafari durch Kenias Naturschutzgebiet Masai Mara während der Migrationszeit. Meine ursprüngliche Idee war, gemeinsam mit meinen Geschwistern meine Mutter zu ihrem fünfzigsten Geburtstag dazu einzuladen. Ich hatte gehofft, das würde sie doppelt freuen: Die Reise sollte schließlich aufregend luxuriös und gleichzeitig sehr originell werden. Außerdem war es ein Abenteuer, das wir alle gemeinsam hätten teilen und erleben können, genau wie damals als Kinder. Natürlich machte mein Bruder sofort einen Rückzieher. »Ich glaube, der Termin kollidiert mit meiner Planung der

Autorennen«, war seine Ausrede. Seit er Autorennen fährt, scheint alles damit zu kollidieren. Dann versuchte ich eine Gruppe von Freunden zu rekrutieren, damit unsere Safari privat bleiben würde. Der beste Nährboden für ein Anti-Aggressionstraining. Aber es ist nicht einfach, fünf bis acht verlässliche Freunde zu finden, die sich mehrere Monate im Voraus auf eine zehntägige Safari festlegen und die gleichzeitig natürlich auch sehr sattelfest sein müssen. Ich habe sie gefunden, denn ich bin schließlich hartnäckig. Doch während der darauffolgenden Monate, als der Termin immer näher rückte, sagte einer nach dem anderen ab. Allesamt hatten selbstverständlich gute Ausreden, so dass schlussendlich nur meine Schwester, meine Mutter und ich übrig blieben. Zufällig fand Jacob, unser Führer, einige Tage vor Reisebeginn noch zwei weitere Teilnehmer, mit denen wir wirklich Glück hatten. Ich selbst hätte keine netteren und besser zu uns passenden Mitreisenden auftreiben können. Eine junge, sportliche Kanadierin namens Boo und der taffe Spanier Silvano schlossen sich also dem TnT-Familienclan an. Wir verstanden uns auf Anhieb blendend und nach wenigen Tagen waren wir Freunde geworden.

Unsere Erlebnisse im Busch waren jeden organisatorischen Aufwand wert. Es waren schlicht unglaubliche zehn Tage in der himmlischen Wildnis des kenianischen Buschlands. Kein Telefon, kein Fernseher, keine E-Mails, keine Kunst, keine Mode – nur der Busch, die Pferde, die wilden Tiere und wir. Von den wilden Tieren gab es übrigens eine ganze Menge und wir haben glücklicherweise zahlreiche Abenteuer mit ihnen überlebt. Einmal durchquerten wir zum Beispiel einen Fluss voller Nilpferde, die uns sehr, sehr nahe kamen (also, ich meine so richtig nahe). Riskant? Na ja, sie gelten in Afrika als die gefährlichsten und tödlichsten Tiere. Noch dazu war der Fluss ziemlich tief, so dass unsere Pferde ihn praktisch durchschwimmen mussten. Das war schon ganz schön furchteinflößend und der Adrenalinstoß in diesem Moment einfach unvergleichlich krass. Was für eine irre Kombination aus Empfindungen: das kalte Flusswasser an meinen Beinen, unter mir das angespannte, kräftige Pferd, über uns die hungrige Sonne, die auf uns nieder brannte, und dazu die Hoffnung, nicht im nächsten Augenblick von einem Nilpferd verspeist zu werden.

Ähnlich aufregend waren noch die Elefanten-Angriffe. Meist handelte es sich um einzelne Elefantenbullen, die sich von uns bedroht fühlten, aber einmal standen wir auch einer ganzen Familie gegenüber. Ganz schön beängstigend, wenn sich alle Mitglieder der Herde, groß und klein, aufstellen, um auf einen zuzustürmen. Sie befanden sich zwar noch immer in einigem Abstand, aber trotzdem schien alles um uns herum zu vibrieren, einschließlich meiner Mutter, die zu dem Zeitpunkt, als ich erst begriff, was überhaupt los war, schon davongaloppierte. Trotz dieser doch recht aufreibenden Momente, fühlte ich mich sicher, auch wenn Jacob, unser Guide, bloß mit einer Art Indiana-Jones-Peitsche ausgerüstet war. Zu Anfang war ich etwas skeptisch, weil sich so ein riesiger Elefantenbrocken doch sicher einen Dreck um eine Peitsche scheren würde, doch tatsächlich war das Gegenteil der Fall. Jedes Mal, wenn Jacob seine Peitsche ordentlich schnalzen ließ, hielten die Tiere zumindest einen Moment lang inne. Außerdem wusste ich, dass mein Vollblutpony Razzy schnell genug war, um mit mir auf dem Rücken abhauen zu können. Zudem meisterte Jacob alle brenzligen Situationen durchweg gelassen.

Es gab auf unserem Trip noch etliche aufregende Erlebnisse und Abenteuer. Ein weiteres Highlight waren auch die Begegnungen mit Löwen. Einmal sahen wir zum Beispiel eine Löwin mit ihren Jungen, die sich nach dem Jagen ausruhten. Zwischen den Löwen und uns befand sich dabei lediglich ein breiter Graben. Das Interessante an einer Safari zu Pferd ist, dass man für die Tiere eine ebenso große Attraktion darstellt wie sie für uns. Wir bestaunten ganze Giraffenfamilien, die wiederum uns anstarrten, bevor sie davongaloppierten, wobei ihre lustigen langen Hälse auf und ab wippten. Wir begegneten Herden von Gnus auf ihrer berühmten Wanderung von der Masai Mara zur Serengeti. Obwohl ich schon so einige Safaris in meinem Lebenslauf verbuchen kann, war hautnah bei diesem Naturschauspiel dabei zu sein ein unvergleichliches Erlebnis. Die Vielfalt und große Anzahl an Tieren zu dieser Jahreszeit ist einfach unglaublich! Es lohnt sich allein schon, die riesigen Gnuherden durch die afrikanische Steppe galoppieren zu sehen. Mit ihren langen, pelzigen Gesichtern und den gehörnten Köpfen sind sie wirklich lustig anzuschauen. Ihr Gesichtsausdruck scheint immer ein bisschen dümmlich, aber sie bewegen sich unheimlich flink und anmutig. Gnus erinnern mich an diese Halb-Mensch-halb-Pferd-Gestalten in *Narnia*. Manchmal blieben sie stehen, drehten sich um und starrten uns an, um dann plötzlich davonzurasen und am Horizont zu verschwinden.

Wir sind auch oft mit den Herden mit galoppiert. Wie wir so ringsherum von Gnus umgeben waren, fühlte ich mich wirklich eins mit der Natur und schätzte mich so privilegiert, eine der größten Performances der Natur miterleben zu dürfen. Diese sehr nahen und intensiven Momente mit den wilden Tieren machen eine Reitsafari so besonders. Keine knatternden Motoren, keine laut palavernden Touristen, kein schwerer Jeep, der uns vor den Tieren abschirmt. Während der gesamten Zeit hatte ich das Gefühl, ein Teil der Natur zu sein – mehr als auf allen bisherigen Safaris. Die weiten Ebenen, die manchmal saftig grün und dann wieder gelb vor Trockenheit waren, taten Geist, Körper und Seele gut. Vielleicht liegt es am endlosen afrikanischen Horizont oder daran, dass der Himmel hier so nahe zu sein scheint, aber ich habe bisher kaum etwas erlebt, das so befreiend gewesen wäre, wie diese Ausritte.

Natürlich war die Reise auch ziemlich hart. Wir verbrachten den Großteil der Tage auf dem Pferderücken, wobei die Sonne oft erbarmungslos vom Himmel brannte. Manchmal sorgten ein bisschen Wind oder ein paar Regentropfen für Erleichterung. Doch selbst nach den längsten Tagen war mein Geist immer noch beflügelt. Es wurde nie langweilig oder überstieg unsere Kräfte. Jeden Abend erwartete uns ein gemütliches Camp – so gemütlich ein Zeltcamp in Afrika eben sein kann. Nach einem langen Ritt wurden die tragbaren Duschen von Hand mit heißem Wasser befüllt, so dass man sich in der undurchdringlichen Dunkelheit zur Entspannung abbrausen konnte. In unseren Betten lag jeden Abend eine kuschelige Wärmflasche. Morgens wurden wir dann um 7 Uhr geweckt, indem man uns Kaffee ans Zelt brachte. Nachdem wir unsere Taschen gepackt hatten und startklar waren, servierte man uns statt eines einfachen Frühstücks ein Festmahl mitten im Busch. Es gab Eier nach Wunsch zubereitet, gebratenen Speck und Würstchen, Toast, Haferbrei, Müsli, Obst und köstlichen kenianischen Kaffee und Tee. Dieses Frühstück könnte es locker mit dem in jedem englischen Schloss aufnehmen. Eigentlich waren alle unsere Mahlzeiten ein regelrechter Schmaus. Sogar die Picknickkörbe, die wir unter hübschen Akazienbäumen oder neben einem Bach auspackten, waren aufwendig zusammengestellt. Der absolute Hammer jedoch war die selbstgemachte Pizza! Fragen Sie mich nicht, wie es unserem Massai Netty gelang, eine Portion perfekt knuspriger Pizzen mit geschmolzenem Käse in Alufolie auf einem kleinen Feuer mitten im Busch zu backen, aber er hat es getan. Das abendliche Feuer war unser sogenanntes Busch-Fernsehen, wo wir beisammen saßen, uns über den zurückliegenden Tag unterhielten und Jacob überredeten, Schauergeschichten von Nilpferdangriffen und Löwen-Wrestling zu erzählen.

Wer genug von den überfrachteten Flitterwochen-Safaris hat, Marke gestärkte Servietten, Silberbesteck und Champagner, sollte diese Alternative in Erwägung ziehen. Eine kleine Warnung muss ich aber noch aussprechen: Diese Art von Urlaub scheint extrem süchtig zu machen! Also fangen Sie besser gleich an zu sparen. Offbeat Safari, wir sehen uns nächstes Jahr wieder.

Süße Träume

Ich kann gar nicht fassen, dass fast schon wieder Weihnachten vor der Tür steht. Draußen ist es noch gar nicht richtig kalt und ich stecke bereits mitten in vorweihnachtlichen Freuden in Regensburg. Weihnachten ist meine liebste Zeit des Jahres für einen Heimatbesuch, denn wenn Sie mich fragen, ist es schwer, mit bayerischem Weihnachten mitzuhalten. Viele Freunde aus der ganzen Welt sind zu unserem Jagdwochenende im Dezember gekommen. Sie haben uns allesamt bestätigt, dass es nichts Vergleichbares zu den bayerischen Traditionen gibt. Ich bin mir nicht sicher, ob es an den starken katholischen Wurzeln liegt oder ob es einfach die Freude an Ritualen ist, welche die Weihnachtszeit bei uns so besonders machen. Vielleicht beides. Was Gemütlichkeit, kulinarische Köstlichkeiten und Sinnlichkeit angeht, wüsste ich jedenfalls nichts, was da mithalten könnte.

Nehmen wir zum Beispiel nur einmal den Weihnachtsmarkt: Der ragt wie ein Zweig aus dem Dickicht meiner frühesten Kindheitserinnerungen heraus. Der Christkindlmarkt im Zentrum meiner Heimatstadt versüßte uns Kindern die vorweihnachtliche Wartezeit. Als besondere Belohnung wurden wir warm eingepackt und von unserer Kinderfrau mit in die Stadt genommen. Ich weiß noch, dass es fast unerträglich kalt war, aber der Geruch von Bratwürsten, gebrannten Mandeln und

Glühwein hypnotisierte mich und übertünchte damit jegliches schmerzliche Kälteempfinden. Am schönsten war es, wenn meine Mutter mitkam. Sie bezirzte die Fahrgeschäftbesitzer so lange, dass wir auf unseren Lieblingskarussellpferden sitzen bleiben durften, bis wir genug hatten.

Als Kinder freuten wir uns auf den Advent wie auf keine andere Zeit. Vier Wochen voller süßer Genüsse, Weihnachtsliedersingen und kleiner Überraschungen lagen vor uns. Nach Weihnachten war mir stets ganz elend, weil es bis zum nächsten Mal nun wieder ein ganzes Jahr dauern sollte. Unser Adventskranz wurde immer auf dieselbe Art gefertigt: Er wurde aus frisch geschlagenen Kiefernzweigen gebunden und trug vier dicke rote Kerzen, die geduldig darauf warteten, angezündet zu werden. Selbst zwei Wochen nach Weihnachten erfüllte der Kieferduft noch immer unsere Küche. Die Freude, die wir am ersten Adventssonntag verspürten, wenn wir endlich die erste Kerze anzünden durften und dazu Lebkuchen und selbstgebackene Plätzchen aßen, war unbeschreiblich. Nun konnte der Weihnachtscountdown beginnen.

Später, als Teenager, gingen meine Klassenkameradinnen und ich nach der Schule auf den Weihnachtsmarkt, um uns die Zeit zu vertreiben und Glühwein zu trinken. Das heiße Gebräu aus Alkohol und zuckrigen Früchten war ein Muss – alles andere wäre uncool gewesen. Obwohl ich den aggressiv-süßen Geschmack nicht wirklich mochte, hatte es schon etwas, in der klirrenden Kälte aus dampfenden Bechern zu schlürfen.

Lange nachdem meine Geschwister und ich in alle Winde verstreut wurden, wurde unser Kindheitstraum endlich wahr: Wir bekamen unseren eigenen Weihnachtsmarkt direkt vors Haus – in den Innenhof des Schlosses, um genau zu sein. Natürlich war es nicht wirklich »unser« Markt, sondern einer, der der Öffentlichkeit zugängig und daher ein echtes Spektakel war. Und trotzdem, wenn ich jetzt hier in der Küche sitze, sind es buchstäblich nur wenige Schritte (wenn man die endlose Treppe nicht mitzählt) bis zur nächsten Bratwurst im Brötchen. Zu den angebotenen Köstlichkeiten gehören ungarische Zimtbrötchen, mit Schokolade überzogene Fruchtspieße, Dampfnudeln mit Vanillepudding (reine Kalorienbomben) – die Liste ist endlos.

Für uns Deutsche mag das alles selbstverständlich dazuzugehören, denn diese Art von Weihnachtsmärkten gibt es überall in der Republik, aber für Ausländer, egal, wie verwöhnt, sind sie eine echte Entdeckung. Das kann ich mit Bestimmtheit sagen, denn jedes Jahr während unseres Jagdwochenendes im Dezember ist der Markt für unsere Gäste fast die Hauptattraktion. Ich weiß noch genau, wie ich zum ersten Mal ein paar meiner Freundinnen aus Paris einlud. Als echte Frauen von Welt erstanden sie ihre Jagdausrüstung eher auf den aktuellen Herbst/Winter-Laufstegen denn in den gängigen Outdoor-Läden. In Pelze gewickelt, die jeden Tierschützer entsetzt hätten, futterten wir uns durch den Weihnachtsmarkt mit dem Vorsatz, absolut alles zu probieren. Ich bin mir nicht sicher, für wen der Unterhaltungswert größer war, für die langhaarigen Schönheiten oder die Einheimischen, die die jungen Damen begafften. Eine sehr verwöhnte russische Freundin von mir, die einen verschwenderischen Lebensstil pflegt, meinte neulich zu mir, dass ihr unser Christkindlmarkt so gut gefalle, dass sie ihn am liebsten nach Sankt Petersburg holen würde.

Abgesehen vom Leckerei-Faktor bietet der Markt natürlich auch noch eine Menge traditioneller Attraktionen. Von den Balkonen rings um den Hof liest jeden Abend ein übergroßes Jesuskind beziehungsweise ein Engel Weihnachtsgeschichten vor. Manchmal übernimmt meine Mutter, alias Queen Mum, den Part. Ich fragte mich, ob wohl auch sie nach Sankt Petersburg exportiert werden würde? Natürlich gibt es auch auf unserem Markt viele verschiedene Buden mit den typischen handgemachten Waren, von Schreinerarbeiten über Naturbürsten bis hin zu Hüten oder Schaffellhausschuhen. Bei Dunkelheit knistern und prasseln Feuer. Das Ganze ist fast schon bilderbuchreif. Obwohl das Schloss ja mein Zuhause ist, fühlt es sich auch für mich immer wieder ganz besonders an, zu dieser vorweihnachtlichen Zeit durch den Hof und in den Garten zu spazieren. Manchmal schneit es sogar, wodurch die märchenhafte Szenerie einen fast süßlichen Beigeschmack bekommt, noch bevor man sich den ersten kandierten Apfel gegönnt hat. Egal, wie abgeklärt man ist, dem Charme deutscher Weihnachtsmärkte erliegen einfach alle.

Der Kontrast zwischen unserem vorweihnachtlichen Schwelgen – dem Essen, dem Glühwein, dem Markt – und dem Weihnachtsfest unter der Sonne könnte nicht krasser sein. Als wir das erste Mal Weihnachten in Kenia verbrachten, war das schon ein ziemlicher Schock. Damals waren wir noch viel jünger und das Weihnachtszubehör, also Baum, Plätzchen und Schnee, waren uns enorm wichtig. Obwohl meine Tante einen scheußlichen künstlichen Weihnachtsbaum mitbrachte, der sich akkurat in ihren Koffer falten ließ, schien das afrikanische Weihnachten mit unseren üblichen Feierlichkeiten nicht mithalten zu können.

Heute bin ich völlig begeistert davon. Das Fliehen aus der Eiseskälte, das Wiedersehen der ganzen Familie (was immer in Tränen endet) und der zwangsläufige Festschmaus sind ein echter Segen. Wir sind eigentlich traditionell ohnehin ein recht untraditioneller Haufen, denn es gibt wenige Konstanten in unserem Leben. Weihnachten war bis dato eine davon: Lieder singen, Essen in Hülle und Fülle, Mitternachtsmesse und ein ordentlicher Familienstreit waren die Norm. An Heiligabend versammelten wir uns alle fein herausgeputzt um den Flügel in unserem alten Spielzimmer, um Weihnachtslieder anzustimmen. Als wir noch wesentlich jünger waren und Klavierstunden zum Pflichtprogramm gehörten, mussten wir die mühsam eingeübten Weihnachtsklassiker vorspielen, während der Rest der Familie mitgrölte.

Kenia schob diesen Peinlichkeiten gewissermaßen einen Riegel vor. Sogar der obligatorische Familienzoff ist nicht mehr so turbulent wie zu Hause in Deutschland. Statt uns extra schick zu machen und uns um ein Klavier zu scharen, sitzen wir zum Singen nun ganz entspannt – und recht leicht bekleidet – auf der Terrasse, von der aus man den Indischen Ozean überblickt. Statt der langen Mitternachtsmesse im Dom wird die Weihnachtsmesse in Kenia auf der Terrasse unseres Hauses abgehalten. Die geübten Bediensteten meiner Mutter spielen dabei gerne den Chor, anstelle der berühmten Regensburger Domspatzen, die in der Kathedrale singen. Natürlich ist es musikalisch kein vergleichbares Erlebnis, aber die afrikanische Begeisterung macht das locker wieder wett.

Es hat einfach was, barfuß unterm kenianischen Himmel zu stehen und einer wunderbaren Predigt des örtlichen Pfarrers zu lauschen. In ihrer Schlichtheit ist dies eine sehr spirituelle Erfahrung (wenn man die Hunde ausblendet, die hysterisch die Affen anbellen, die ringsherum durch die Bäume hüpfen). Während ich mich anschließend an einem üppigen Mahl aus gegrilltem Fisch und Hummer labe, muss ich mitunter an die einstigen Bauchschmerzen nach der Völlerei bei den großen, förmlichen Weihnachtsessen an unserem langen Tisch in Deutschland denken. Das Beste an Weihnachten in Kenia ist jedoch, dass ich anstatt mit einem Weihnachtsschmaus-Kater am nächsten Morgen erfrischt aufwache, einen Bikini überstreife und den ganzen Tag mit Kitesurfen verbringe. Diese Tradition muss erst einmal überboten werden!

Wer mag schon Abschiede

Ich sitze im Flugzeug nach New York. Dieses Wochenende bin ich zu einer der legendären Partys von Allison Sarofim eingeladen, deren Motto »Calder's Circus« lautet – inspiriert von Alexander Calders faszinierender Zirkusskulptur. Ihre Partys sind bekanntermaßen die besten in der Stadt, und während ich mir überlege, als was ich mich verkleiden soll, driften meine Gedanken immer wieder ab. Was für eine besondere Reise das Schreiben dieses Buches doch gewesen ist. Was als Online-Blog begann, ist nun zu einem richtigen Buch geworden, in dem meine Geschichten ein elegantes Zuhause gefunden haben. Das Tagebuch einer Prinzessin verdient eben ein königliches Heim, und was könnte königlicher sein als ein Buch?

Natürlich war es mir zuerst ein bisschen unheimlich, dass meine verrückten kleinen Geschichten sich plötzlich ein Regal mit Dostojewski, Zweig und Waugh teilen würden, um nur drei meiner Lieblingsschriftsteller zu nennen. War mein Tagebuch wirklich wichtig genug? Mussten die Tagebuchnotizen einer Prinzessin etwa auf einmal viel ernsthafter und tiefgründiger werden, nur weil sie jetzt zwischen zwei Buchdeckeln ruhten, statt irgendwo im Cyberspace herumzuflitzen? Gedanken dieser Art schossen mir durch den Kopf, als ich meine

Geschichten aufgeschrieben, zusammengestellt, sie gelesen, überarbeitet, wieder gelesen, ihnen etwas hinzugefügt und weggenommen habe. Was war das doch für eine aufregende Reise bis zu diesem Punkt! Manche von Ihnen sind von Anfang an meine Gefährten gewesen, während andere wahrscheinlich erst jetzt über diese Seiten auf das Tagebuch einer Prinzessin aufmerksam geworden sind.

Ich habe in meinem Leben schon oft erlebt, dass ein Ereignis das nächste jagt. Oft bleibt nicht viel Zeit, um das vorangegangene zu verdauen. Nur wenn ich schreibe, bin ich gezwungen, die vielen Eindrücke und Reize, die auf mich einprasseln, zu filtern. Dann halte ich inne und denke nach. Erst in diesen kostbaren Momenten lasse ich alles richtig auf mich wirken und erlaube mir, vielen der einmal geweckten Gefühle nachzuspüren. Plötzlich habe ich Gelegenheit, das Erlebte in seine Einzelteile zu zerlegen und genauer zu betrachten. Ich begutachte jede Facette eines besonderen Moments und wenn ich die Erlebnisse dann wieder zusammensetze, erschaffe ich meine eigene Version der Wahrheit. Ohne diesen Verarbeitungsprozess würde ich mich wie ein Krug ohne Boden fühlen, der ständig mit Wasser befüllt wird, es aber doch nicht halten kann.

Ich bin Ihnen dankbar, liebe Leser, dass Sie mir die Möglichkeit geben und mich immer wieder dazu auffordern, das zu tun, was ich liebe. Heute werde ich an dieser Stelle enden. Das *Tagebuch einer Prinzessin* ist vor allem deshalb zu einem Buch geworden, weil es an der Zeit dafür war. Wir sind nun schon eine ganze Weile unterwegs, mein Tagebuch und ich; wir haben gejagt und besichtigt, wir haben recherchiert und genossen, wir haben entfernte Ecken der Welt besucht, verschiedene Länder und mindestens drei Kontinente. Ich habe das Gefühl, dass sich zumindest einer von uns beiden ein immerwährendes, festes Zuhause verdient hat.

Ich freue mich auf viele weitere gemeinsame Abenteuer, die vor uns liegen, und bin auf ewig dankbar für all die Zuneigung und Unterstützung, die ich von meinen Freunden und den Menschen, die ich kenne, bekomme – genauso wie von Menschen, denen ich noch nicht begegnet bin, die meine Texte aber gerne lesen. Die Geschichte geht auf jeden Fall weiter. Stay tuned.

Alles Liebe, Ihre Elisabeth

Ein besonderer Dank gilt:
Mama
Maria
Albert
Nicolas Foulkes
Father Julian Large
John Malkovich
Todd Eberle